TECHNOSUP

Les FILIÈRES TECHNOLOGIQUES des ENSEIGNEMENTS SUPÉRIEURS

IMAGES ET VIDÉO

Traitement de l'image et de la vidéo

Avec exercices pratiques en Matlab et C++

Rachid BELAROUSSI

Docteur, Ingénieur ESPCI
Laboratoire central des Ponts et Chaussées

ellipses

Dans la même collection

- Débuter en traitement numérique du signal 224 p. (A) J.-N. MARTIN
- Ingénierie du signal. Théorie et pratique 224 p. (B) Ph. COURMONTAGNE
- Analyse spectrale Cours Supélec 192 p. (C) G. FLEURY

ISBN 978-2-7298-5424-9

www.editions-ellipses.fr

Avant Propos

CET ouvrage s'adresse aux étudiants de Licence, Master, Ecoles d'Ingénieurs, aux enseignants, chercheurs ou amateurs désireux de maîtriser en quelques exercices les outils mis à disposition par Matlab ou dans la bibliothèque de traitement de l'image *OpenCV*. La connaissance des langages C++ et Matlab n'est pas un préalable indispensable à cette initiation, cet ouvrage invitant à un apprentissage rapide et ludique de ces deux langages de programmation.

Après une introduction à la programmation matricielle de Matlab, on décrit la configuration d'un projet nécessaire à l'élaboration d'une application exploitant *OpenCV*. Deux environnements de développement intégré (IDE) sont illustrés : Microsoft **Visual C++**^{TM} 6.0, probablement l'IDE le plus utilisé pour la progammation C++ sous Windows, et **Dev C++**, un freeware populaire disponible sur le Web.

Au fil des chapitres, on enseigne par la pratique les notions de bases du traitement de l'image :

- histogrammes 1D (image monochrome) et 2D (image couleur),
- filtrage numérique et amélioration d'images,
- modélisation colorimétrique,
- arithmétique et logique entre images,
- segmentation en composantes connexes et morphologie mathématique,
- analyse structurelle : rectangle englobant, ajustement d'ellipse, surface et compacité,
- champ de gradient d'une image : gradients horizontal et vertical, module, orientation, points de contour.

Au cours de cet apprentissage, on aborde les différents types introduits par *OpenCV*, en particulier les types `IplImage`, `CvRect`, `CvBox2D` et `CvSeq`. Les notions de *ROI* (*Region Of Interest*) et de *masque* sont mise en oeuvre pour faciliter le raisonnement dans les images et la programmation d'effets spéciaux tel que l'incrustation de texte dans une image.

La dernière partie de ce manuel propose d'exploiter des fonctions plus élaborées appliquées à quelques problématiques classiques de la *vision des ordinateurs* :

- détection de lignes droites par Transformée de Hough,
- détection de mouvement par différence d'images,
- détection de visages par cascade de classifieurs boostés,
- poursuite d'une cible s'appuyant sur un modèle colorimétrique.

Des aspects poussés de la *Reconnaissance de Formes* et du *Traitement de l'Image* sont évoqués, mais cet ouvrage n'est pas construit comme un cours. C'est un livre d'exercices constituant un enseignement pratique destiné à servir de référence aux débutants, détaillant toutes les étapes nécessaires à la construction d'une application en C++ et fournissant des exemples de codes utilisant *OpenCV* ou Matlab.

Table des matières

Chapitre I

MANIPULATION DES IMAGES ET VIDÉOS

DANS ce chapitre, une initiation au langage de programmation **Matlab** est proposée. Les images étant des matrices, ce langage est particulièrement pratique pour illustrer les notions de bases du traitement de l'image. Langage de script, il permet d'effectuer des manipulations de tableaux pas à pas, et d'accéder aisément à leurs valeurs en lecture comme en écriture. Des notions pratiques de programmation **C++** sont enseignées afin d'exploiter la bibliothèque de vision par ordinateur **OpenCV** (Open Computer Vision), disponible gratuitement sur le Web[1]. La configuration d'un projet pour une application console sous Windows est détaillée. Les applications consoles ont cela de pratique qu'elles ouvrent une fenêtre *DOS*, qui peut être utile pour afficher des informations en cours d'exécution.

Les options de projet à insérer pour pouvoir utiliser les bibliothèques d'*OpenCV* sont décrites pour deux environnements de développement intégré (IDE) : **Visual C**++ 6.0 (logiciel payant) et **Dev C**++ (logiciel gratuit disponible sur le net[2]). D'autres IDE permettant de créer et compiler des programmes en C++ existent sur le marché, le principe de configuration d'un projet reste le même. Il consiste à préciser les chemins d'accès aux fichiers d'en-têtes *.h* et aux bibliothèques statiques *.lib* et dynamiques *dll* d'OpenCV.

Les programmes proposés dans ce manuel traitent des images : une section de ce chapitre s'attache à expliquer le chargement d'une image, son affichage et son écriture sur le disque. Deux points importants sont soulignés :

- l'emplacement de l'image sur le disque est à préciser dans le projet, dans le programme ou à choisir de manière judicieuse,
- l'ordre des canaux Bleu, Vert et Rouge est BGR dans OpenCV et RGB dans Matlab.

On voit en particulier comment récupérer chacun des canaux d'une image couleur.

La lecture d'un fichier **vidéo**, ou l'**acquisition d'un flux** provenant d'une **caméra** sont décrits dans ce chapitre. On détaille aussi la sauvegarde d'une vidéo sous la forme d'un fichier vidéo ou d'une séquence d'images sur le disque.

---

[1] http :ï ï sourceforge.netï projectsï opencvlibraryï

[2] http :ï ï www.bloodshed.netï devcpp.html

1 Développement sous Matlab

Il existe deux boîtes à outils particulièrement utiles sous Matlab, l'*Image Processing Toolbox* et la *Video Processing Toolbox*, mais la plupart des traitements proposés dans ce livre n'y feront pas appel. La programmation Matlab est attractive parce que c'est un langage de script : l'environnement de développement comprend une commande dans laquelle les instructions peuvent être introduites progressivement, tout en donnant accès aux différentes variables de l'espace de travail.

Cette section propose une introduction à la programmation matricielle sous Matlab pour le néophyte, ainsi que les programmes nécessaire à la lecture de fichiers image ou vidéo à partir du disque. Comparé à un programme Cï C++, qui nécessite une étape de compilation, un programme Matlab est extrêmement concis mais est généralement plus lent. Matlab est un logiciel payant, de même que ses boîtes à outils : le logiciel **Scilab** constitue une alternative gratuite qui dispose d'un jeu d'instructions similaire.

1.1 Initiation au langage Matlab

1.1.1 Introduction à la programmation matricielle sous Matlab

L'environnement Matlab est constitué d'un éditeur de texte, d'une fenêtre de commande et d'un workspace, comme le montre la figure I.1. L'éditeur de texte permet d'écrire un programme constitué d'un ensemble d'instructions : ces programmes sont sauvegardés sous la forme de fichiers au format `*.m` avant de pouvoir être lancés. Les commentaires sont précédés du signe `%`. La commande permet d'exécuter des instructions isolément, de manière séquentielle. Le *workspace* de Matlab est l'espace mémoire contenant toutes les variables affectées par l'utilisateur : l'instruction `clear` efface toutes les données de cet espace. L'instruction `close all` ferme toutes les fenêtres d'affichage ouvertes (mais elle n'efface pas les images ou données qui étaient affichées). Enfin l'instruction `who` affiche les variables présentes dans le workspace, l'instruction `whos` indique de plus leur taille et leur type. Il n'y a pas à proprement parler d'en-tête dans un programme Matlab : les variables n'ont pas besoin d'être déclarées, elles peuvent être affectées directement et on peut changer leur type à l'envie. On peut toutefois définir des sous-programmes : ces derniers sont précédés du mots clé `function` et sont sauvegardés dans un fichier `.m` portant le même nom que la fonction. Une fonction Matlab peut retourner une ou plusieurs variables de type différents, et prendre un ou plusieurs paramètres : cela est illustré dans la suite de cet ouvrage.

Affectation directe des éléments d'une matrice : on concatène des valeurs ou des tableaux horizontalement en les séparant par un espace. On les concatène verticalement en les séparant d'un point virgule, comme dans l'exemple suivant à entrer dans la commande Matlab :

$$A = [3 \quad 4 \quad 9\text{É} \quad 0 \quad 5 \quad 0\text{É} \quad 6 \quad 0 \quad 7] \quad \Rightarrow \quad A = \begin{bmatrix} 3 & 4 & 9 \\ 0 & 5 & 0 \\ 6 & 0 & 7 \end{bmatrix}$$

L'indice du premier élément d'une matrice est $(1,\ 1)$, et $A(i,j)$ est l'élément situé à la $i^{\text{ème}}$ ligne et à la $j^{\text{ème}}$ colonne. Dans cet exemple on a $A(1,1) = 3$, $A(1,2) = 4$, et $A(3,3) = 6$.

En pratique, les éléments d'une matrice sont stockés dans la mémoire selon une suite de registres[3] correspondant aux données de la matrice suivant l'ordre des colonnes de la matrice. On peut ainsi indexer chaque élément par un seul entier : $A(1) = 3$, $A(2) = 0$, $A(3) = 0$, $A(4) = 6, \ldots, A(9) = 7$. Il y a donc deux manières d'accéder (en lecture comme en écriture) aux valeurs d'un tableau, et l'exemple précédent peut s'écrire sous la forme suivante :

$$A = \begin{bmatrix} A(1) & A(4) & A(7) \\ A(2) & A(5) & A(8) \\ A(3) & A(6) & A(9) \end{bmatrix}$$

Suite arithmétique : le vecteur $\mathbf{x} = [x_0 \quad x_0 + \Delta \quad x_0 + 2\Delta \ldots \; x_0 + n\Delta]$ s'obtient simplement avec l'instruction $x = x_{initial} : pas : x_{final}$. Le pas peut être de valeur négative, et par défaut il est égal à 1 dans l'instruction $x = x_{initial} : x_{final}$. Cette forme permet d'éviter les boucles **for** :

$$\left.\begin{array}{l} x = -1 : 6É \\ y = 3 * x \end{array}\right\} \quad \Rightarrow \quad y \;= [\;\; -3 \;\; 0 \;\; 3 \;\; 6 \;\; 9 \;\; 12 \;\; 15 \;\; 18 \;\;]$$

On note dans cet exemple qu'une instruction qui n'est pas terminée par un point virgule voit son résultat affiché dans la commande. D'autre part `x` et `y` sont des matrices de même taille 1x8 (1 ligne, 8 colonnes), accessible par la fonction `size` :

$$size(x) \quad \Rightarrow ans = \quad 1 \;\; 8$$

L'opérateur *colon* (deux points **:**) permet aussi de concaténer les colonnes d'une matrice (et donc de la faire apparaître telle qu'elle est stockée dans la mémoire) :

$$a = \begin{bmatrix} 1 & 3 & 5 \\ 2 & 4 & 6 \end{bmatrix} \Rightarrow a\,(:) = \begin{bmatrix} 1 \\ 2 \\ 3 \\ 4 \\ 5 \\ 6 \end{bmatrix}$$

La transposition d'une matrice se fait à l'aide de l'opérateur **'**, la somme des éléments d'une matrice mxn est réalisée sur les colonnes :

$$b = \begin{bmatrix} 1 & 2 & 3 \\ 4 & 5 & 6 \end{bmatrix} \Rightarrow b' = b^T = \begin{bmatrix} 1 & 4 \\ 2 & 5 \\ 3 & 6 \end{bmatrix}$$

$$sum(b) = [\;\; 5 \;\; 7 \;\; 9 \;\;] \quad sum(b') = [\;\; 6 \;\; 15 \;\;] \quad sum(b(:)) = 21$$

[3] en électronique, un registre est une case mémoire de 1 octet constitué de 8 bits

Chaîne de caractères : c'est un vecteur ligne de caractères aisément manipulable, notamment pour la concaténation.

```
classname = 'classe_'; letter = 'A_'; i=10; classnum = 'number_';
result = [classname letter classnum num2str(i) '.jpg']
```

Cet ensemble d'instruction affiche la chaîne `classe_A_number_10.jpg` : les chaînes de caractères (en anglais *string*) se manipule pratiquement comme un vecteur ligne de valeurs numériques. La différence est ici l'utilisation de la fonction `num2str()` pour convertir une valeur numérique (l'entier `i`) en un *string*. La chaîne de caractères `result` est constituée de **length(result)**=22 éléments. Elle se manipule comme une matrice, par exemple si on sait que le suffixe donné est `.jpg` (4 caractères), on peut créer de nouveaux noms :

```
result(1:end-4) = classe_A_number_10
```

Les instructions suivantes :

```
x=20;
y=50;
newname=[result(1:end-4) '_script3_x_' num2str(x) ...
         '_y_' num2str(y) '.png']
```

affichent `newname = classe_A_number_10_script3_x_20_y_50.png`. Les trois petits points (...) permettent de continuer une instruction à la ligne suivante.

Accès par bloc : les éléments d'une matrice sont manipulables par sous-ensembles, en indiquant un choix de lignes et colonnes. Les lignes et les colonnes peuvent être utilisées comme des vecteurs. Posons ainsi :

$$A = \begin{bmatrix} 3 & 5 & 7 & 9 & 11 \\ 2 & 4 & 6 & 8 & 10 \\ -1 & -2 & -3 & -4 & -5 \\ -6 & 7 & -8 & 9 & -10 \end{bmatrix} \quad \text{et} \quad L = \begin{bmatrix} 1 & 3 & 4 \end{bmatrix}$$

A est une matrice 4x5 dont les lignes comme les colonnes peuvent être sélectionnées à l'aide du vecteur 1x3 L.

$$B = A(\underbrace{3}_{3^{\text{ième}}\text{ligne de } A}, \underbrace{L}_{\text{colonnes } 1,3 \text{ et } 4 \text{ de } A}) \Rightarrow B = [\ -1 \quad -3 \quad -4]$$

$$C = A(\underbrace{L}_{\text{ligne de } 1,3 \text{ et } 4 \text{ de } A}, \underbrace{:}_{\text{toutes les colonnes de } A}) \Rightarrow C = \begin{bmatrix} 3 & 5 & 7 & 9 & 11 \\ -1 & -2 & -3 & -4 & -5 \\ -6 & 7 & -8 & 9 & -10 \end{bmatrix}$$

$$D = A(\underbrace{2:4}_{\text{lignes } 2 \text{ à } 4 \text{ de } A}, \underbrace{3:5}_{\text{colonnes } 3 \text{ à } 5 \text{ de } A}) \Rightarrow D = \begin{bmatrix} 6 & 8 & 10 \\ -3 & -4 & -5 \\ -8 & 9 & -10 \end{bmatrix}$$

L'opérateur : permet de sélectionner toutes les lignes ou toutes les colonnes de A :

$$A(2,:) = A(2,1:end) = \begin{bmatrix} 2 & 4 & 6 & 8 & 10 \end{bmatrix} \quad 2^{\text{ième}}\text{ligne de } A$$

$$A(:,3) = A(1:end,3) = \begin{bmatrix} 7 & 6 & -3 & -8 \end{bmatrix}^T \quad 3^{\text{ième}}\text{colonne de } A$$

L'opérateur **end** indexe la dernière ligne ou colonne, il est très pratique pour rogner une matrice sans connaître sa taille au préalable :

$$A(2:end-1, 2:end-1) = \begin{bmatrix} 4 & 6 & 8 \\ -2 & -3 & -4 \end{bmatrix}$$

Arithmétique : l'addition, la soustraction et la multiplication de matrice sont permises dans Matlab. Les matrices composées doivent avoir des tailles adéquates :

Opération	Instruction	Formule
Addition	$C = A + B$	$c_{ij} = a_{ij} + b_{ij}$
Soustraction	$C = A - B$	$c_{ij} = a_{ij} - b_{ij}$
Multiplication par un scalaire	$C = \lambda * B$	$c_{ij} = \lambda b_{ij}$
Multiplication matricielle	$C = A * B$	$c_{ij} = \sum_{k=1}^{n} a_{ik} b_{kj}$
Multiplication élément par élément	$C = A. * B$	$c_{ij} = a_{ij} b_{ij}$

Ce dernier exemple illustre une règle de Matlab : pour les opérations à effectuer éléments par éléments, l'opérateur (en pratique division ï et multiplication $*$) doit être précédé d'un point.

Matrices de références : elles sont utiles pour initialiser toutes les valeurs d'une matrice en une instruction.

$$ones(m,n) = \underbrace{\begin{bmatrix} 1 & 1 & \cdots & 1 \\ 1 & 1 & \cdots & 1 \\ \cdots & \cdots & \cdots & 1 \\ 1 & 1 & \cdots & 1 \end{bmatrix}}_{\text{n colonnes}} \qquad zeros(m,n) = \underbrace{\begin{bmatrix} 0 & 0 & \cdots & 0 \\ 0 & 0 & \cdots & 0 \\ \cdots & \cdots & \cdots & 0 \\ 0 & 0 & \cdots & 0 \end{bmatrix}}_{\text{n colonnes}} \updownarrow \text{m lignes}$$

`ones(n)=ones(n,n)` et `zeros(n)=zeros(n,n)` sont les formes compactées pour les matrices carrées. La matrice identité a un nom particulier :

$$eye(n) = \begin{bmatrix} 1 & 0 & \cdots & 0 \\ 0 & 1 & \cdots & 0 \\ \cdots & \cdots & \ddots & 0 \\ 0 & 0 & \cdots & 1 \end{bmatrix}$$

L'instruction `rand(m,n)` retourne une matrice *mxn* de nombres réels aléatoires uniformément distribuées sur [0 1]. Par exemple :

$$\left.\begin{array}{l} A = rand(2,3) \\ B = ones(size(A)) \end{array}\right\} \Rightarrow A = \begin{bmatrix} 0.4565 & 0.8214 & 0.6154 \\ 0.0185 & 0.4447 & 0.7919 \end{bmatrix} \quad B = \begin{bmatrix} 1 & 1 & 1 \\ 1 & 1 & 1 \end{bmatrix}$$

Concaténation de matrices : lorsque leur taille le permet on peut concaténer des vecteurs (lignes ou colonnes) et des matrices pour obtenir des tableaux plus complexes.

$$A = [\quad 1:3 \quad 4:2:9 \quad 10:0.5:11 \quad] \Rightarrow A = [1 \quad 2 \quad 3 \quad 4 \quad 6 \quad 8 \quad 10 \quad 10.5 \quad 11]$$

$$\left.\begin{array}{l} B = [\quad 1.4 \quad 3.8É \quad 0.7 \quad 2.2]\,É \\ C = [B \quad zero(size(B))É ones(size(B)) \quad eye(size(B))] \end{array}\right\} \Rightarrow C = \begin{bmatrix} 1.4 & 3.8 & 0 & 0 \\ 0.7 & 2.2 & 0 & 0 \\ 1 & 1 & 1 & 0 \\ 1 & 1 & 0 & 1 \end{bmatrix}$$

1.1.2 Les structures de contrôle sous Matlab

Le tableau I.1 indique la syntaxe Matlab des structures les plus utiles. On passe en revue la structure *while* et la boucle *for*. Les exécutions conditionnelles du type *do while* ou *repeat until* n'existent pas sous Matlab, et les constructions du type *switch - case* ou *try - catch* ne sont pas abordées ici.

Alternative *IF ...THEN*	Boucles	
	FOR	WHILE
if condition instructions É **end**	**for** i=debut :fin instructions É **end**	**while** condition instructions É **end**

TAB. I.1 – Syntaxe de structures de contrôle Matlab

La boucle indexée FOR

Cette boucle a une syntaxe fort simple comparée à celle de langage telle que `Pascal` ou `C\C++`. Elle est à employée lorsque on connaît à l'avance le nombre d'itérations à répéter. Il existe plusieurs constructions de cette boucle en Matlab Éon peut préciser l'incrément pas de l'indice *i* :

```
for i=debut:pas:fin
```

Cet incrément n'est pas nécessairement un entier, et il peut être négatif (équivalent du *downto* en Pascal) auquel cas `debut>fin`. On peut aussi affecter à l'indice de la boucle des valeurs particulières, non nécessairement équi-réparties :

val=[−1 5.5 10.7 − 18.04] É
for i=val
  i, cos(2*pi*i) (par exemple)
  instructions É
end

La boucle indexée WHILE ("tant que" la condition est vérifiée)

Cette boucle est pratique lorsque on ne connaît pas au préalable le nombre d'itération d'un algorithme donné. On peut par exemple sortir de la boucle lorsque un critère de convergence est vérifié (cas du mean-shift abordé au chapitre XI.3) ou par intervention de l'utilisateur en ajoutant une instruction de lecture du clavier. Ce dernier exemple est intéressant pour réaliser simplement des interfaces graphiques utilisateur. Cette structure comporte toutefois le risque d'entrer dans une boucle infinie si les conditions de sortie ne sont pas correctement conçues : dans ce cas, aller dans la fenêtre de commande et taper `ctrl+C` ou `ctrl+K`.

Commandes de sortie de boucle

Elles servent à sortir d'une boucle ou sauter à l'itération suivante. `break` et `continue` sont deux instructions qui s'avèrent utiles pour interrompre le déroulement d'une boucle avant sa fin. Elles sont fondamentalement différentes :

- **break** termine l'exécution de la boucle et incrémente le compteur programme de manière à poursuivre la lecture du programme situé après la balise end,
- **continue** termine l'itération courante de la boucle sans en sortir : l'indice de la boucle est incrémenté de manière exécuter l'itération suivante.

Le choix

Pour ajouter d'autres conditions il existe aussi une construction particulière du type *ELSE IF*. Dans l'exemple suivant, on propose un algorithme de recherche du minimum entre trois valeurs a, b, et c (l'instruction `min(a,b,c)` n'existe pas) :

```
a=3 É
b=1 É
c=8 É(par exemple)
if a<min(b,c)
    disp('a') É
elseif b<c
    disp('b') É
else
    disp('c') É
end
```

La fonction `disp` signifie *display* et sert à l'affichage de texte. En pratique en Matlab, si l'instruction `min(a,b,c)` retourne une erreur, on peut trouver le minimum entre trois valeurs en une seule instruction par un raisonnement matriciel :

`[val,index]=min([a,b,c]);` $\Rightarrow$ val = 1, valeur minimale dans [a b c]
index = 2, indice du minimum dans [a b c]

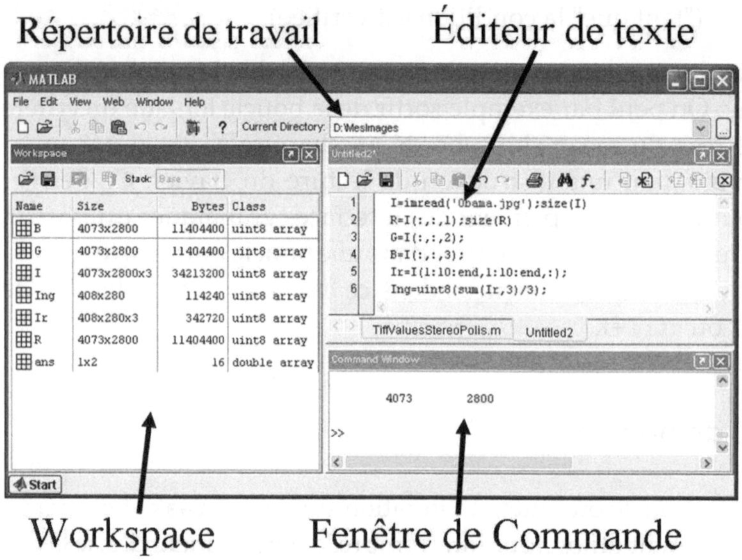

FIG. I.1 – Environnement de développement Matlab

FIG. I.2 – Image réduite

1.2 Lecture et écriture d'un fichier image

On suppose que le répertoire `D:\MesImages\` contient l'image couleur `Obama.jpg`. La lecture de ce fichier se fait en une instruction :

```
I=imread('D:\MesImages\Obama.jpg');
```

C'est une bonne pratique d'ajouter le chemin d'accès à cette image aux répertoires connus de Matlab. Dans le menu **File ▶ Set Path ...▶ Add Folder ...** on sélectionne le dossier contenant les fichiers à traiter, puis on valide en appuyant sur le bouton **OK**. La commande a exécuter pour lire l'image est alors la suivante :

```
I=imread('Obama.jpg');
```

L'affichage de l'image I est aussi simple : `imagesc(I);`. Cette instruction ouvre une fenêtre nommée *Figure No.1* par défaut et y fait apparaître l'image chargée. Comme il s'agit d'une image couleur, la matrice I a trois dimensions, sa hauteur (nombre de lignes), sa largeur (nombre de colonnes) et le nombre de canaux (Rouge, Vert, Bleu dans cet ordre sous Matlab) : `size(I) = 4073 x 2800 x 3`.

On manipule cette matrice comme une matrice 2D mais avec un indice supplémentaire désignant le canal. On peut extraire les composantes Rouge, Vert et Bleu ainsi :

$$R = I(:,:,1)É$$
$$G = I(:,:,2)É$$
$$B = I(:,:,3)É$$

Ce qui peut se lire comme : la matrice G (par exemple) est égale à toutes les lignes et toutes les colonnes de la seconde composante de I. On obtient ainsi trois matrice 2D de même taille que I :

```
size(R) = 4073 x 2800
```

Cette image issue du domaine public a une taille[4] considérable, il s'agit d'un portrait réalisé avec une résolution[5] élevée. Or chaque pixel occupe un octet (ou un byte codé sur 8 bits), le chargement de cette image occupe $4073 \times 2800 \times 3 \approx 34$Mo (méga-octets ou méga-bytes) dans le workspace de Matlab : c'est un poids conséquent et un nombre de pixels relativement considérable à manipuler. Ainsi un ordinateur portable doté de 250 Mo de RAM, dont 125 Mo sont déjà alloués au système d'exploitation, se retrouve saturé si il manipule plus de 3 images de ces dimensions là.

On peut réduire sa taille avec la fonction `imresize` si on dispose de la boîte à outils *Image Processing* ou on peut la sous-échantillonner. Par exemple, on peut ne conserver qu'une ligne sur dix, une colonne sur dix et cela pour chacun des trois canaux (voir Fig. I.2) :

```
Ir = I(1:10:end,1:10:end,:);
size(Ir) = 408 x 280 x 3
```

On explique au chapitre IV.2.2 le concept de **luminance** : on obtient une **image en niveaux de gris** (en *noir et blanc*) en estimant la somme pondérée des troix canaux R, G, B. En affectant un poids égal à 1ï 3 à chaque canal, on peut obtenir une image en niveaux de gris en une seule instruction :

```
Ing = uint8(sum(Ir,3)/3);
```

Ici `sum(Ir,3)` calcule la somme des éléments de la matrice I selon sa troisième dimension, c'est-à-dire :

$$\texttt{Ing = sum(I,3)/3} \Rightarrow \forall x,y \quad Ing(x,y) = \frac{I(x,y,1)+I(x,y,2)+I(x,y,3)}{3}$$

La somme pondérée ainsi obtenue est une matrice de nombres flottants de type *double* (codés sur 8 octets) : la fonction `uint8` réalise la conversion de ce dernier type au type nombre entier non signé codé sur 8 bits (=1 octets).

`Ing` est ainsi une image dont chaque pixel est codé sur 8 bits (valeur entière comprise entre 0 et 255). La figure I.3 donne les niveaux de gris de pixels situés sur une zone de transition entre une zone sombre et une autre claire : le niveau de gris d'un pixel est d'autant plus grand que sa luminance est élevée. Les pixels les plus sombres ont un niveau de gris d'environ 90, ce qui correspond à un gris clair, les pixels les plus clair ont un niveau de gris de l'ordre 250 correspondant au blanc.

[4]La taille d'une image désigne ses dimensions horizontale et verticale en pixels : on l'appelle aussi la définition de l'image.

[5]La résolution s'exprime en pixels par pouce : on la confond souvent avec la définition de l'image, à tort.

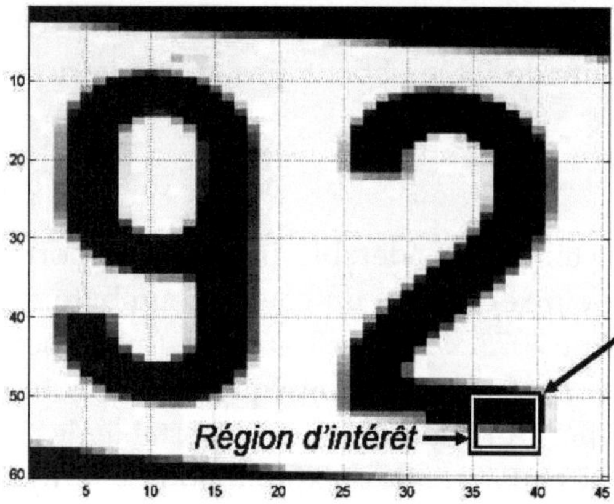

Image en niveau de gris

$$\begin{bmatrix} 91 & 94 & 98 & 102 & 111 & 132 \\ 85 & 86 & 91 & 93 & 105 & 124 \\ 88 & 87 & 88 & 94 & 102 & 121 \\ 94 & 93 & 98 & 101 & 106 & 123 \\ 191 & 173 & 160 & 156 & 146 & 141 \\ 247 & 247 & 251 & 252 & 250 & 248 \\ 247 & 248 & 247 & 248 & 247 & 248 \\ 247 & 248 & 248 & 248 & 247 & 249 \end{bmatrix}$$

Niveaux de gris des pixels de la région d'intérêt

FIG. I.3 – Niveaux de gris des pixels d'une région illustrant la transition sombre/clair

Pour afficher cette image, on peut utiliser la fonction `imshow` de la boîte à outils ou bien exécuter les commandes suivantes :

```
figure, imagesc(Ing), colormap('gray')
```

L'instruction `figure` ouvre une nouvelle fenêtre, et `colormap('gray')` sélectionne la palette des couleurs en adéquation avec les images en noir et blanc. Sans cette dernière instruction, Matlab sélectionne une palette de couleurs allant du bleu pour les valeurs faibles au rouge pour les valeurs les plus élevées. Mais avant cet affichage, Matlab réalise une extension de la dynamique de l'image (voir chapitre III) ce qui peut mener à un résultat non conforme à la réalité.

Sauvegarder une image peut se faire avec différents formats (tels que jpg, bmp, tif, png) à l'aide de la fonction `imwrite`. Elle prend pour premier argument l'image à sauvegarder et pour second argument le nom du fichier à écrire sur le disque (l'extension définit le format) : `imwrite(Ing,'Barack.png');`

Si aucun chemin n'est précisé, l'image est sauvegardée dans le répertoire de travail courant (voir figure I.1). Pour réaliser l'opération d'écriture à un autre emplacement du disque dur, il faut soit changer ce répertoire, soit préciser le chemin d'accès en écriture en préfixe du nom comme pour l'opération de lecture (ce répertoire doit exister au préalable). Ce changement peut se faire manuellement sur l'IDE Matlab, ou à l'aide de la commande `cd` (pour *change directory*). Par exemple, pour sauvegarder l'image dans le répertoire `D:\MesResultats`, on peut exécuter :

```
cd('D:\MesResultats'),  imwrite(Ing,'Barack.png');
```

ce qui est équivalent à `imwrite(Ing,'D:\MesResultats\Barack.png');`

1.3 Lecture et écriture d'un fichier vidéo

On dispose d'un fichier vidéo `Ilkay.avi` dans le répertoire courant ou dans un répertoire connu de Matlab : cette vidéo est constituée d'une séquence de N_{images} images 320x240x3 (320 colonnes, 240 lignes, 3 canaux). On charge un fichier vidéo avec la fonction `aviread`, le résultat (variable notée `film` ci-dessous) étant stocké dans une structure particulière à Matlab, contenant autant de cellules que le fichier vidéo a d'images :

```
film = aviread('Ilkay.avi')
```

Chaque cellule `film(k)` est constituée d'un tableau de données `cdata` qui a trois dimensions dans le cas d'une vidéo en couleur, et correspond aux valeurs des pixels de l'image numéro k de la séquence d'images (k allant de 1 à N_{images}) :

```
film(1).cdata: [240x320x3 uint8]
```

L'image couleur numéro k ($k \geq 1$) de la séquence est alors donnée par :

```
I=mov(k).cdata(:,:,:);
```

I est alors une image couleur de type `uint8` (*unsigned integer 8 bits*) de taille 320x240[6] :

```
size(I) = 240 x 320 x 3
```

On peut aussi extraire les composantes Rouge, Vert et Bleu de la manière suivante :

```
R=mov(k).cdata(:,:,1);
G=mov(k).cdata(:,:,2);
B=mov(k).cdata(:,:,3);
```

Ainsi le pixel du canal vert de la $k^{\text{ième}}$ image de la vidéo, situé à la ligne numéro y et à la colonne numéro x a pour valeur : `mov(k).cdata(y,x,2)`. Le programme suivant affiche la vidéo à la cadence de deux images par seconde :

```
clear all, close all
film = aviread('Ilkay');
N=length(film);
for k=1:N
   I=film(k).cdata(:,:,:);
   imagesc(I);
   pause(0.5);
end
```

[6]Note importante : la taille d'une image est toujours donnée dans l'ordre largeur x hauteur, alors qu'en Algèbre, la taille d'une matrice est dans l'ordre nombre de lignes x nombre de colonnes.

En effet, la fonction `pause` de Matlab prend pour argument un temps exprimé en seconde : dans ce cas on affiche une image toutes les 500 ms.

On peut construire ses propres fichiers vidéos, avec la fonction `avifile` pour la création d'un fichier, `addframe` pour l'ajout d'images et `close` pour clore l'écriture :

```
clear all,
close all,
aviobj = avifile('myvideo','fps',10,'compression','None');

N=100;
width=200;
height=100;


for k=1:N
    Id=255*ones(height,width,3);
    Id(1:k:height,1:k:width,:)=0;
    imagesc(uint8(Id));colormap('gray')
    aviobj = addframe(aviobj, Id);
    pause(0.05);
end
aviobj = close(aviobj);
```

La matrice `Id` est un tableau de nombre flottant de type double, on la convertie en `uint8` pour l'afficher, mais cette conversion est automatiquement réalisée par la fonction `addframe`. L'argument `'fps'` désigne la cadence de la vidéo (*frame per second*), l'argument `'compression'` sert à choisir le codec pour la compression du fichier vidéo : dans notre exemple, la vidéo n'est pas compressée.

Elle est alors composée de 100 images 200x100 pixels de 3 octets chacun : sa place sur le disque est alors de 6 Mo. On peut obtenir une vidéo compressée avec perte d'information, avec par exemple le codec *Indeo3* par défaut. Une vidéo similaire de 120 ko, soit un gain de place mémoire important pour une dégradation faible, peut être construite en remplaçant l'appel à `avifile` par les deux instructions suivantes :

```
aviobj = avifile('myvideo','fps',10);
aviobj.Quality = 100;
```

Si on souhaite construire une vidéo à partir des images contenues dans un répertoire, par exemple des images au format png dans `D:\ImagesDatabase`, on peut faire appel aux fonctions `dir` et `fullfile`.

Pour accéder à la liste des éléments d'un type donné contenus dans ce dossier, dans l'ordre lexicographique, on procède ainsi :

```
clear all, close all
path='D:\ImagesDatabase';
type = '*.png';
list = dir(fullfile(path,type));
[NImage,temp]=size(list);

aviobj = avifile('MySequence','fps',8);
aviobj.Quality = 100;
% changement de répertoire
% pour la lecture des images :
cd(path);

for i=1:NImage
   imagename=list(i).name
   I = imread(imagename);
   aviobj = addframe(aviobj,I);
end
aviobj = close(aviobj);
```

Pour des images de grande taille comparée à la RAM disponible, on envisagera éventuellement une opération de réduction de l'image avant l'appel à `addframe`.

2 Développement en C/C++ avec OpenCV

2.1 Configuration d'un projet

Dans tous les exercices de ce manuel, on utilise les en-têtes suivants :

- `cv.h` dans lequel sont prototypées toutes les fonctions de traitement d'images et de reconnaissance de formes nécessaires. Cet en-tête en inclus lui-même un autre important, `cxcore.h`, constituant le *coeur* d'OpenCV. Il définit les structures de base d'*OpenCV* (entre autre les types `CvMat`, `IplImage`, `CvSeq`) et y sont prototypées les fonctions de bas niveau permettant de les manipuler.
- `highgui.h` où sont prototypées des fonctions pour afficher une image dans une fenêtre, y associer une interface graphique, ouvrir ou sauvegarder un fichier image ou une vidéo.

Le chemin d'accès à ces trois en-têtes doit toujours être spécifié.

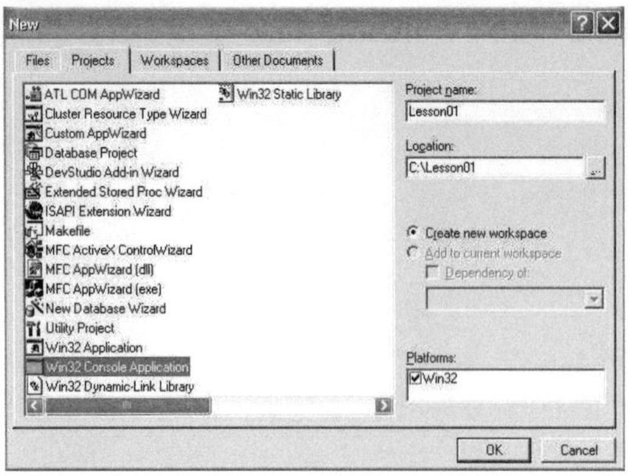

FIG. I.4 – **Création d'une application console Win32 avec Visual C++**

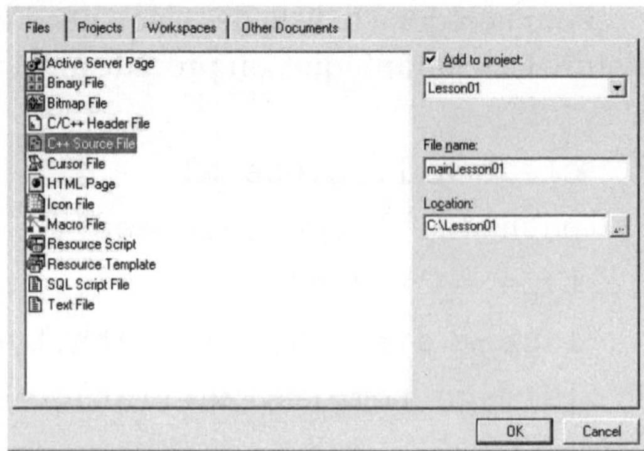

FIG. I.5 – **Création du fichier source contenant le programme principal**

Les fichiers de bibliothèque (fichiers *dll* et *lib*) d'*OpenCV* sont utilisés lors du processus de construction d'une application faisant appel à ses fonctions. Il est de même nécessaire de préciser le nom de ces fichiers et leur emplacement sur le disque.

2.2 Développement sous Visual C++

CRÉATION D'UN EXÉCUTABLE

Afin de créer une application console, un projet doit être créé ainsi que le fichier *cpp* contenant l'implémentation du programme à réaliser. La création et l'enregistrement du projet peuvent être réalisés selon les étapes suivantes :

- Cliquer sur **New** dans le menu **File**, et sélectionner **Win32 Console Application** dans la liste des éléments de l'onglet **Projects**.
- Après avoir nommé son projet `Lesson01` (par exemple) dans la zone **Project name** et défini son emplacement sur le disque dans la zone **Location**, comme illustré par la figure I.4, cliquer sur **OK**.
- Dans la boîte de dialogue qui apparaît, sélectionner l'option **An empty project** et cliquer sur **OK**.
- La boîte de dialogue **New Project Information** rappelle les opérations qui vont être réalisées par l'IDE : la valider en cliquant sur **OK**.

On suppose que l'on choisit `C:\Lesson01` pour emplacement : ce répertoire contient maintenant l'espace de travail `Lesson01.dsw` et le projet `Lesson01.dsp`.

On crée le point d'entrée de l'application console, le fichier `mainLesson01.cpp` contenant le programme principal :

- Dans le menu **File**, cliquer sur **New** : choisir l'onglet **Files** puis sélectionner dans la liste l'élément **C++ Source File** (Fig. I.5).
- Donner un nom au fichier source, par exemple `mainLesson01`, dans la zone **File name**, en s'assurant que la case **Add to project** est bien cochée.
- Cliquer sur **OK** : le fichier `mainLesson01.cpp` est créé sur le disque, dans le répertoire contenant le projet `Lesson01`.

Il ne reste plus qu'à définir un programme à réaliser au lancement de l'application. Dans le fichier `mainLesson01.cpp`, implémenter la fonction suivante :

```
int main( int argc, char** argv )
{
    return 0;
}
```

Puis construire le projet : appuyer sur F7, ou dans le menu **Build** choisir l'option **Build Lesson01.exe**. La compilation de `mainLesson01.cpp` a réussie, et la fenêtre de sortie indique :

```
Lesson01.exe - 0 error(s), 0 warning(s)
```

Le fichier exécutable du programme `Lesson01.exe` se trouve alors dans le répertoire `C:\Lesson01\Debug` : pour le moment cet exécutable ouvre une console DOS. Cette manoeuvre permet de vérifier que *jusqu'ici tout va bien* et d'aller plus avant dans les étapes configurant le projet afin d'utiliser *OpenCV*.

Au long du développement des applications proposées, on recourt à la configuration de débogage (**Win32-Debug**), celle qui est proposée par défaut par l'IDE Visual C++. L'utilisateur désireux de générer un code optimisé peut transformer son application en version *Release* très simplement en allant dans le menu **Build ▶ Set Active Configuration**, et en y choisissant la configuration Release. Cette version occupe moins de place et s'exécute théoriquement plus rapidement.

Tous les exemples traités dans ce manuel sont correctement compilés dans les deux modes, mais on préconise généralement le mode Debug. En effet, le mode Release nécessite une programmation extrêmement rigoureuse, et l'application correspondante est parfois difficile à déboguer tandis que les performances d'*OpenCV* en mode *Debug* sont largement suffisantes.

INCLUSION DES EN-TÊTES D'*OpenCV*

On suppose dans la suite que *OpenCV* est installé dans le répertoire

`C:\Program Files\OpenCV`

Si un autre répertoire est choisi, changer le préfixe des chemins explicités par la suite :

- Dans le menu, cliquer sur **Project** puis sur **Settings...** pour modifier les options de projet.
- Sélectionner l'onglet **C/C++**, et dans la liste déroulante **Category** l'option **Preprocessor**.
- Dans le champ **Additional include directories**, copier les chemins d'accès aux fichiers *cv.h, cxcore.h, highgui.h*, séparés d'une virgule :

```
C:\Program Files\OpenCV\cv\include,
C:\Program Files\OpenCV\cxcore\include,
C:\Program Files\OpenCV\otherlibs\highgui
```

On peut maintenant inclure les deux en-têtes d'*OpenCV* en ajoutant le code suivant en amont du programme principal .

```
#include "cv.h"
#include "highgui.h"
```

La compilation du fichier source `mainLesson01.cpp` est alors possible, elle résulte en un fichier objet contenant la traduction du programme en code machine. Toutefois la construction du projet nécessite la liaison de ce code objet avec les fichiers de bibliothèque d'*OpenCV* afin de créer un exécutable.

SPÉCIFICATION DES BIBLIOTHÈQUES STATIQUES ET DYNAMIQUES D'*OpenCV*

La construction d'applications utilise les fichiers de bibliothèques statiques **cxcore.lib**, **cv.lib**, et **highgui.lib**. On les ajoute à l'éditeur de liens comme suit :

- Dans le menu, cliquer sur **Project** puis sur **Settings...** pour modifier les options de projet.
- Sélectionner l'onglet **Link**, et dans la liste déroulante **Category** l'option **Input**, comme le montre la figure I.6.
- Dans le champ **Object/library modules**, un certain nombre de bibliothèques sont déjà présentes. Y ajouter : `cxcore.lib`, `cv.lib` et `highgui.lib`.
- Enfin, préciser `C:\Program Files\OpenCV\lib`, chemin d'accès des bibliothèques, dans le champ **Additional library path**.

Si le programme ne comporte pas de bug, la compilation et la liaison des programmes fonctionnent et la construction du projet résulte en un fichier exécutable. Une fois construit, l'exécutable n'utilise pas les mêmes fichiers de bibliothèque que l'éditeur de liens, mais les *dll* correspondantes. On peut préciser le répertoire contenant ces *dll* dans le champ **Debug▸Working directory** des options de projet : `C:\Program Files\OpenCV \bin`.

On peut aussi copier dans le répertoire `C:\Lesson01\Debug`, celui qui contient l'exécutable `Lesson01.exe`, les fichiers suivants :

- cv100.dll
- cxcore100.dll
- highgui100.dll

qui se trouvent dans `C:\Program Files\OpenCV\bin`. Ce choix est préférable car il permet de lancer `Lesson01.exe` en double cliquant dessus, sans avoir à ouvrir l'IDE *Visual*. On suppose que cette dernière option est choisie, de sorte que le champ **Working directory** est disponible pour y préciser le chemin d'accès aux images. On copie de même les images à traiter dans le répertoire contenant l'exécutable de notre projet, contenant donc déjà les dll précédentes : inscrire alors `Debug\` dans ce champ. On est prêt à implémenter ses premiers programmes employant *OpenCV* : passer à la section 3.

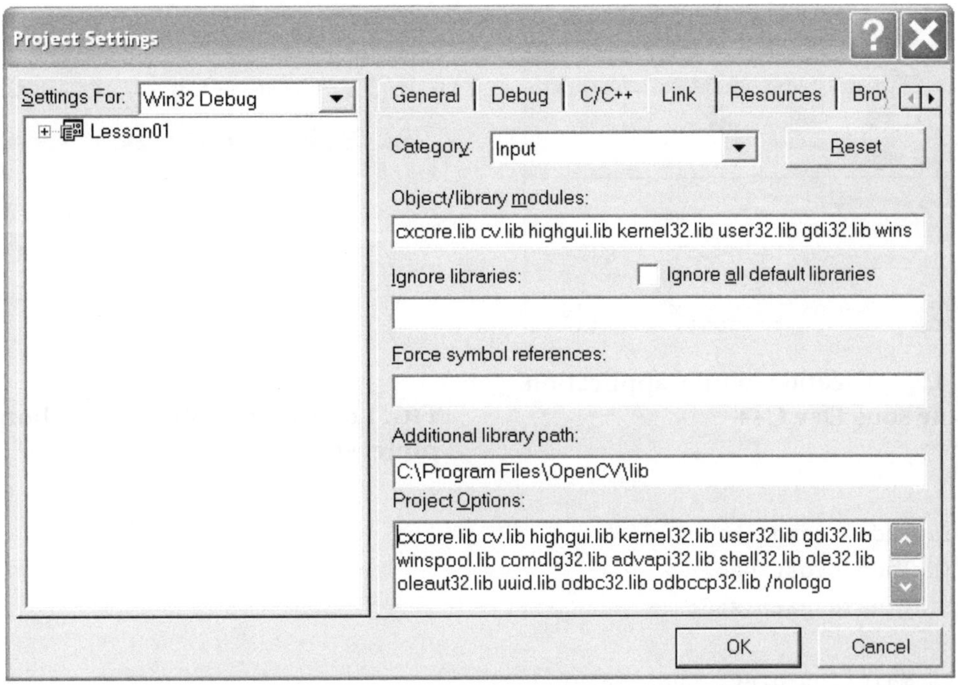

FIG. I.6 – Configuration de l'éditeur de liens sous Visual C++

Il peut être fastidieux de recommencer cette configuration à chaque nouveau projet : si on est sûr de toujours travailler avec une même version d'OpenCV, il existe une manière de configurer le compilateur durablement. Il suffit de lui préciser les emplacements contenant les en-têtes et les bibliothèques décrits précédemment : dans le menu **Tools ▶ Options...** la liste déroulante **Show directories for** de l'onglet **Directories** propose plusieurs choix. Faire les modifications suivantes :

- dans **Include files**, ajouter les trois chemins des en-têtes,
- dans **Library files**, ajouter `C:\Program Files\OpenCV\lib`,
- éventuellement, ajouter `C:\Program Files\OpenCV\bin` dans **Executable files**.

Pour tout nouveau projet, il suffit alors d'ajouter `Debug` dans le champ **Debug▶Working directory** des options de projet, et ajouter `cxcore.lib cv.lib highgui.lib` dans l'éditeur de lien.

2.3 Développement sous Dev C++

Dans le menu **File**, choisir **New ▶ Project...** puis cliquer sur **Console Application** dans la liste des éléments de l'onglet `Basic` (Fig. I.7). Donner un nom au projet, `Lesson01` par exemple, en vérifiant que l'option `C++ Project` est cochée, puis cliquer sur **OK**. La boîte de dialogue `Create new project` invite à choisir l'emplacement où sauvegarder ce projet. On suppose que le répertoire `C:\Lesson01` est choisi pour emplacement. Un fichier est automatiquement créé avec le programme suivant, définissant le point d'entrée de l'application :

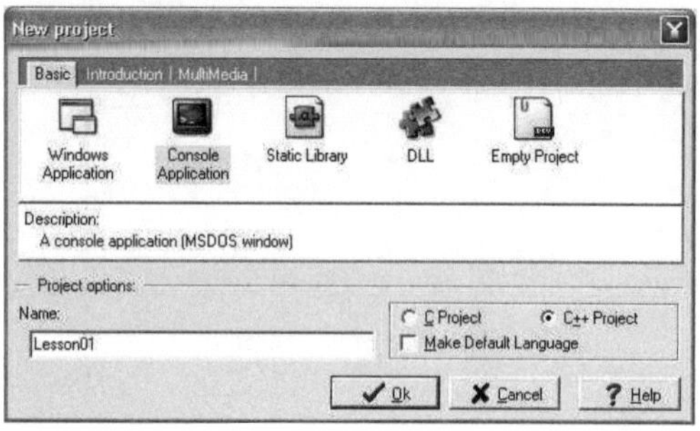

FIG. I.7 – Création d'une application console sous Dev C++

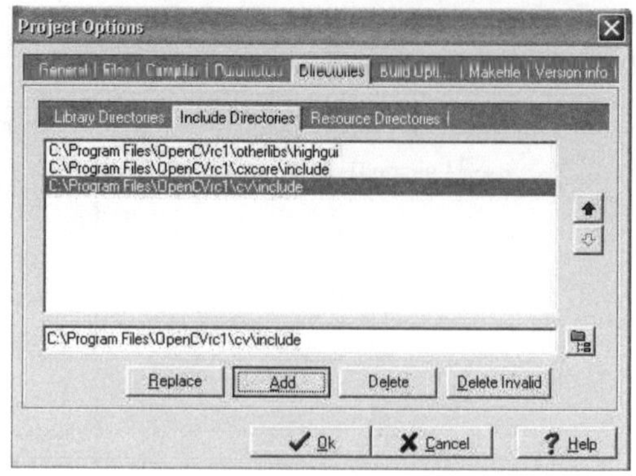

FIG. I.8 – Configuration des options de projet sous Dev C++

```
#include <cstdlib>
#include <iostream>
using namespace std;

int main(int argc, char *argv[])
{
    system("PAUSE");
    return EXIT_SUCCESS;
}
```

On peut compiler ce programme en cliquant sur **Compile** dans le menu **Execute** : on donne un nom au fichier, par exemple `mainLesson01`. Une fois la compilation accomplie, on exécute ce programme en cliquant sur **Compile/Run** : ce programme ne fait qu'ouvrir une console DOS, on le modifie par la suite. Le répertoire `C:\Lesson01` contient maintenant le projet `Lesson01.dev`, l'exécutable `Lesson01.exe`, le fichier source `mainLesson01.cpp` ainsi que d'autres fichiers servant à la construction de l'application.

INCLUSION DES EN-TÊTES D'*OpenCV*

On suppose dans la suite que *OpenCV* est installé dans le répertoire

`C:\Program Files\OpenCV`

Si un autre répertoire est choisi, changer le préfixe des chemins explicités par la suite :

- Dans le menu **Project**, cliquer sur **Project Options** : une boîte de dialogue récapitulant les options de projet apparaît alors, sélectionner l'onglet **Directories**.
- Sélectionner l'onglet **Include Directories** : voir figure I.8.
- Dans le champ vide, copier les chemins d'accès aux fichiers `cv.h`, `cxcore.h`, ainsi que `highgui.h`, les uns après les autres en validant à chaque fois avec la touche **Add** :
  `C:\Program Files\OpenCV\cv\include,`
  `C:\Program Files\OpenCV\cxcore\include,`
  `C:\Program Files\OpenCV\otherlibs\highgui`

– Valider la configuration en appuyant sur **Ok**.

A chaque fois qu'un nouveau projet est créé on doit recommencer cette configuration. Une alternative plus durable est de modifier les options du compilateur :

– Dans le menu **Tools**, choisir **Compiler Options** pour ouvrir la boîte de dialogue récapitulant les options du compilateur.
– Sélectionner l'onglet **Directories** puis l'onglet **C++ Includes**.
– Ajouter les chemins des en-têtes les uns après les autres en validant par la touche **Add**.
– Valider les changements en appuyant sur **Ok**.

De cette manière, l'emplacement des en-têtes d'*OpenCV* est connu du compilateur et n'a plus à être précisé à chaque création de projet.

On peut maintenant inclure les deux en-têtes d'*OpenCV* en ajoutant le code suivant en amont du programme principal :

```
#include "cv.h"
#include "highgui.h"
```

La compilation du fichier source `mainLesson01.cpp` est alors possible, elle résulte en un fichier objet contenant la traduction du programme en code machine. Toutefois la construction du projet nécessite la liaison de ce code objet avec les fichiers de bibliothèque d'*OpenCV* afin de créer un exécutable.

SPÉCIFICATION DES BIBLIOTHÈQUES ET *dll* D'*OpenCV*

Il faut maintenant spécifier l'emplacement des fichiers bibliothèques `cxcore.lib`, `cv.lib`, et `highgui.lib`. Les ajouter à l'éditeur de liens comme suit :

– Dans le menu **Project**, choisir **Project Options** pour modifier les options de projet.
– Sélectionner l'onglet **Parameters**.
– Modifier les options de l'éditeur de liens **Linker** en appuyant sur le bouton **Add Library or Object** : ajouter alors les trois fichiers `lib` qui se trouvent dans le répertoire `C:/Program Files/OpenCV/lib`.

Si le programme ne comporte pas de bug, sa compilation et sa liaison fonctionnent et la construction de votre projet résulte en un fichier exécutable.

Une fois construit, l'exécutable n'utilise pas les mêmes fichiers de bibliothèque que l'éditeur de liens, mais les *dll* correspondantes. On peut copier dans le répertoire contenant l'exécutable `Lesson01.exe`, `C:\Lesson01`, les fichiers suivants :

– cv100.dll
– cxcore100.dll
– highgui100.dll

qui se trouvent dans `C:\Program Files\OpenCV\bin`. Ce choix est préférable car il permet de lancer `Lesson01.exe` en double cliquant dessus, sans avoir à ouvrir l'IDE *Dev*.

Si *Dev C++* est installé en français, les étapes de la configuration de projet sont les suivantes :

- Aller dans **Fichier ▶ Nouveau▶ Projet...**, nommer votre projet en choisissant le type **Console Application** de l'onglet `Basic`. Cocher l'option `Projet C++` et valider par **OK**.
- La boîte de dialogue `Sauvegarder Fichier` s'ouvre alors : y définir l'emplacement du projet. Compiler le programme qui est proposé en cliquant sur **Exécuter ▶ Compiler** : on nomme alors le fichier source.
- Dans **Projet ▶ Options du Projet▶ Répertoire▶ Répertoire d'inclusion**, ajouter les 3 chemins d'accès aux en-têtes d'OpenCV.
- Ajouter les 3 fichiers `.lib` via l'éditeur de liens accessible dans **Projet ▶ Options du Projet▶ Paramètres▶ Editeur de liens.**
- Copier les *dll* d'OpenCV au même niveau que l'exécutable ou alors indiquer leur emplacement en se plaçant dans **Outils ▶ Options du compilateur▶ Répertoires ▶ Binaires**.

2.4 Développement sur une machine multiprocesseur

La configuration de projet décrite précédemment utilise la version 1.0 d'OpenCV. Cette version n'est pas adaptée au cas d'une machine multi-coeur : la version 1.1 (prerelease 1) est nécessaire. La configuration de projet se fait suivant les mêmes opérations, seuls changent les noms des bibliothèques dynamiques : remplacer cv100.dll par cv110.dll, cxcore100.dll par cxcore110.dll et highgui100.dll par highgui110.dll.

OpenCV1.1pre1a et l'erreur 0x0150002

Dans le cas où on utilise la version précompilée des dll d'OpenCV1.1, il faut installer le composant **MSVCRT80** (*MicroSoft Visual C++ Run Time 8.0*. C'est le cas si on développe des programmes avec l'IDE Dev-C++ : l'utilisateur expérimenté peut aussi recompiler le projet OpenCV complètement, mais une opération plus rapide existe. Il suffit de télécharger sur le site de Microsoft l'exécutable **vcredist_x86.exe**, et de l'installer.

La distribution de la version 2.0 d'OpenCV est prévue pour le second semestre 2009. Les étapes de la configuration d'un projet décrites plus haut sont valables pour les versions précédentes de OpenCV à partir de la *release beta 4* (OpenCV 0.9.6) : beta 5 (OpenCV 0.9.7), OpenCV1.0rc1, OpenCV1.0 et OpenCV1.1pre1a. Dans les versions antérieures[7] (beta 3 et 2), les bibliothèques étaient réparties de manière différente.

[7] voir http :ï ï sourceforge.netï projectsï opencvlibraryï filesï

3 Lecture et sauvegarde d'une image avec *OpenCV*

Dans les exemples de cette section, on utilise l'image *lena.jpg* qui se trouve dans le répertoire `C:\Program Files\OpenCV\samples\c`, mais on peut bien entendu charger ses propres images. Le programme suivant lit cette image à partir du disque et l'affiche dans une fenêtre.

L'instruction `cvWaitKey(0)` ajoute une pause au programme, pour laisser le temps de visualiser le résultat du programme. `cvReleaseImage` libère l'espace mémoire occupé par l'image : en l'occurence, cette opération est réalisée automatiquement lorsque l'on ferme la fenêtre *DOS*, mais cette fonction est très utile si on ne dispose pas d'une mémoire RAM suffisante ou si on cherche à implémenter des applications *temps-réels*.

```
#include "cv.h"
#include "highgui.h"

int main( int argc, char** argv )
{
  IplImage* src = cvLoadImage("lena.jpg");

  cvNamedWindow("LENA",0);
  cvShowImage("LENA", src);

  cvWaitKey(0);

  cvReleaseImage(&src);
  return 0;
}
```

En lançant ce programme, on obtient l'affichage d'une fenêtre vide nommée *LENA* : le **chemin d'accès** à l'image *lena.jpg*, son *adresse*, n'a pas été précisé. Il y a plusieurs manière de le faire, la plus simple est de copier l'image dans le répertoire contenant l'exécutable (`C:\Lesson01\Debug` sous Visual C++, `C:\Lesson01\` sous Dev C++), comme pour les *dll* d'*OpenCV* : de cette manière on peut copier ce répertoire sur une autre machine, et lancer l'application en double cliquant dessus. Dans le cas d'un projet développé sous Visual C++, on doit de plus préciser au niveau des options de projet (menu **Project** puis sur **Settings...**) dans le champ **Working directory** de l'onglet **Debug** le répertoire de travail `C:\Lesson01\Debug`.

L'adresse complète de l'image peut aussi être explicitée :

`cvLoadImage("C:/Program Files/OpenCV/samples/c/lena.jpg");`

La fonction `cvLoadImage` crée l'en-tête de l'image pointée par la variable `src`, et copie dans l'espace mémoire ainsi alloué à cette image les valeurs des pixels de l'image *lena.jpg*. Les principales informations contenues dans l'en-tête de l'image sont :

- sa taille (largeur `src->width` et hauteur `src->height`). Le type `CvSize` retourné par `cvGetSize(src)` ou `cvSize(src->width, src->height)` est pratique pour représenter un tel doublet *largeur* x *hauteur*
- le nombre de bits codant le niveau de gris d'un pixel `src->depth`
- le nombre de canaux de l'image `src->nChannels` : 1 pour une image en niveaux de gris, 3 pour une image en couleur (rouge, vert et bleu)

Dans le cas d'une image couleur, les canaux sont placés dans l'ordre B, G, R (Blue, Red, Green), à l'inverse de *Matlab*. On propose en guise d'illustration de copier, afficher et sauvegarder ces trois canaux.

Contrairement à Matlab, les images B, G et R doivent être déclarées et leur mémoire n'est pas allouée dynamiquement. On déclare ces tableaux avec la syntaxe suivante :

```
cvCreateImage(taille, Nbre de bits par pixel, Nbre de composantes)
```

Chaque canal a les mêmes dimensions que l'image source, et représente une composante de la couleur codée sur 8 bitsï pixel, d'où l'initialisation proposée. Une fois l'en tête de ces images constitués, on copie chaque composante de l'image source par l'appel suivant :

```
cvSplit( src, B, G, R, 0);
```

.

Le dernier argument de la fonction `cvSplit` sert aux images indexées qui ne sont pas abordées dans cet ouvrage. L'opération inverse, créer une image couleur à partir de trois composantes en niveaux de gris, est possible à l'aide la fonction `cvMerge`. On peut aussi copier l'image couleur tout entière avec la fonction `cvCopy`.

On notera que `lena_R.jpg` et `lena_G.jpg` sont sauvegardées au même endroit. Les principaux format d'images sont supportés (se référer au manuel de référence de la bibliothèque HighGUI) tant en lecture qu'en écriture.

`cvSaveImage("NomImage.bmp", img)` ⇒	Ecriture sur le disque de l'image `img` au format bitmap BMP

L'appel peut à `cvLoadImage` peut prendre plusieurs formes :

`cvLoadImage("lena.jpg",-1)` ou `cvLoadImage("lena.jpg")`	Charge tous les canaux de l'image source : un seul dans le cas d'une image en niveaux de gris
`cvLoadImage("lena.jpg",0)`	Convertit l'image source en niveaux de gris
`cvLoadImage("Ing.jpg",1)`	Charge une image couleur : convertit une image en niveaux de gris en image couleur monochrome (3 canaux identiques)

La couleur dominante dans cette image est un rose pâle, ce pourquoi les niveaux de gris du canal rouge sont en grande partie saturés, sauf à certains endroits tels que sur le frou-frou violet attaché au chapeau du sujet. Le canal bleu est globalement assez peu contrasté et plutôt bruité : cela se rencontre souvent, de manière plus ou moins marquée, dans les images couleurs car beaucoup de capteurs sont moins sensibles aux ondes courtes du bleu qu'à celles du rouge ou du vert.

Canal Rouge **Canal Vert** **Canal Bleu**

```
#include "cv.h"
#include "highgui.h"

int main( )
{
  IplImage* src = cvLoadImage("lena.jpg",-1);

  IplImage* B = cvCreateImage(cvGetSize(src), 8, 1);
  IplImage* G = cvCreateImage(cvGetSize(src), 8, 1);
  IplImage* R = cvCreateImage(cvGetSize(src), 8, 1);
  IplImage* dst = cvCreateImage(cvGetSize(src), 8, 3);

  cvSplit( src, B, G, R, 0);
  cvCopy(src, dst);

  cvNamedWindow("Blue",0);  cvShowImage("Blue", B);
  cvNamedWindow("Green",0);  cvShowImage("Green", G);
  cvNamedWindow("Red",0);  cvShowImage("Red", R);

  cvSaveImage("lena_R.jpg", R);
  cvSaveImage("C:/Lesson01/lena_G.jpg", G);
  cvSaveImage("lena_B.bmp", B);
  cvSaveImage("C:/lenaColor.PNG", dst);

  cvWaitKey(0); cvReleaseImage(&src); cvReleaseImage(&dst);
  cvReleaseImage(&B); cvReleaseImage(&G); cvReleaseImage(&R);

  return 0;
}
```

4 Fichier vidéo ou acquisition caméra

4.1 Capture d'une séquence : fichier vidéo ou caméra

Le code suivant démontre la simplicité et l'intérêt d'*OpenCV*. On vient d'aborder le type `IplImage` Éla lecture d'une séquence d'images fait appel à la structure `CvCapture` qu'on ne détaille pas pour le moment. On dispose d'une webcam commerciale ou de n'importe quelle caméra dont les drivers sont interfacés par les API VfW (Video for Windows) ou MIL (Matrox Imaging Library).

```
int main( )
{
   CvCapture* capture = 0;
   IplImage *frame = 0;

   capture = cvCreateCameraCapture( 0 );

   for(;;)
   {
      frame = cvQueryFrame( capture );
      if( !frame )
         break;

      cvNamedWindow( "webcam", 1 );
      cvShowImage( "webcam", frame );

      int delay = 10;
      if( cvWaitKey( delay ) > 0 )
         break;
   }

   cvReleaseCapture( &capture );
   return 0;
}
```

La fonction `cvCreateCameraCapture` peut-être remplacée par sa nomenclature dans les versions précédentes d'*OpenCV*, `cvCaptureFromCAM`. Si plusieurs caméras sont reliées à l'ordinateur, une boîte de dialogue permet d'en sélectionner une. La fonction `cvReleaseCapture` désalloue l'objet de type `CvCapture` pointé par `capture`. L'image frame n'est pas désallouée par un appel à la fonction cvReleaseImage : dans le cas contraire, l'arrêt de l'application se termine par un message d'erreur. Le retard delay sert à laisser le temps de visualiser l'image acquise, mais est inutile avec certaines webcams telle que la *Philips SPC 900NC* par exemple. Il permet aussi de quitter proprement le programme en appuyant sur une touche quelconque.

La lecture d'une vidéo au format *avi* se fait de manière tout à fait similaire, en remplaçant l'appel à la fonction cvCreateCameraCapture par l'instruction suivante :

```
capture = cvCreateFileCapture("Ilkay.avi");
```

en supposant bien entendu que le répertoire de travail (C:/Lesson01/Debug/ sous Visual, C:/Lesson01/ sous Dev) contient le fichier Ilkay.avi, sinon on peut préciser l'adresse complète du fichier vidéo à ouvrir. La fonction cvCreateFileCapture peut être remplacée par son ancien nom, cvCaptureFromFile, pour des raisons de compatibilité descendante.

La lecture d'une séquence d'images peut se faire de différentes manières, notamment en faisant appel à une fonction récursive, mais on retient ce corps de programme pour la suite. En résumé, la structure de contrôle for utilisée sans indice implémente une boucle infinie permettant de lire toutes les images d'une séquence. Cette boucle contient deux points de sortie, réalisés par des sauts conditionnels vers une instruction break. La condition êframe est réalisée lorsque la webcam est débranchée ou lorsque la dernière trame du fichier vidéo a été lue : dans ces deux cas, l'exécution du programme se termine proprement. Le second saut conditionnel a déjà été vu et permet d'interrompre l'application en enfonçant une touche du clavier. L'ajustement de la valeur de retard permet aussi de faire varier la cadence d'affichage des images.

4.2 Sauvegarde des images d'une vidéo

On peut trouver pratique de sauvegarder toutes les trames d'une séquence dans le dossier C:\Temporary préalablement créé. On peut sauvegarder une par une les images d'une vidéo, au format jpeg par exemple, en modifiant le programme précédent :

```
#include <string.h>

int main( int argc, char** argv )

...
   int nimres = 0;
   char* pathres = "C:\\Temporary\\Lesson01_";
   char nomimres[255];
   char finnom[250];
```

```
    for(;;)
    {
        frame = cvQueryFrame( capture );
    ...
        nimres++;
        _itoa( nimres, finnom, 10 );
        strcat(finnom,".jpg");
        strcpy(nomimres,pathres);
        strcat(nomimres,finnom);

        cvSaveImage( nomimres, frame);
    ...
    }
...
```

4.3 Sauvegarde d'un fichier vidéo

L'écriture d'une vidéo sur le disque fait appel à la structure `CvVideoWriter`.

L'objet pointé par `writer` est créé par la fonction `cvCreateVideoWriter`. Le premier paramètre est le nom complet du fichier à sauvegarder : ici, `VIDEO.avi` a été écrit à la racine du disque `C:\`. Le second paramètre indique le codec à utiliser pour compresser la vidéo Él'argument −1 ouvre une boîte de dialogue permettant d'en sélectionner manuellement un parmi ceux qui sont installés sur la machine. Le troisième argument est la fréquence d'affichage de la vidéo créée (en imagesï s). Le dernier est la taille des images de la vidéo : dans l'exemple donné, une image du fichier `Ilkay.avi` doit être lue avant de connaître la taille `cvGetSize(frame)`.

```
int main()
{
   CvCapture* capture = 0;
   capture = cvCreateFileCapture("Ilkay.avi");
   IplImage *frame = 0;

   CvVideoWriter* writer = 0;
   int start = 0;

   for(;;)
   {
      frame = cvQueryFrame( capture );
      if( !frame )
         break;
      cvNamedWindow( "Ilkay", 1 );
      cvShowImage( "Ilkay", frame );

      if(!start)
      {
         writer =cvCreateVideoWriter("c:/VIDEO.avi",
                             -1, 15, cvGetSize( frame ));
         start=1;
      }
      cvWriteFrame( writer, frame );

      int delay = 10;
      if( cvWaitKey( delay ) >= 0 )
         break;
   }
   cvReleaseCapture( &capture );

   cvReleaseVideoWriter( &writer );

   return 0;
}
```

Si une webcam est utilisée, cet argument peut être remplacé par les dimensions par défaut des images fournies par la webcam, en général `cvSize(320, 240)` ou bien `cvSize(640, 480)`, et l'appel à la fonction `cvCreateVideoWriter` implémenté en dehors de la boucle for, comme dans le programme suivant.

```
int main( int argc, char** argv )
{
   CvCapture* capture = cvCreateCameraCapture(0);
   IplImage *frame = 0;

   CvVideoWriter* writer =
            cvCreateVideoWriter( "c:\\VIDEO.avi",
                 -1, 15, cvSize(320,240) );

   for(;;)
   {
      frame = cvQueryFrame( capture );
      if( !frame )
         break;
      cvNamedWindow( "webcam", 1 );
      cvShowImage( "webcam", frame );

      cvWriteFrame( writer, frame );

      int delay = 10;
      if( cvWaitKey( delay ) >= 0 )
         break;
   }
   cvReleaseCapture( &capture );

   cvReleaseVideoWriter( &writer );

   return 0;
}
```

Au lieu d'utiliser une webcam ou une vidéo, on peut aussi assembler plusieurs images du disque en une vidéo. A partir des quelques codes présentés ici, on sait maintenant implémenter des programmes permettant de prendre une ou plusieurs photos numériques avec une webcam, d'accéder à n'importe quelle image d'une vidéo, ou encore de réaliser des montages vidéo.

Récapitulatif des outils abordés

Fonction	Description
imread	Lecture d'un fichier image
imagesc	Affichage d'une image
colormap	Spécification de la palette des couleurs de l'affichage
aviread	Lecture d'un fichier au format AVI (Audio-Video Interleave)
avifile	Création d'un fichier vidéo
addframe	Ajout d'une trame image au fichier vidéo
close	Fin de l'opération d'écriture du fichier vidéo
uint8	Conversion au type unsigned integer 8 bits (entier non signé)
figure	Ouverture d'une nouvelle fenêtre d'affichage
close all	Fermeture de toutes les fenêtres
clear	Libération de la mémoire de l'espace de travail

TAB. I.2 – Les fonctions Matlab abordées dans ce chapitre.

CxCore	`IplImage`, `cvCreateImage`, `cvReleaseImage`
	`CvSize`, `cvSize`, `cvGetSize`
	`cvCopy`
	`cvSplit`

HighGUI	`cvLoadImage`, `cvSaveImage`
	`cvNamedWindow`, `cvShowImage`
	
	`cvQueryFrame`
	`CvCapture`, `cvCreateFileCapture`,
	`cvCreateCameraCapture`, `cvReleaseCapture`
	`cvWriteFrame`
	`CvVideoWriter`, `cvCreateVideoWriter`,
	`cvReleaseVideoWriter`

TAB. I.3 – Les fonctions et types d'OpenCV abordés dans ce chapitre, classés selon leur bibliothèque d'appartenance : les fonctions commencent par le préfixe cv (pour *Computer Vision*), les types par une majuscule. il est fortement conseillé de consulter le manuel de référence des deux bibliothèques exploitées jusqu'ici, CxCore et HighGUI.

Chapitre II

IMAGES EN NIVEAUX DE GRIS

UNE image en niveaux de gris est aussi appelée *image en intensité* à cause de la relation entre l'intensité lumineuse captée par un pixel et son niveau de gris. L'intensité lumineuse acquise par le pixel est un flux de photons intégré pendant une durée d'exposition qui dépend de la **vitesse d'obturation** du capteur, appareil photo ou caméra. Soumis à un flux de photons, il émet des électrons par effet **photo-électrique** : le nombre de photons collectés est **proportionnel** au nombre de photons reçus. Le rapport entre ces deux nombres définit l'*efficacité quantique* du capteur.

En cas de surexposition à la lumière, la capacité maximale d'électrons emmagasinable par le pixel est atteinte auquel cas il est saturé. La réponse du capteur au nombre de photons auquel il est exposé n'est plus linéaire lorsque cette capacité maximale est sur le point d'être atteinte. Cette saturation en électron peut même déborder sur les pixels voisins créant alors un effet de *blooming*.

Le niveau de gris d'un pixel reflète donc l'intensité lumineuse acquise, aussi le nomme-t-on souvent **intensité**. Un troisième synonyme est la **luminance** du pixel, par opposition à l'information de couleur (longueur d'onde du rayonnement collecté) contenue dans la chrominance.

Dans ce chapitre, on s'intéresse aux opérations de lecture des éléments du tableau de données constituant une image et à leur analyse. On y expose des méthodes en **Matlab** et en **C++** pour réaliser des opérations courantes telles que :

- mesure de l'intensité d'un pixel,
- profil d'intensité vertical et horizontal,
- distribution des niveaux de gris sous la forme d'histogramme 1D.

On aborde en particulier les outils d'interface graphique d'OpenCV : curseurs à glissière et événements de la souris.

1 Niveaux de gris d'une image

1.1 Niveau de gris d'un pixel

Une image monochrome **I** est un champ de scalaire, ou plus précisément une répartition spatiale de niveaux de gris. On peut l'interpréter comme une application de $\mathbb{N}\mathrm{x}\mathbb{N}$ dans $\mathbb{N}$ qui à un couple d'entier (x,y) associe le niveau de gris -appelé aussi **luminance** ou **intensité**- du pixel situé à la position (x,y) :

$$\mathbf{I} : \begin{array}{ccc} \mathbb{N} \times \mathbb{N} & \rightarrow & \mathbb{N} \\ (\mathrm{x}\,,\mathrm{y}) & \mapsto & \mathrm{I(x,y)} \end{array}$$

En pratique, le domaine de définition de cette application est limité par la taille de l'image, comme le montre la figure I.3. On s'intéresse à l'estimation du gradient de ce champ de scalaire au chapitre VII. Dans le présent chapitre on considère l'image comme un tableau de *height* lignes et *width* colonnes, contenant $n = height$ x $width$ pixels. Le niveau de gris est compris entre 0 et 255 lorsque l'image est codée sur 8 bits, ce qui est le cas dans tout ce chapitre.

La vision est un outil pratique pour appréhender qualitativement la répartition spatiale des niveaux de gris d'une image, mais elle s'appuie sur le contraste local c'est-à-dire sur la différence de luminance entre pixels voisins. Elle ne permet donc pas la mesure absolue du niveau de gris d'un pixel.

1.2 Profil en intensité

La représentation graphique des niveaux de gris d'un segment de l'image I s'appelle un *profil* (ou aussi *profil en intensité*). Pour un segment horizontal ou vertical, on peut donner une forme analytique de la fonction définissant le profil correspondant :

$$\mathbf{I}^{\mathbf{ypos}}_{\mathbf{profil}} : \begin{array}{ccc} \mathbb{N} & \rightarrow & \mathbb{N} \\ \mathrm{x} & \mapsto & \mathrm{I(x, ypos)} \end{array}$$

Profil Horizontal

$$\mathbf{I}^{\mathbf{xpos}}_{\mathbf{profil}} : \begin{array}{ccc} \mathbb{N} & \rightarrow & \mathbb{N} \\ \mathrm{y} & \mapsto & \mathrm{I(xpos, y)} \end{array}$$

Profil Vertical

Le profil en intensité de la ligne $ypos$ donne ainsi la distribution spatiale des niveaux de gris en fonction de l'abscisse x : c'est un profil horizontal. Un profil vertical représente l'intensité des pixels d'une colonne $xpos$ donnée en fonction de l'ordonnée y.

La figure II.1 donne un exemple de profil horizontal : on voit que le crayon qui apparaît noir a en fait un niveau de gris de l'ordre de 40, la table grise est à environ 170, et la balle blanche est approximativement à 250. On peut parcourir l'image ligne par ligne et accéder à la valeur de chaque pixel, pour se représenter la répartition spatiale des niveaux de gris. On présente à la section suivante un outil plus pratique pour accéder à la distribution des niveaux de gris d'une image : son histogramme.

La conversion d'une image couleur en niveaux de gris avec Matlab est expliquée

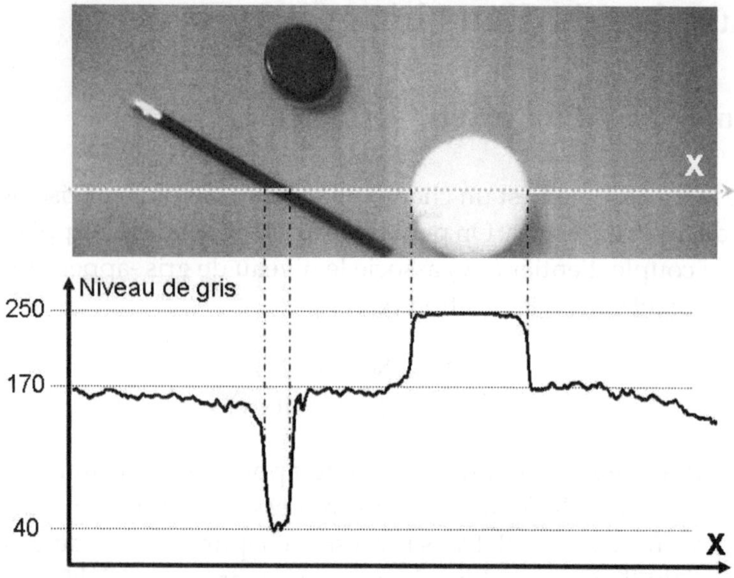

FIG. II.1 – Profil horizontal *représentant les niveaux de gris en fonction de l'abscisse pour une ligne donnée de l'image.*

au chapitre I.1.2 : elle permet de passer d'un tableau à trois dimensions à un tableau à deux dimensions dont chaque élément est un pixel. Le code suivant charge l'image couleur `stuff.jpg`, la convertie et affiche le profil de la `ypos=175`ième ligne de cette image. La commande `subplot(n,m,p)` divise la figure courante en plusieurs quadrants répartis sur n lignes et m colonnes, l'entier p indexant le quadrant actif dans lequel réaliser l'affichage. La fonction `plot(x,y)` affiche le graphe du tableau y en fonction des valeurs du tableau de x, c'est deux tableaux étant des vecteurs (ligne ou colonne) de même longueur.

```
clear, close all

I=imread('stuff.jpg'); % image couleur
Ing = uint8(sum(I,3)/3);% conversion en niveaux de gris
figure(2), subplot(211), imagesc(Ing),colormap('gray')

ypos=175;
yprofile = Ing(ypos,:);

x=1:length(yprofile);
subplot(212), plot(x,yprofile)
xlabel('x') % étiquette de l'axe des abscisse du graphe
ylabel('Niveau de gris') % étiquette de l'axe des ordonnées
```

L'instruction `yprofile = Ing(ypos,:);` affecte un vecteur ligne `yprofile` avec les valeurs des niveaux de gris de la ligne numéro ypos de l'image `Ing`. La section suivante réalise un programme similaire avec OpenCV et une interface graphique.

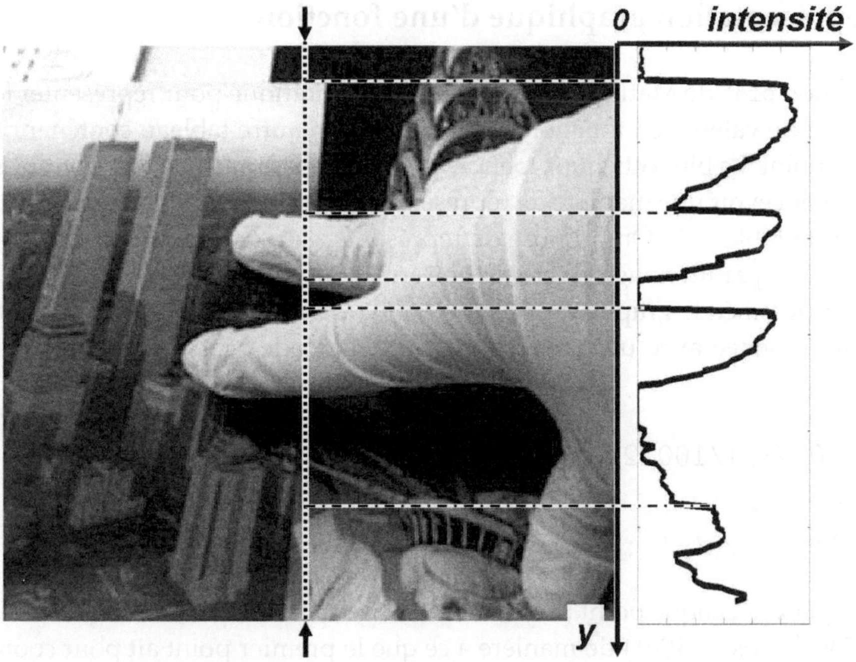

FIG. II.2 – Exemple de profil en intensité vertical *pour une colonne donnée de l'image.*

PROFIL VERTICAL

Les niveaux de gris d'une colonne donnée de l'image en fonction de l'ordonnée est un profil vertical, comme le montre la figure II.2. Son obtention sous Matlab est similaire au programme précédent, excepté que l'on cherche à afficher la valeurs des pixels de toutes les lignes de la colonne 150 (par exemple) :

```
clear all, close all

I=imread('NYHand.jpg'); % image couleur
Ing = uint8(sum(I,3)/3); % conversion en niveaux de gris
figure(2), subplot(121), % partition figure en 2 lignes / 1 colonne
imagesc(Ing),colormap('gray')% affichage sur le quadrant 1

xpos=150; % numéro de la colonne choisie
xprofile = Ing(:,xpos); % profil en intensité vertical

y=1:length(xprofile); % tableau contenant la valeur des ordonnées
h=subplot(122); % activation du quadrant numéro 2 de la figure active
plot(xprofile, y) % graphe du profil en intensité verticalement
set(h,'YDir','reverse')% l'axe des ordonnée est orienté vers le bas
xlabel('intensité')
ylabel('y')
```

1.3 Représentation graphique d'une fonction

La fonction `plot` de Matlab est particulièrement pratique pour représenter le graphe d'un tableau de valeurs en fonction des valeurs d'un autre tableau contenant le même nombre de point. La bibliothèque OpenCV ne fournit pas une telle fonction : c'est à l'utilisateur de concevoir une manière de représenter les données d'un tableau Y en fonction de celles d'un tableau X. On propose de représenter la fonction $f(x) = \cos(x)$ sur l'intervalle $[0 \quad 2\pi]$ par un nuage de croix : une croix par point $(x, y = f(x))$. L'image dans laquelle est dessinée le graphe de f est de taille 628 x 100 par souci de simplification : f est échantillonnée avec un pas $\Delta = 2\pi ï\ 100$. Le code Matlab correspondant est le suivant :

```
x=0:2*pi/100:2*pi;
y=cos(x);
plot(x,y,'+');
```

Avec OpenCV, chaque point (x, y) a une abscisse entière $x \in [0 \quad 627]$, et pour ordonnée $y = 50(1 - \cos(x ï\ 100))$ de manière à ce que le premier point ait pour coordonnées $(0, 0)$ dans l'image et que le point $f(\pi) = -1$ soit en bas de l'image à l'ordonnée y=100. En effet, l'axe des ordonnées est toujours orienté vers le bas en traitement de l'image, suivant les numéros de lignes croissants. Comme le montre la figure II.4, le premier élément d'un tableau 2D a pour indice [0,0] en langage C, au contraire de Matlab pour qui cet indice est (1,1). Enfin pour dessiner une croix avec OpenCV, le plus simple est de dessiner un cercle de rayon 1. La forme la plus simple de la fonction dessinant un cercle est la suivante :

```
cvCircle( img, centre, rayon, couleur);
```

On peut y ajouter un argument supplémentaire, l'épaisseur du cercle : en choisissant -1 pour cette épaisseur, OpenCV dessine un disque (l'intérieur du cercle). L'argument `centre` est un point de type `CvPoint` : ce type est particulièrement important pour les fonctions de dessin d'OpenCV.

Le type `CvPoint` sert à localiser un point dans un tableau indexé par des entiers, il a deux champs : l'abscisse (numéro de colonne) et l'ordonnée (numéro de ligne), indexées à partir de zéro. Par exemple, le point situé à la $(i+1)^{\text{ième}}$ ligne et la $(j+1)^{\text{ième}}$ colonne de l'image est le suivant :

`CvPoint pt = cvPoint(j, i);` $\Rightarrow \quad (\text{pt.x}, \text{pt.y}) \in \mathbb{N}^2$

Dans ce cas, `j=pt.x` est l'abscisse du point et `i=pt.y` est son ordonnée. Le type `CvPoint` est utile pour préciser certains éléments des fonctions de dessin des formes de bases : cercles, rectangle, ellipse, lignes. Pour une précision sub-pixellique, on utilise le type `CvPoint2D32f` (coordonnées réelles, de type `float` codés sur 4 octets soit 32 bits) :

`CvPoint2D32f pt32F = cvPoint2D32f(x, y);` $\Rightarrow \quad (\text{pt32F.x}, \text{pt32F.y}) \in \mathbb{R}^2$

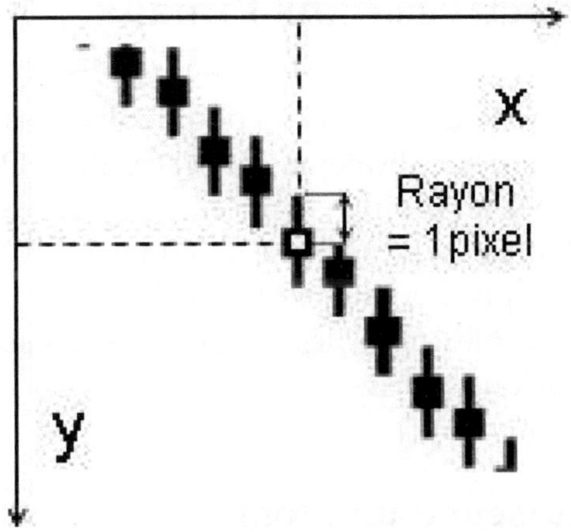

FIG. II.3 – Représentation graphique par des croix

Et on peut passer d'un type à l'autre simplement :

```
pt32F = cvPointTo32f( pt ); ⇔ pt = cvPointFrom32f( pt32F );
```

Le programme suivant propose d'afficher la fonction $f(x) = cos(x)$ sous la forme d'un graphe en noir sur fond blanc. On ne dessine qu'un point sur quatre afin de mettre en évidence les croix représentant chaque point, comme illustré par la figure II.3. Dans la suite de ce manuel, on propose plusieurs alternatives de représentations graphiques.

```
int main( )
{
   int x[628];
   int y[628];
   IplImage* graphImg = cvCreateImage( cvSize(628,100), 8, 1);
   cvSet( graphImg, cvScalar(255) ); // Fond blanc
   for (int k=0; k<628; k+=4)
   {
      x[k]=k;
      y[k]=cvRound( 50*( 1 - cos(x[k]/100.) ) );
      cvCircle( graphImg, cvPoint( x[k], y[k] ), 1,
                          CV_RGB(0,0,0), -1);
      cvNamedWindow("graph",0);
      cvShowImage("graph", graphImg);
      cvWaitKey(1);
   }
   cvWaitKey(0);
   return 0;
}
```

2 Mesures interactives dans l'image

Cette section propose quelques méthodes pour réaliser les manipulations suivantes à l'aide d'interfaces graphiques utilisateurs proposées dans OpenCV :

- sélection et affichage d'un profil,
- sélection et agrandissement d'une zone de l'image,
- accès à la valeur d'un pixel pointé par la souris,

A cette occasion on introduit les contrôles de type *curseurs* sous *OpenCV*, ainsi que les interactions possibles avec une souris.

2.1 Sélection par curseur d'un profil

On propose ici un programme permettant à un utilisateur de choisir une ligne de l'image et d'en afficher le profil comme illustré par la figure II.1. L'image utilisée `stuff` est disponible dans le répertoire `OpenCV\samples\c`. Pour cela les opérations suivantes sont réalisées :

- création d'un tableau 1 x width d'entiers non signés pour stocker les niveaux de gris du profil d'intérêt,
- création d'un curseur à glissière permettant de sélectionner la ligne dont on veut afficher le profil en intensité,
- implémentation du callback associé à ce curseur.

Le **callback associé à un contrôle** (curseur ou évènement de la souris) est la fonction appelée lorsque ce contrôle est utilisé. Lorsque la position du curseur est changée, la ligne sélectionnée est affichée sur l'image originale et le profil modifié en conséquence.

```
#include "cv.h"
#include "highgui.h"

IplImage* src=0;
IplImage*  dst = 0;
IplImage* yImProfile = 0;

int ypos = 40;//<= position initiale du curseur
CvMat* yprofile=0;
```

Pour ce faire, une image `dst` sert à l'affichage de la ligne sélectionnée : à chaque appel au callback `cb_IntensityProfile`, `src` est copiée dans `dst` puis la ligne indexée par l'argument `pos` (correspondant à la position du curseur sur la glissière). On déclare aussi le tableau `yprofile`, de type `CvMat`, pour contenir les niveaux de gris du profil, extraits de l'image source `src` via la fonction `cvGetRow`. Comme il contient les valeurs d'un profil horizontal, ce tableau est vecteur ligne `1xwidth` contenant autant d'éléments qu'il y a de colonnes dans l'image.

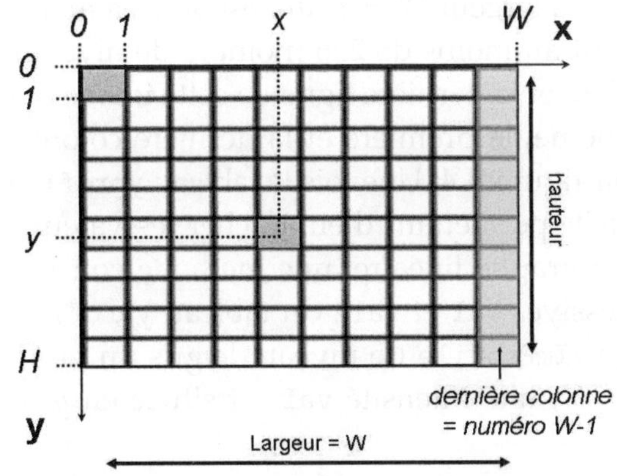

FIG. II.4 – Indexation des pixels

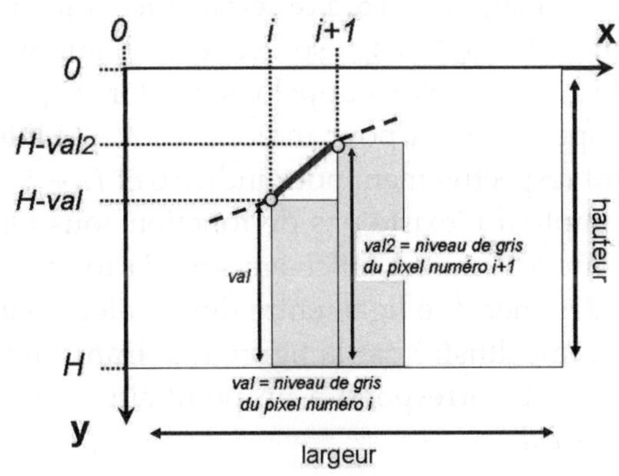

FIG. II.5 – Graphique linéaire

```
void cb_IntensityProfile(int pos)
{
   cvCopy(src,dst);
   cvLine( dst, cvPoint(0, pos), cvPoint(src->width, pos),
      CV_RGB(255, 255, 255), 3);
   cvShowImage("stuff", dst);

   cvGetRow(src, yprofile, pos);

   int H = yImProfile->height;
   cvSet( yImProfile, cvScalar( 255) ); // Fond blanc

   for( int i=0; i<yprofile->width-1; i++)
   {

      CvScalar sval = cvGet1D( yprofile, i);
      CvScalar sval2 = cvGet1D( yprofile, i+1);

      int val = (int) sval.val[0];
      int val2 = (int) sval2.val[0];

      cvLine( yImProfile,
         cvPoint(i, H -  val),
            cvPoint(i+1, H -  val2),
               CV_RGB(0,0,0), 2); // lignes en noir
   }
   cvNamedWindow("Y intensity profile", 0);
   cvShowImage("Y intensity profile", yImProfile);
}
```

L'image yImProfile sert à afficher le profil : sa largeur $W = width$ est donc la même que celle de l'image source, et sa hauteur H est au moins de 256 (nombre de niveaux de gris possible). Rappelons qu'alors la première et la dernière ligne de cette image ont respectivement pour indice 0 et $W - 1$ Éde même, la première et la dernière colonne ont respectivement pour indice 0 et $H - 1$, voir figure II.4. Une fois le tableau yprofile rempli, il n'existe pas de fonction sous *OpenCV* permettant d'en afficher les valeurs. Pour réaliser cet affichage sous la forme d'un graphe linéaire, une méthode consiste à dessiner une ligne entre deux valeurs successives val et val2 du tableau yprofile, comme illustré par la figure II.5. Dans l'image yImProfile un niveau de gris du profil égal à 0 correspond à un point situé en $y = H$, une intensité val est située en $y = H - val$.

```
int main()
{
    src = cvLoadImage("stuff.jpg",0);
    CvSize sz = cvGetSize(src);
    dst = cvCreateImage( sz, 8, 1);
    yImProfile = cvCreateImage( cvSize(sz.width, 256), 8, 1);

    yprofile = cvCreateMat(1, sz.width, CV_8UC1);

    cvNamedWindow("stuff",0);
    cvCreateTrackbar("Y position","stuff",
                     &ypos, sz.height-1, cb_IntensityProfile);
    cvShowImage("stuff", src);

    cvWaitKey(0);

    cvReleaseImage(&src);
    cvReleaseImage(&dst);
    return 0;
}
```

La fonction main n'a plus qu'à initialiser les différentes variables, et à créer le curseur dans une fenêtre. Ce programme illustre une variante de cvLoadImage qui permet de charger une image en niveaux de gris à partir d'une image couleur sur le disque en une instruction :

```
src = cvLoadImage("stuff.jpg",0);
```

Le premier argument de cvCreateTrackbar est le nom donné au curseur, le second est le nom de la fenêtre contenant ce contrôle. Le troisième argument retourne la position du curseur et est utile si l'on veut initialiser cette position. Le quatrième est la valeur maximale que peut prendre la position du curseur (sa position minimale est nécessairement nulle). Le dernier argument est le nom du callback associé à la glissière.

2.2 Zoom sur une région d'intérêt à l'aide de la souris et du clavier

On aborde les contrôles associés à la souris en ajoutant quelques lignes de code au programme précédent. Le callback associé à la souris se présente comme suit : `void cb_on_mouse(int event, int x ,int y, int flags)`, où le couple (x,y) indique la position du pointeur de la souris dans l'image, `event` est un événement de la souris (tel que bouton droit ou gauche enfoncé, souris déplacée), et `flags` indique si un bouton de la souris ou une touche du clavier (ctrl, alt ou la touche majuscule) est enfoncé. Le programme suivant permet ainsi de zoomer en avant ou en arrière sur l'image en cliquant sur le bouton droit ou gauche de la souris, et en la déplaçant.

La fonction `cb_on_mouse` ainsi que les variables permettant de définir la région mise en valeur doit être déclarée avant la fonction `main`. Pour activer ce callback, la fenêtre affichant l'image source doit être créée comme précédement, suivie de l'appel à la fonction `cvSetMouseCallback`.

La fenêtre "zoom" affiche ainsi la région d'intérêt (*ROI* pour Region Of Interest) choisie par l'utilisateur en déplaçant la souris et en zoomant en avant ou en arrière à l'aide des boutons droit et gauche[1]. La taille de la ROI N_{line} x N_{col} est initialisée à 80 x 80 pixels. Un zoom en avant ou en arrière diminue ou augmente cette taille de 10 pixels verticalement et horizontalement (variables pas_xzoom et pas_yzoom). On peut aussi associer des événements du clavier à cette fonction : par exemple, on peut permettre le zoom avant ou arrière à condition que la touche ctrl soit enfoncée, avec le flag `CV_EVENT_FLAG_CTRLKEY`, la condition devenant :

```
if( (event== CV_EVENT_RBUTTONDOWN) && (flags & CV_EVENT_FLAG_CTRLKEY) )
{
    Ncol+=pas_xzoom;    Nline+=pas_yzoom;
}
```

La variable `roi` (*region of interest*) est de type `CvRect` : ce type permet de définir un rectangle et contient 4 champs, tous entiers. Les deux entiers x et y définissent le coin haut gauche du rectangle, la largeur et la hauteur sont définies respectivement par les champs *width* et *height*. On peut ainsi remplacer l'appel à la fonction `cvRect` par une affectation directe des champs de la variable `roi` :

```
roi.x = x-Ncol/2;
roi.y = y-Nline/2;
roi.width = MAX(1,Ncol);
roi.height = MAX(1,Nline);
```

```
CvRect r;   ⇒   r = [r.x  r.y  r.width  r.height]
```

[1]Si l'on souhaite figer une zone particulière dans cette fenêtre, il suffit d'appuyer sur la touche alt du clavier lorsque la souris est déplacée sur l'image.

```
...
void cb_on_mouse(int event, int x ,int y, int flags)
   ...
void cb_IntensityProfile(int pos)
   ...
int main( int argc, char** argv )
{
   ...
      cvNamedWindow("stuff",0);
      cvCreateTrackbar("Y position","stuff",
                          &ypos, sz.height-1, cb_IntensityProfile);
      cvShowImage("stuff", src);

      cvSetMouseCallback( "stuff",
                          (CvMouseCallback) cb_on_mouse );

   ...
}
```

```
CvRect roi;

int Nline=80,  Ncol=80;
int pas_yzoom = 10,  pas_xzoom = 10;

void cb_on_mouse(int event, int x ,int y, int flags)
{
   if(src)
   {
      if( event== CV_EVENT_RBUTTONDOWN )
      {// événement associé au bouton droit = zoom en arrière
        Ncol+=pas_xzoom;         Nline+=pas_yzoom;  }
      if( event== CV_EVENT_LBUTTONDOWN ) // bouton gauche = zoom avant
      { Ncol-=pas_xzoom;  Nline-=pas_yzoom; }

       roi = cvRect(x-Ncol/2, y-Nline/2,
                          MAX(1,Ncol), MAX(1,Nline));

      cvSetImageROI(src, roi);
      cvNamedWindow("zoom",0);
      cvShowImage("zoom", src);

      cvResetImageROI(src);
   }
}
```

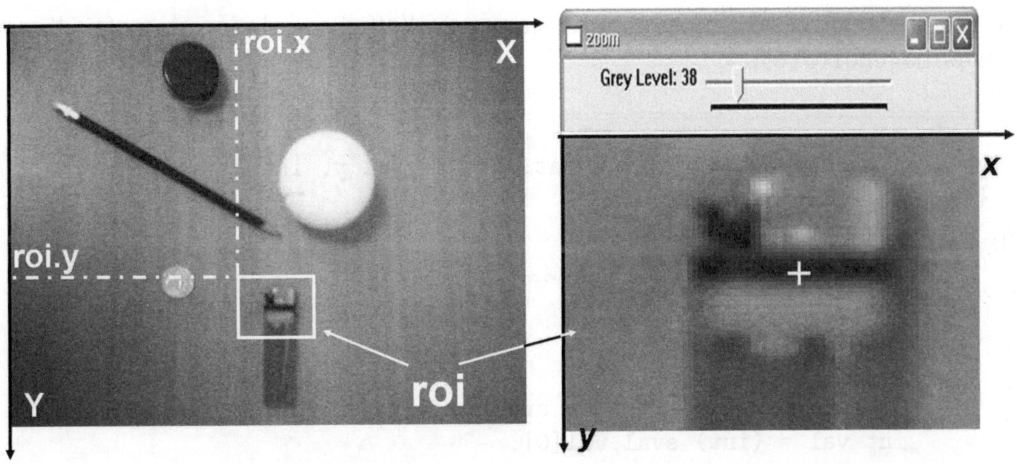

FIG. II.6 – Sélection et affichage d'une ROI de l'image source

2.3 Intensité du pixel pointé par la souris

Dans cette section on cherche à accéder au niveau de gris d'un pixel pointé par la souris dans la fenêtre nommée "zoom". Pour ce faire, on ajoute un curseur, indicateur du niveau de gris, et un contrôle souris sur la fenêtre "zoom". On fait appel à la fonction `cvGetImageROI` afin de s'assurer de la validité de la région d'intérêt (i.e. pour éviter les cas où la souris pointe hors du cadre de l'image). Dans le programme précédent, on modifie le callback `cb_on_mouse` comme suit :

```
void cb_on_mouse(int event, int x ,int y, int flags)
{
   ...
   cvSetImageROI(src, roi);

  roi = cvGetImageROI(src);// ROI réellement affichée

   cvNamedWindow("zoom",0);
   cvShowImage("zoom", src);
   cvResetImageROI(src);

   cvSetMouseCallback( "zoom", (CvMouseCallback) on_mouse_zoom_img );
   cvCreateTrackbar("Grey Level","zoom", 0, 255, 0);
   ...
}
```

On doit bien entendu associer un callback, nommé `on_mouse_zoom_img`, aux événements de la souris sur cette fenêtre "zoom". La difficulté est que la position (x,y) de ce callback correspond alors à la position du pointeur de la souris relative à la région d'intérêt affichée dans cette fenêtre : il faut calculer les coordonnées (X,Y) absolues du pixel pointé, relatives à l'image source car après l'affichage de la roi on fait l'appel cvResetImageROI(src).

```
void on_mouse_zoom_img(int event, int x ,int y, int flags)
{
   if(src)
   {
      int X = roi.x + x;
      int Y = roi.y + y;

      CvScalar sval = cvGet2D( src, Y, X);
      int val = (int) sval.val[0];

      cvSetTrackbarPos( "Grey Level", "zoom", val);

   }
}
```

Le callback on_mouse_zoom_img doit bien entendu être déclaré avant le callback on_mouse, puisqu'il est appelé par la fonction cvSetMouseCallback. La glissière "Grey Level" ajoutée à la fenêtre "zoom" sert à afficher le niveau de gris du pixel pointé par la souris. Vu la manière dont est définie la position du coin haut gauche de la roi, les coordonnées roi.x et roi.y peuvent être négatives : la fonction cvSetImageROI met alors automatiquement à 0 toute coordonnée négative dans le champ src->roi, mais ne modifie pas la variable roi. Voilà pourquoi on fait appel à la fonction cvGetImageROI pour modifier la variable roi en conséquence. Connaissant la roi de l'image affichée dans la fenêtre "zoom", on peut maintenant implémenter le callback on_mouse_zoom_img.

La figure II.6 illustre la correspondance entre les coordonnées du pointeur de la souris relative au zoom, et celles relative à l'image source. La fonction cvGet2D permet d'accéder au niveau de gris de src situé à la ligne Y et à la colonne X. Le type CvScalar correspond à un quadruplet de réels (nombres flottant double, codés sur 8 octets) : dans le cas d'une image monochrome, seul le premier élément est non nul. La fonction cvSetTrackbarPos permet finalement de modifier la position du curseur "Grey Level" afin d'afficher le niveau de gris pointé. Le reste du programme est inchangé.

Si on dispose de la boîte à outils Matlab Image Processing, l'instruction pixval permet d'accéder aux niveaux de gris d'une image très simplement :

```
clear, close all
I=imread('stuff.jpg');
Ing = rgb2gray(I);
imagesc(I)
pixval
```

La fonction rgb2gray convertit l'image couleur en niveaux de gris. Si on ne dispose pas de cette boîte à outils, cette conversion peut être implémenter dans un fichier à nommer rgb2gray.m (même nom que celui de la fonction) :

```
function Igray=rgb2gray(I)

Id=double(I);
Igray = uint8(0.2989*Id(:,:,1) + 0.5870*Id(:,:,2) + 0.1140*Id(:,:,3));
```

La conversion en double est nécessaire pour les opérations d'addition et de multiplication Éla conversion en uint8 opère un arrondi élément par élément.

3 Histogramme des niveaux de gris

Dans cette section, on aborde la notion d'histogramme à travers l'exemple de l'histogramme des niveaux de gris d'une image. On apprend à créer, construire et afficher un histogramme 1D sous Matlab et *OpenCV* Éles histogrammes 2D seront présentés et appliqués au cas des images couleur au chapitre IV.

3.1 Histogramme d'une image monochrome

L'emploi de profils est pratique pour distinguer la répartition spatiale des niveaux de gris mais nécessite de balayer l'image ligne par ligne ou colonne par colonne : une représentation plus intéressante est celle des histogrammes. L'histogramme d'une image représente la *distribution* des niveaux de gris, c'est-à-dire le nombre de pixels ayant un niveau de gris donné. Ainsi, pour une image codée sur 8 bits, il y a 256 valeurs de niveau de gris possible : l'histogramme le plus fin est alors un tableau de 256 entiers. Le premier élément du tableau est le nombre de pixel de luminance nulle, l'élément suivant est le nombre de pixels dont le niveau de gris est égal à 1, ... le dernier élément correspond au nombre de pixels de luminance égale à 255. La représentation graphique de l'histogramme a alors des effectifs en ordonnée et des niveaux de gris en abscisse.

La fonction hist de Matlab calcule et affiche l'histogramme d'un vecteur de données réelles (double ou int). Dans le programme suivant, on estime les niveaux de gris de l'image par une somme pondérée des composantes rouge, vert, bleu. On convertit ensuite en double le vecteur de données Ing(:) contenant les niveaux de gris, et on en calcule la distribution sur 256 classes :

```
clear, close all

I=imread('stuff.jpg'); imagesc(I)
Ing = uint8(sum(I,3)/3);

hist(double(Ing(:)),[0:255]);
xlabel('Niveaux de gris');ylabel('Population')
```

De manière plus générale, l'histogramme $\hat{q}$ d'une image s'obtient en quantifiant les niveaux de gris sur m classes. L'intervalle $[0 \quad 255]$ est partitionné en m sous-intervalles d'égale longueur, et l'histogramme est un tableau de m cases (ou *classes* de l'histogramme) : $\hat{q} = \{\hat{q}_u\}_{u=1...m}$. La $u^{\text{ième}}$ classe correspond alors à l'intervalle $\left[\frac{255(u-1)}{m} \quad \frac{255u}{m}\right[$. L'histogramme de l'image est construit en y dénombrant l'effectif -ou la *population*- de chaque classe. Soit la fonction $b : [0 \quad 255] \rightarrow \{1...m\}$ qui à un pixel $\mathbf{x_i}$ associe l'indice $b(\mathbf{x_i})$ de la classe de l'histogramme correspondant à son niveau de gris. L'effectif de la classe u est calculé par :

$$\hat{q}_u = C \sum_{i=1}^{n} \delta(b(\mathbf{x_i}) - u)$$

avec δ le symbôle de Kronecker, n le nombre de pixels de l'image et C une constante de normalisation de l'histogramme. L'histogramme peut être normalisé de différentes manières :

- $C = 1$: l'histogramme représente la population de chaque classe,
- $C = \frac{1}{n}$: l'histogramme contient alors la fréquence, ou la densité, de chaque classe de niveau de gris (rapport de sa population sur le nombre total d'exemples),
- $C = \frac{100}{n}$: dans ce cas la densité est donnée directement en pourcentage,
- $C = \frac{255}{\max \hat{q}}$ qui revient à étirer linéairement la densité sur $[0 \quad 255]$: c'est la normalisation choisie pour la suite, car elle permet de coder les valeurs de l'histogramme sur 8 bits, ce qui est pratique lorsque l'on doit représenter des histogrammes 2D.

3.2 Construction d'un histogramme sous *OpenCV*

Pour commencer, on reprend et modifie le programme de la section précédente afin de construire et afficher l'histogramme de l'image source. Les niveaux de gris sont quantifiés sur un nombre fixe de classes, $m = 30$ par exemple. La création de l'histogramme passe par une étape de configuration du nombre de cases, ainsi que de la gamme des valeurs à prendre en compte. La dernière classe ($m^{\text{ième}}$ case) correspond théoriquement à l'intervalle de luminance $\left[\frac{255(m-1)}{m} \quad 255\right[$: pour que les niveaux de gris égaux à 255 soit dénombrés dans l'histogramme, il faut préciser une gamme de niveau de gris dépassant un tant soit peu 255 (255.1 ou 256 par exemple). Cette configuration peut se faire de la manière suivante :

```
// Nombre de classes de l'histogramme :
   int Nbins = 30;
   int hist_size[] = {Nbins};
// Gamme des niveaux de gris :
   float Iranges[] = { 0, 255.1 };
   float* hist_ranges[] = {Iranges};
// Création de l'histogramme :
   CvHistogram* hist
       = cvCreateHist( 1, hist_size, CV_HIST_ARRAY, hist_ranges, 1 );
```

Une fois l'image source chargée l'histogramme peut être calculé simplement par

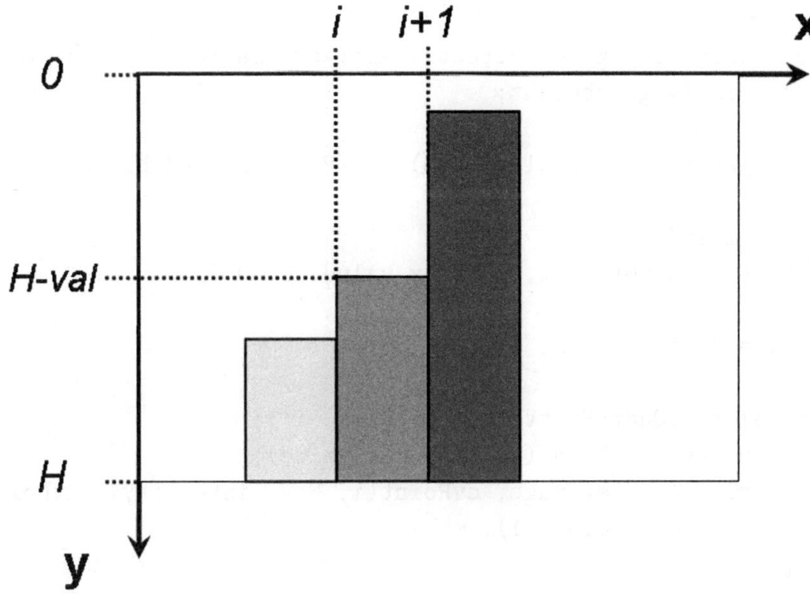

FIG. II.7 – Représentation graphique à l'aide de barres

l'instruction `cvCalcHist( &src, hist)`. La normalisation de l'histogramme est optionnelle mais on l'introduit ici car elle se fait simplement. La valeur maximale de l'histogramme doit être calculée dans un premier temps, puis l'histogramme est étiré linéairement.

```
// Normalisation des effectifs de l'histogramme
// entre leur valeur minimum et 255
    float max_val=0.0;
    cvGetMinMaxHistValue( hist, 0, &max_val, 0, 0 );
    cvConvertScale(hist->bins, hist->bins, max_val ? 255./max_val : 0., 0);
```

On note que la fonction `cvConvertScale` s'applique au tableau `hist->bins` contenant les valeurs de l'histogramme : on appliquera cette fonction pour l'amélioration d'images.

On peut représenter l'histogramme par une succession de segments comme on l'a fait pour afficher les profils d'intensité, mais on propose une méthode alternative, celle des barres. La valeur de chaque classe est représentée par un rectangle de hauteur proportionnel à cette population, comme le montre la figure II.7. Dans un premier temps les rectangles peuvent être noirs sur fond blanc, on propose une amélioration astucieuse de ce code de couleur par la suite. L'image `srcHistImage` dans laquelle l'histogramme est affiché doit avoir une largeur égale au nombre de classes, et une hauteur supérieure à 255 étant donné la normalisation de l'histogramme.

Cet affichage fait usage de la fonction `cvQueryHistValue_1D` qui permet de récupérer la valeur d'une case donnée d'un histogramme 1D. Le code présenté ci-dessous s'applique aussi à un histogramme qui n'aurait pas été normalisé.

```
IplImage * srcHistImage = cvCreateImage( cvSize(Nbins, 260), 8, 1);
int H = srcHistImage->height;

cvSet( srcHistImage, cvScalar( 255) );//Pour un fond blanc

float max_value=0;
cvGetMinMaxHistValue( hist, 0, &max_value, 0, 0 );

for( int i = 0; i < Nbins; i++ )
{
   float val = cvQueryHistValue_1D( hist, i );
   int intensity = cvRound(val*255/max_value);
   cvRectangle( srcHistImage, cvPoint(i, H -  intensity), cvPoint(i, H),
          CV_RGB(0,0,0), 1);
}
```

Finalement, l'histogramme peut être affiché dans une fenêtre, puis la mémoire qu'il utilise ainsi que celle allouée à l'image `srcHistImage` sont libérées :

```
cvNamedWindow("Histogramme de l'image",0);
cvShowImage("Histogramme de l'image", srcHistImage);

cvReleaseHist(&hist);
cvReleaseImage(&srcHistImage);
```

Tout ce code est à placer dans la fonction `main` après l'instruction de chargement de l'image source. L'histogramme obtenu est représenté dans la figure II.8 : on voit par exemple que la majeure partie des pixels de l'image, ceux du fond, ont un niveau de gris compris entre 100 et 180.

3.3 Choix du nombre de classes par curseur glissant

Plutôt que de construire l'histogramme de l'image source dans le programme principal `main`, il est plus simple de le faire dans un sous programme ayant pour paramètre un entier définissant le nombre de classes de l'histogramme. De sorte que l'on peut reconfigurer l'histogramme de manière interactive avec un curseur à glissière.

On reprend le programme de la section 2.3 afin de garder tous les outils permettant d'analyser les niveaux de gris de l'image implémentés jusqu'ici. L'en-tête du programme est résumé ci-après, le programme principal est rappelé entièrement : on y ajoute une instruction, un appel à la fonction `cb_NumberOfBins`.

```
#include "cv.h"
#include "highgui.h"

IplImage* src=0, * dst = 0,  *yImProfile = 0;

int ypos = 40;
CvMat* yprofile=0;
void cb_IntensityProfile(int pos)
   ...

CvRect roi;
int Nline=80,  Ncol=80;
int pas_yzoom = 10,  pas_xzoom = 10;

void on_mouse_zoom_img(int event, int x ,int y, int flags)
   ...
void cb_on_mouse(int event, int x ,int y, int flags)
   ...


int Nbins = 30;
float Iranges[] = { 0, 256 };
float* hist_ranges[] = {Iranges};
void cb_NumberOfBins(int pos)
   ...

int main()
{
   src = cvLoadImage("stuff.jpg",0);
   cb_NumberOfBins(Nbins);

   CvSize sz = cvGetSize(src);
   dst = cvCreateImage( sz, 8, 1);
   yImProfile = cvCreateImage( cvSize(sz.width, 256), 8, 1);
   yprofile = cvCreateMat(1, sz.width, CV_8UC1);
   cvNamedWindow("stuff",0);
   cvCreateTrackbar("Y position","stuff",
                         &ypos, sz.height-1, cb_IntensityProfile);
   cvShowImage("stuff", src);
   cvSetMouseCallback( "stuff",
                       (CvMouseCallback) cb_on_mouse );
   cvWaitKey(0);
   cvReleaseImage(&src);   cvReleaseImage(&dst);
   return 0;
}
```

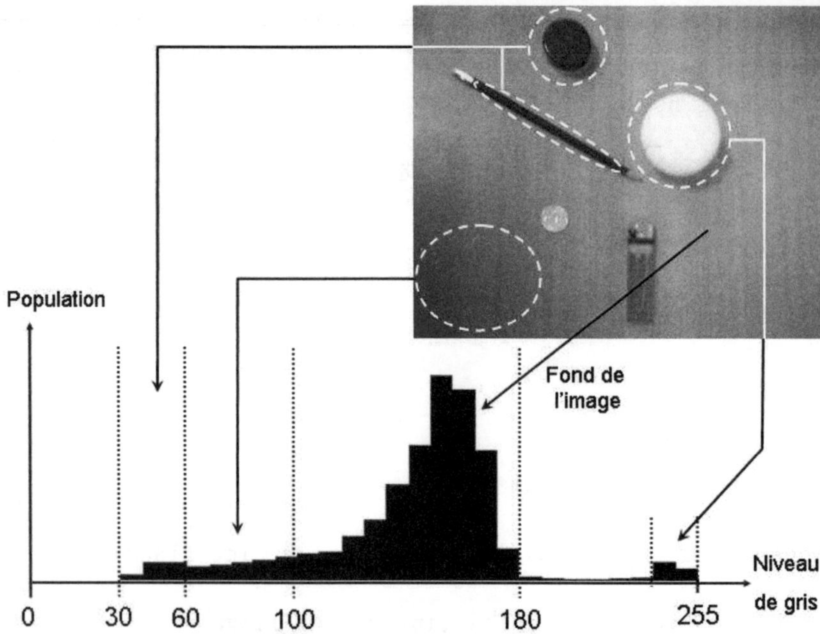

FIG. II.8 – **Correspondance entre des zones de l'image source et son histogramme**

On définit une variable globale `Nbins` représentant le nombre de classes de l'histogramme. Une glissière "Nbins" est créée sur la fenêtre de l'histogramme, la variable `Nbins` peut être modifiée en déplaçant son curseur. La construction et l'affichage de l'histogramme ainsi que le placement cette glissière sont réalisés par un callback, nommé `cb_NumberOfBins`, associé au curseur.

La récursivité [2] de ce callback permet de n'y faire appel qu'une seule fois dans le programme principal `main`. Le sous programme correspondant est réalisé à chaque fois que le curseur est déplacé : en conséquence il est important d'y libérer l'espace mémoire alloué à l'histogramme et à son image, sinon le risque est de saturer la RAM de la machine si le curseur est déplacé un trop grand nombre de fois.

[2]une fonction récursive est une fonction qui s'appelle elle-même

```
...
int Nbins = 30;
float Iranges[] = { 0, 256 };
float* hist_ranges[] = {Iranges};

void cb_NumberOfBins(int pos)
{
   Nbins = MAX(Nbins,2);
   int hist_size[] = {Nbins};

   CvHistogram* hist
      = cvCreateHist( 1, hist_size, CV_HIST_ARRAY, hist_ranges, 1 );

   cvCalcHist( &src, hist);
   float max_val=0.0;
   cvGetMinMaxHistValue( hist, 0, &max_val, 0, 0 );
   cvConvertScale( hist->bins, hist->bins,
         max_val ? 255. / max_val : 0., 0 );

   IplImage * srcHistImage = cvCreateImage( cvSize(Nbins, 260), 8, 1);
   int H = srcHistImage->height;
   cvSet( srcHistImage, cvScalar( 255) );

   float max_value=0;
   cvGetMinMaxHistValue( hist, 0, &max_value, 0, 0 );

   for( int i = 0; i < Nbins; i++ )
   {
      float val = cvQueryHistValue_1D( hist, i );
      int intensity = cvRound(val*255/max_value);
      cvRectangle( srcHistImage, cvPoint(i, H -  intensity),
            cvPoint(i, H), CV_RGB(0,0,0), 1);
   }
   cvNamedWindow("Histogramme de l'image",0);
   cvShowImage("Histogramme de l'image", srcHistImage);

   cvCreateTrackbar("Nbins","Histogramme de l'image",
      &Nbins, 255, cb_NumberOfBins);

   cvReleaseHist(&hist);
   cvReleaseImage(&srcHistImage);
}
...
int main( int argc, char** argv )
...
```

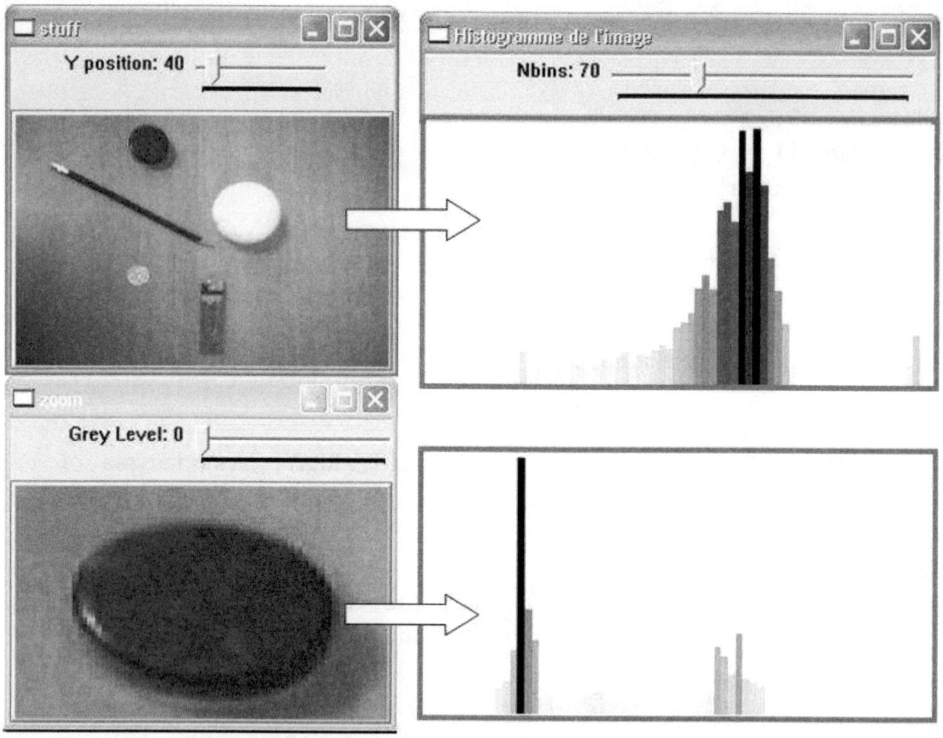

FIG. II.9 – Histogrammes de l'image originale et d'une région d'intérêt

3.4 Histogramme d'une région d'intérêt

Il est intéressant d'analyser certains détails de l'image, notamment pour connaître la distribution des niveaux de gris d'une région d'intérêt et connaître la contribution de cette zone à l'histogramme de l'image source. On conserve l'affichage de l'histogramme de l'image toute entière, avec sa glissière configurant le nombre de cases de l'histogramme, tout en affichant l'histogramme de la région d'intérêt sur laquelle on zoome. On définit la fonction `ShowHistogram` regroupant les instructions de construction et d'affichage d'un histogramme. L'argument de cette fonction est une chaîne de caractères donnant le nom de la fenêtre d'affichage de l'histogramme. On fait appel à cette fonction à trois occasions :

- lorsque le pointeur de la souris est déplacé sur l'image originale, la ROI sélectionnée ayant changé, l'histogramme du zoom est recalculé : cet appel est réalisé dans le callback `cb_on_mouse` associé aux événements de la souris sur l'image source.
- lorsque la position du curseur "Nbins" est modifiée, il faut recalculer les deux histogrammes : ces deux appels sont faits dans le callback `cb_NumberOfBins` associé à ce curseur.

On exploite pour cela le fait que la fonction `cvCalcHist` est compatible avec la fonction `cvSetImageROI` :

`cvCalcHist(&img, A);` ⇒	A = histogramme de la ROI active de `img`

Par défaut, la ROI active est l'image toute entière, on remet à zéro cette ROI via la fonction cvResetImageROI.

Les fonctions sont définies dans l'ordre suivant dans l'en-tête du programme :

```
...
void ShowHistogram(char * figurename)
...

void cb_NumberOfBins(int pos)
...

void cb_IntensityProfile(int pos)
...

void on_mouse_zoom_img(int event, int x ,int y, int flags)
...

void cb_on_mouse(int event, int x ,int y, int flags)
...

int main( )
...
```

La figure II.9 illustre le résultat obtenu lorsque l'on zoome sur le pot "noir" de l'image stuff.jpg : les histogrammes sont représentés par des rectangles dont la hauteur et la noirceur sont proportionnelles à l'effectif de chaque classe, afin de mettre en valeur les cases les plus peuplées (conformément à la figure II.7).

Le fond de l'image affichant l'histogramme est blanc. Le niveau de gris d'un rectangle représentant une case de l'histogramme est d'autant plus foncé, c'est-à-dire proche de zéro, que la classe correspondante est peuplée. Ce niveau de gris est donc inversement proportionnel à la quantité intensity.

La fonction cb_NumberOfBins est modifiée de manière à produire les deux fenêtres d'affichage des histogrammes en appelant la fonction ShowHistogram. On utilise pour ce faire les instructions cvSetImageROI(src,roi) et cvResetImageROI(src) ce qui évite de construire une image supplémentaire. De ce fait, le rectangle roi doit être initialisé au lancement de l'application, ce qui est fait dans la fonction main.

Les modifications à apporter concernent cb_NumberOfBins et cb_on_mouse, callbacks qui font appel à la fonction ShowHistogram.

```
...

int Nbins = 30;
float Iranges[] = { 0, 255.1 };
float* hist_ranges[] = {Iranges};

CvHistogram* hist =0;

void ShowHistogram(char * figurename)
{
```

Calcul de l'histogramme de la ROI active de l'image source

```
   cvSetImageROI( &src, hist );
```

Normalisation des valeurs de l'histogramme

```
   float max_val=0.0;
   cvGetMinMaxHistValue( hist, 0, &max_val, 0, 0 );
   cvConvertScale( hist->bins, hist->bins,
         max_val ? 255. / max_val : 0., 0 );
```

Affichage du contenu de l'histogramme

```
   IplImage * HistImage = cvCreateImage( cvSize(Nbins, 260), 8, 1);
   int H = HistImage->height;
   cvSet( HistImage, cvScalar( 255) );// Fond Blanc

   for( int i = 0; i < Nbins; i++ )
   {
      float val = cvQueryHistValue_1D( hist, i );
      int intensity = cvRound(val);

      cvRectangle( HistImage,
         cvPoint(i, H -  intensity), cvPoint( i, H),
            CV_RGB(H-intensity,H-intensity,H-intensity), CV_FILLED);
   }

   cvNamedWindow(figurename,0);
   cvShowImage(figurename, HistImage);

   cvReleaseImage(&HistImage);
}

...
```

```
void cb_NumberOfBins(int pos)
{
   Nbins = MAX(Nbins,2);
   int hist_size[] = {Nbins};

   cvReleaseHist(&hist);

   hist = cvCreateHist( 1, hist_size, CV_HIST_ARRAY, hist_ranges, 1 );

   ShowHistogram("Histogramme de l'image");
   cvCreateTrackbar("Nbins","Histogramme de l'image",
         &Nbins, 255, cb_NumberOfBins);

   cvSetImageROI(src,roi);
   ShowHistogram("Histogramme du zoom");
   cvResetImageROI(src);
}

...

void cb_on_mouse(int event, int x ,int y, int flags)
{
   ...
   cvSetImageROI(src, roi);
   roi = cvGetImageROI(src);

   ShowHistogram("Histogramme du zoom");

   cvNamedWindow("zoom",0);
   cvShowImage("zoom", src);
   cvResetImageROI(src);
   ...
}

int main( )
{

   src = cvLoadImage("stuff.jpg",0);

   roi = cvGetImageROI(src);
   cb_NumberOfBins(Nbins);

   CvSize sz = cvGetSize(src);
   ...

}
```

Récapitulatif

On a rencontré de nouvelles fonctions et types au cours de ce chapitre : en particulier la bibliothèque `CV` qui contient toutes les fonctions de traitement bas niveau des images. Les tableaux II.2 et II.1 récapitulent les notions abordées : le lecteur soucieux de les appronfondir est invité à lire leur documentation d'OpenCV. Les manuels de référence des trois bibliothèques exploitées dans cet ouvrage, `CV`, `CxCore` et `HighGUI` se trouvent au format `html` dans le répertoire `C:/Program Files/OpenCV/docs/ref`.

Fonction	Description
hist	Construction et affichage de l'histogramme d'un tableau de données
plot(x,y)	Affichage du graphe y en fonction de x
xlabel	Titre de l'axe des abscisses
ylabel	Titre de l'axe des ordonnées
subplot(nmp)	Partition d'une figure en n x m quadrant p = numéro du quadrant actif en comptant de gauche à droite
function	Balise indiquant la déclaration d'un sous-programme Le fichier contenant son implémentation porte le nom de la fonction
colorbar	Jauge donnant la correspondance entre couleur et intensité
pixval	Outils de la boîte Image Processing Toolbox

TAB. II.1 – Les fonctions Matlab abordées dans ce chapitre.

CV	`CvHistogram`
	`cvCreateHist, cvCalcHist, cvReleaseHist`
	`cvGetMinMaxHistValue, cvQueryHistValue_1D`

CxCore	`CvRect, cvRect`
	`CvScalar, cvScalar`
	`CvPoint, CvPoint2D32f, cvPointFrom32f, cvPointTo32f`
	`cvSet, cvGet1D, cvGet2D, cvGetRow`
	`cvRectangle, cvLine, cvCircle, CV_RGB`
	`cvSetImageROI, cvGetImageROI, cvResetImageROI`
	`cvConvertScale, cvRound`

HighGUI	`cvSetMouseCallback`
	`cvCreateTrackbar`
	`cvSetTrackbarPos, cvGetTrackbarPos`

TAB. II.2 – Les fonctions et types d'OpenCV abordés dans ce chapitre

Chapitre III

PRÉTRAITEMENTS ET AMÉLIORATION

DANS le domaine du *traitement du signal*, le traitement des images monochromes occupe une place particulière parce que les signaux manipulés ont deux dimensions. L'information audio est un exemple typique de signal 1D qui partage de nombreuses méthodes de filtrage numérique avec l'image : produit de convolution, modélisation, transformée de Fourier, algorithmes de compression des données.

Dans ce chapitre, on s'intéresse aux opérations de prétraitement des **images en intensité**. On introduit les notions essentielles de **traitement bas niveau** des images, illustrées par des exercices classiques :

- lissage d'une image : filtres moyenne, médiane et Gaussien,
- amélioration d'une image : extension de dynamique et égalisation d'histogramme.

Les avantages et inconvénients de ces opérations de **pré-traitement** de l'image (filtrage numérique, modification d'histogramme) sont étudiés sur des cas concrets.

Le lissage d'une image est une opération de filtrage numérique et sert généralement à éliminer les bruits présents dans une image ou à mettre en valeur les formes les plus importantes au détriment des détails. C'est un filtrage passe-bas qui correspond physiquement à un floutage plus ou moins fort de l'image.

La modification d'histogramme est une opération d'amélioration de l'image et tend à mettre en valeur tous les détails de l'image en augmentant leur contraste. On cherche par là à augmenter la qualité image, c'est-à-dire la visibilité des formes qu'elle contient. L'extension de dynamique est une simple opération d'ajustement des niveaux de gris à la plage d'intensité la plus étendue disponible. L'égalisation d'histogramme est une opération de spécification plus subtile et complexe, mais qui n'est pas adaptée à toutes les situations scéniques.

1 Filtrage numérique

1.1 Produit de convolution 2D

Le lissage d'une image utilise un filtre H (aussi appelé *noyau*) 2D dont la longueur et les coefficients déterminent la force du lissage. L'image lissée est alors obtenue par **convolution 2D** de l'image en niveau de gris I par ce filtre :

$$\boxed{I_{lissée} = I \otimes H}$$

Cette convolution est calculée en affectant à chaque pixel (i,j) un niveau de gris estimé par la somme de celui des pixels de son voisinage pondérées des coefficients du filtre :

$$I_{lissée}(j,i) = \sum_y \sum_x H(x,y) I(j+x, i+y)$$

où les entiers i et j sont ≥ 1 : j indexe les colonnes (axe des abscisses x), et i les lignes (axe des ordonnés y). Les dimensions $n_x x n_y$ du noyau sont impaires pour obtenir un filtre centré sur un de ses éléments.

Ainsi, un filtrage par la moyenne sur un voisinage $n_x x n_y$ utilise un filtre de taille $n_x x n_y$ dont tous les coefficients sont égaux à $\frac{1}{n_x n_y}$. Par exemple, un lissage moyen sur un voisinage 3x7 a pour résultat au niveau de l'élément (i, j) (ligne i, colonne j, indexées à partir de 1) :

$$I_{lissée}(j,i) = \frac{1}{21} \sum_{y=-3}^{3} \sum_{x=-1}^{1} I(j+x, i+y)$$

Ce qui peut être réalisé avec *OpenCv* à partir d'une image source `src` en déclarant une image destination `dst` de même taille et en faisant l'appel suivant :

```
cvSmooth( src, dst, CV_BLUR, 3, 7);
```

Dans ce cas, chaque pixel de l'image `dst` est affecté de la valeur moyenne des pixels de l'image `src` du voisinage 3x7 centré à la même position que ce centre. L'équivalent Matlab est obtenu avec la fonction `conv2` : pour une image en niveaux de gris `Ing` (`uint8`), elle retourne une matrice `Ilissee` de type `double` :

```
H=1/21*ones(7,3);  ⇒  Ilissee=conv2(Ing,H,'same');
```

Pour les pixels situés au bord de l'image originale, le calcul est effectué avec l'hypothèse que le signal est causal, c'est-à-dire que $I(j \leq 0, i \leq 0) = 0$. Ainsi pour le premier pixel de l'image (en haut à gauche) :

$$I_{lissée}(1,1) = \frac{1}{21} \sum_{y=0}^{3} \sum_{x=0}^{1} I(1+x, 1+y)$$

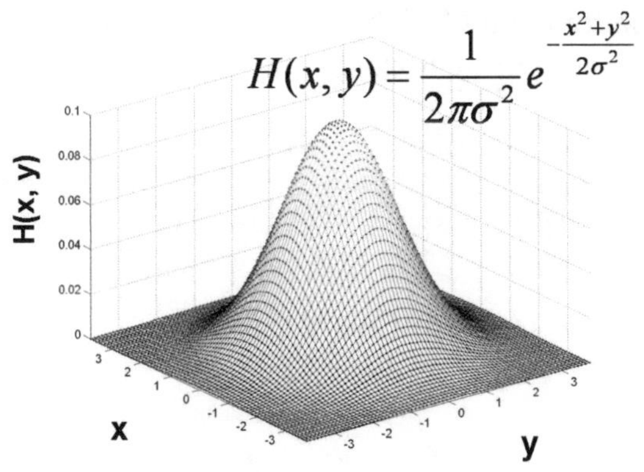

FIG. III.1 – Distribution Gaussienne 2D *avec un écart type* $\sigma = 1.25$ *et une moyenne* $\mu = 0$

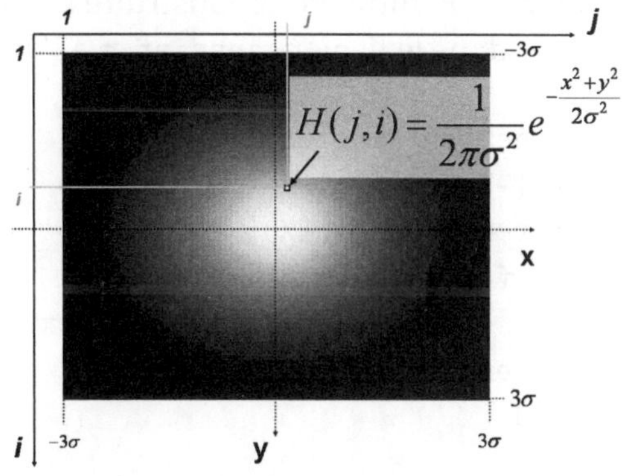

FIG. III.2 – Coefficients du filtre H(x,y) *correspondance entre indices (i, j) et coordonnées spatiales (x,y)*

L'argument `'same'` signifie qu'on ne retourne que la partie centrale $I_{lissée}(j \geq 1, i \geq 1)$ du résultat de la convolution, de sorte que l'image résultante a les mêmes dimensions que l'image source.

Le lissage par la médiane calcule la médiane des niveaux de gris du voisinage au lieu de leur moyenne. La médiane est moins sensible que la moyenne aux valeurs extrêmes : c'est l'élément d'un ensemble d'entiers qui compte autant d'éléments qui lui sont supérieurs qu'inférieurs. Ce lissage s'obtient en employant l'argument `CV_MEDIAN` à la place de `CV_BLUR`.

Le lissage Gaussien sur un voisinage carré $n_x x n_x$ emploie un noyau dont les coefficients sont calculés comme suit :

$$\boxed{H(x,y) = \frac{1}{2\pi\sigma^2}e^{-\frac{x^2+y^2}{2\sigma^2}}}$$

Une telle distribution est illustrée par la figure III.1 pour un écart-type de 1.25. Ce filtre est un filtre à réponse impulsionnelle infinie, mais en pratique on peut le tronquer à 3σ. En d'autres termes, on définit $H(x,y)$ pour $(x,y) \in [-3\sigma \quad +3\sigma]$, intervalle où les valeurs de ce filtre sont suffisamment élevées pour avoir un effet sur le lissage (i.e. valeurs supérieures à 1% du maximum de la Gaussienne). L'image lissée a alors les niveaux de gris calculés par la formule suivante :

$$I_{lissée}(j,i) = \sum_{y=-3\sigma}^{3\sigma} \sum_{x=-3\sigma}^{3\sigma} H(x,y)I(j+x,i+y)$$

En Matlab, les éléments d'une matrice sont indexés par leur numéro de ligne et de colonne (i,j) (entiers$\geq$ 1) : la figure III.2 illustre la correspondance entre le référentiel où est défini le couple (x,y) définissant la Gaussienne et celui des indices (i,j) du tableau contenant le filtre. Pour construire ce filtre, la fonction Matlab suivante est proposée, à définir dans le fichier `gaussian.m` à l'aide de l'éditeur de texte de Matlab :

```
function Hx=gaussian(S);
X=[-3*S:3*S];
for k=1:length(X),
   for l=1:length(X),
      Gx(l,k)=1/(2*pi*S^2)*exp(-(X(k)^2+X(l)^2)/(2*S^2));
   end
end
```

où S désigne l'écart type. On note qu'alors, le filtre obtenu est de taille $(3S+1)$x$(3S+1)$, taille du voisinage pris en compte dans la pondération des niveaux de gris. On remarque aussi que la somme des coefficients du filtre obtenu est approximativement égale à 1, quelque soit l'écart type choisi :

$$\forall S, \quad \texttt{H=gaussian(S);} \quad \Rightarrow \quad \texttt{sum(H(:))} \approx 1$$

Une fois cette fonction définie, on calcule l'image lissée à l'aide de `conv2` comme précédemment.

Avec OpenCV, l'argument `CV_GAUSSIAN` permet de réaliser ce filtrage, par exemple pour un lissage sur un voisinage 5x5 :

```
cvSmooth( src, dst, CV_GAUSSIAN, 5, 5);
```

L'écart-type σ suit la formule suivante : $\sigma = 0.3(\frac{n_x}{2} - 1) + 0.8$.

Dans le cas où un voisinage rectangulaire n_xxn_y est utilisé, les coefficients du filtre dépendent de deux écarts-types σ_x et σ_y fonctions respectivement de n_x et n_y

$$H(x,y) = \frac{1}{2\pi\sigma_x\sigma_y} e^{-\frac{1}{2}(\frac{x^2}{\sigma_x^2} + \frac{y^2}{\sigma_y^2})}$$

Ce lissage est optimisé dans le cas d'un voisinage 3x3, 5x5 ou 7x7 car les valeurs du filtre sont alors tabulées (i.e. stockées dans un tableau précalculé). Par exemple, pour un noyau Gaussien 3x3 ou 7x7 :

$$H_{3x3} = \frac{1}{256}\begin{bmatrix} 16 & 32 & 16 \\ 32 & 64 & 32 \\ 16 & 32 & 16 \end{bmatrix} \qquad H_{5x5} = \frac{1}{256}\begin{bmatrix} 1 & 4 & 6 & 4 & 1 \\ 4 & 16 & 24 & 16 & 4 \\ 6 & 24 & 36 & 24 & 6 \\ 4 & 16 & 24 & 16 & 4 \\ 1 & 4 & 6 & 4 & 1 \end{bmatrix}$$

On note bien la normalisation des noyaux : la somme des coefficient de chaque filtre est égale à 1. Cela permet d'éviter les dépassements de capacité (i.e. d'obtenir un niveau de gris supérieur à 255 pour une image codée sur 8 bits) ou de réduire le niveau moyen de l'image.

En pratique, le lissage d'une image est réalisé en deux étapes pour diminuer le temps de calcul : les colonnes puis les lignes de l'image sont convoluées par un filtre 1D. Les noyaux Gaussien 2D précédents sont par exemple séparés en deux filtres 1D, $H = G^T xG$ avec

$$G_{3x3} = \frac{1}{16}\left[\begin{array}{ccc} 4 & 8 & 4 \end{array}\right] \qquad G_{5x5} = \frac{1}{16}\left[\begin{array}{ccccc} 1 & 4 & 6 & 4 & 1 \end{array}\right]$$

Si on considère un voisinage rectangulaire, deux filtres 1D indépendants sont exploités. Par exemple, pour un lissage par la moyenne sur un voisinage 3x7, les colonnes et les lignes sont convoluées respectivement par les filtres G_y et G_x suivants :

$$G_x = \frac{1}{3}\left[\begin{array}{ccc} 1 & 1 & 1 \end{array}\right] \qquad G_y = \frac{1}{7}\left[\begin{array}{ccccccc} 1 & 1 & 1 & 1 & 1 & 1 & 1 \end{array}\right]^T$$

On peut alors exprimer le filtre 2D vu plus haut à l'aide de ces deux filtres : $H = G_y xG_x$.

1.2 Dynamique d'une image : modification d'histogramme

La modification d'histogramme est une approche permettant d'améliorer la qualité d'une image qui nécessite d'en calculer une caractéristique globale : sa dynamique, modélisée par un histogramme.

La dynamique d'une image codée sur 8 bits correspond à la plage de variation de ses niveaux de gris dans l'intervalle [0 255]. Une dynamique optimale s'étend sur tout cet intervalle mais lors de l'acquisition d'une image on cherche souvent à éviter les saturations (non linéarités), en réduisant le temps d'intégration d'un pixel et d'ouverture de l'objectif. L'éclairement de la scène peut aussi ne pas être optimal : dans ce cas, l'image peut alors apparaître sombre, et la dynamique de l'image concentrée dans les niveaux de gris peu élevés.

On peut alors recourir à une correction de dynamique Éon présente en l'occurrence l'*extension de dynamique* qui consiste à ajuster linéairement la dynamique à l'intervalle [0 255]. En pratique, c'est une transformation affine des niveaux de gris de l'image, connaissant leur maximum et leur minimum :

$$I_{étirée} = \frac{255}{\max I - \min I}(I - \min I)$$

de manière à ce que le niveau de gris minimum soit nul et que le maximum soit égal à 255. En Matlab, cette opération se commande en une instruction :

```
Ietiree=(I-min(I(:)))/(max(I(:))-min(I(:)))*255;
```

Dans l'exemple suivant, on restreint délibérement la dynamique de l'image en divisant ses niveaux de gris par trois. La figure III.3 illustre le résultat de cette extension de dynamique. La fonction d'affichage opérant par défaut l'étirement des niveaux de gris, pour voir l'image telle qu'elle est réellement, le programme proposé explicite la palette des couleurs réelle de l'image obtenue. C'est le rôle du tableau noté `map` : on peut aussi afficher une jauge d'intensité via l'instruction `colorbar`.

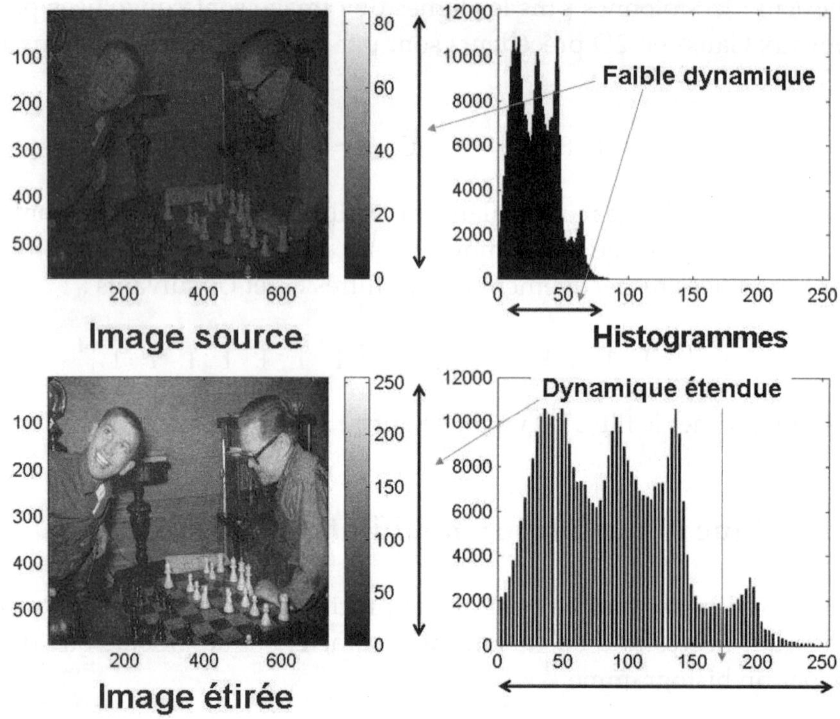

FIG. III.3 – **Extension de dynamique** *effets sur l'histogramme des niveaux de gris*

```
%-----------------------------------------------------------
% Lecture du fichier image sur le disque
  Io=imread('stuff.jpg');   % (size(Io) = 640 x 480 x 3)
% Conversion couleur->intensité
  Ing = sum(Io,3)/3;  % (size(Ing) = 640 x 480)
% Image à traiter:
  I=round(Ing/3);
% (/3=> restriction de la dynamique des niveaux de gris)
%-----------------------------------------------------------
% Palette des couleurs réelle de I :
  for k=min(I(:)):max(I(:)) map(k,:) = [k k k]/255;   end
%-----------------------------------------------------------
% Extension de la dynamique:
  I1=(I-min(I(:)))/(max(I(:))-min(I(:)))*255;
%-----------------------------------------------------------
% Affichage
  subplot(221), imagesc(I), colormap(map),colorbar
  subplot(222), hist(I(:),[0:255]);   pause
  subplot(223), imagesc(I1),colorbar, colormap('gray')
  subplot(224), hist(I1(:),[0:255]);
%-----------------------------------------------------------
```

FIG. III.4 – Egalisation d'histogramme *A gauche l'image source, à droite l'image dont le contraste est rehaussé. (Satyendranath Bose, 1894-1974)*

Cette transformation peut être implémentée sous *OpenCV* de la manière suivante :

```
cvMinMaxLoc( src, &min, &max,0, 0,0 );
if ( max-min>0.5 )
{
   a = 255.0/(max-min);
   b = -a*min;
   cvConvertScale( src, dst, a, b);
}
```

En effet, on rappelle à toute fin utile que la fonction `cvConvertScale` réalise l'opération suivante :

```
cvConvertScale( src, dst, a, b);   ⇒   dst = a * src + b
```

L'égalisation d'histogramme est une approche permettant d'améliorer le contraste d'une image. Comme son nom l'indique, elle cherche à transformer l'histogramme de l'image en un histogramme uniformément réparti sur l'intervalle [0 255] en augmentant l'effectif des niveaux de gris les moins représentés dans l'image. Cette technique peut s'appliquer en particulier à une image dont la dynamique est déjà étendue Édans le cas contraire l'extension de dynamique est théoriquement réalisée. Le problème est que cette *spécification d'histogramme* n'est souvent réalisée que de manière approchée et on voit dans la suite des exemples où l'histogramme de l'image obtenue est loin d'être uniforme (c'est le cas de la figure III.4). Il est par exemple impossible de distribuer uniformément douze jetons dans dix cases. L'opération d'égalisation d'histogramme est théoriquement complexe et la présentation de son algorithme est hors sujet dans ce manuel. Fort heureusement, cette transformation peut être réalisée en une instruction sous *OpenCV* :

```
cvEqualizeHist( src, dst );
```

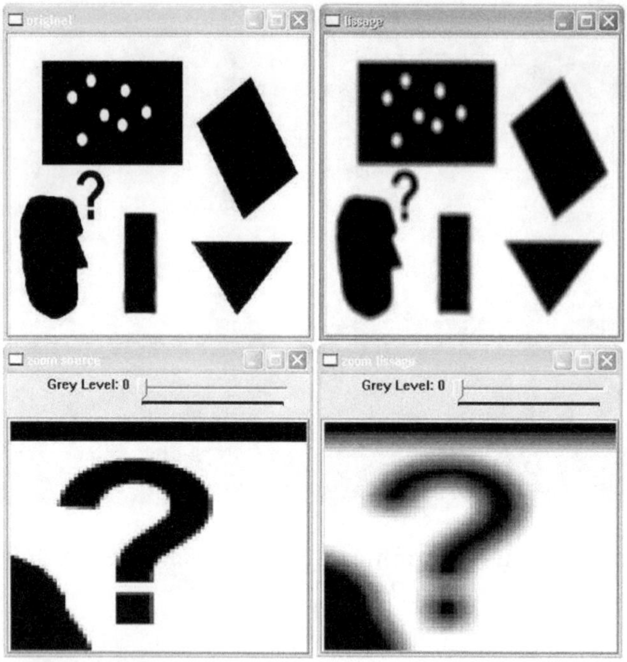

FIG. III.5 – **Lissage par la moyenne 7x7** *Image originale et lissée, zooms sur une ROI : les curseurs indiquent l'intensité du pixel pointé*

2 Lissage d'une image

2.1 Lissage par la moyenne

On exploite dans la suite de ce chapitre certains outils développés dans les sections précédentes :

- Affichage de l'image source et de l'image traitée, avec la possibilité de zoomer en avant ou en arrière sur une ROI : définis dans le programme principal `main`.
- Affichage de l'histogramme de l'image source et de l'image traitée, avec choix du nombre de classes par curseur : définis par la fonction `cb_NumberOfBins`.
- Zooms simultanés sur les deux images dans une même zone, afin de pouvoir constater localement l'effet d'un prétraitement : définis par `cb_on_mouse`, callback associé aux événements de la souris sur l'image originale ou l'image traitée. La fonction `showZoomImage` regroupe les instructions communes aux deux fenêtres de zoom (nommées "zoom source" et "zoom lissage") concernant l'affichage et l'insertion d'une glissière.
- Accès aux niveaux de gris d'un pixel dans l'image originale et l'image traitée simultanément : assuré par le callback `on_mouse_zoom_img` associé aux événements souris ayant lieu sur les images de zoom. Ce callback place le curseur de chaque fenêtre de zoom à la valeur de luminance du pixel pointé par la souris.

On commence par traiter l'image `pic1.png` disponible dans le répertoire `OpenCV\samples\c` et illustrée par la figure III.5.

Le début du programme est assez proche de ce qui a été vu précédemment, et sert à afficher les deux histogrammes. `src` est l'image originale, `dst` est l'image traitée. Le rectangle `roi` délimite la zone d'intérêt, dans l'image source et dans l'image lissée, sélectionnée à l'aide du pointeur et des boutons de la souris. La fonction `ShowHistogram` a un argument supplémentaire : une chaîne de caractères définissant le nom de la fenêtre d'affichage.

```
#include "cv.h"
#include "highgui.h"

IplImage* src=0;
IplImage*  dst = 0;
CvRect roi;
int Nbins = 30;
float Iranges[] = { 0, 256 };
float* hist_ranges[] = {Iranges};
CvHistogram* hist =0;

void ShowHistogram(IplImage* img, char * figurename)
{
   cvCalcHist( &img, hist);
   float max_val=0.0;
   cvGetMinMaxHistValue( hist, 0, &max_val, 0, 0 );
   cvConvertScale( hist->bins, hist->bins, max_val?255./max_val:0.,0);

   IplImage * HistImage = cvCreateImage( cvSize(Nbins, 260), 8, 1);
   int H = HistImage->height;
   cvSet( HistImage, cvScalar( 255) );

   for( int i = 0; i < Nbins; i++ )
   {
      float val = cvQueryHistValue_1D( hist, i );
      int intensity = cvRound(val);
      cvRectangle( HistImage, cvPoint(i, H -  intensity),
         cvPoint(i, H), CV_RGB(0,0,0), 1);
   }
   cvNamedWindow(figurename,0);
   cvShowImage(figurename, HistImage);
   cvReleaseImage(&HistImage);
}
```

Cette fonction est appelée deux fois dans le callback `cb_NumberOfBins` associé au curseur configurant le nombre de cases par histogramme. Ce dernier est placé sur la fenêtre de la distribution des niveaux de gris de l'image source. A chaque fois que le curseur est déplacé, l'histogramme de l'image source et celui de l'image lissée sont recalculés.

```
void cb_NumberOfBins(int pos)
{
   Nbins = MAX(Nbins,2);
   int hist_size[] = {Nbins};
   cvReleaseHist(&hist);
   hist = cvCreateHist( 1, hist_size, CV_HIST_ARRAY, hist_ranges, 1 );

   ShowHistogram(src, "Histogramme de l'image source");
   cvCreateTrackbar("Nbins","Histogramme de l'image source",
         &Nbins, 255, cb_NumberOfBins);

   ShowHistogram(dst, "Histogramme de l'image lissée");
}
```

Deux fenêtres de zoom sont affichées lorsque le curseur de la souris est déplacé sur l'image source ou l'image lissée. Le callback associé à ces événements de la souris est la fonction `cb_on_mouse`. La fonction `showZoomImage` affiche le rectangle `roi` de l'image passée en premier argument, dans la fenêtre dont le nom est le second argument. Cette fenêtre est dotée du callback passé en troisième argument. Ce callback est défini par la fonction `on_mouse_zoom_img` qui accède aux pixels des images `src` et `dst`.

```
int Nline=80, Ncol=80, pas_yzoom = 10, pas_xzoom = 10;

void on_mouse_zoom_img(int event, int x ,int y, int flags);
void showZoomImage(IplImage*img, char*figname,
                              CvMouseCallback on_mouse_zoom);

void cb_on_mouse(int event, int x ,int y, int flags)
{
   if(event== CV_EVENT_RBUTTONDOWN && (flags & CV_EVENT_FLAG_CTRLKEY) )
   { Ncol+=pas_xzoom;       Nline+=pas_yzoom; }
   if(event== CV_EVENT_LBUTTONDOWN && (flags & CV_EVENT_FLAG_CTRLKEY) )
   {
      Ncol-=pas_xzoom;       Nline-=pas_yzoom;
   }
   roi = cvRect(x-Ncol/2, y-Nline/2, MAX(1,Ncol), MAX(1,Nline) );

   showZoomImage(src, "zoom source",
                      (CvMouseCallback)on_mouse_zoom_img);
   showZoomImage(dst, "zoom lissage",
                      (CvMouseCallback)on_mouse_zoom_img);
}
```

```
void showZoomImage(IplImage*img, char*figname,
                                CvMouseCallback on_mouse_zoom)
{
   cvSetImageROI(img, roi);
   roi = cvGetImageROI(img);

   cvNamedWindow(figname,0);   cvShowImage(figname, img);
   cvResetImageROI(img);

   cvSetMouseCallback( figname, (CvMouseCallback) on_mouse_zoom );
   cvCreateTrackbar("Grey Level", figname, 0, 255, 0);
}
```

Le programme principal `main` charge l'image source, la lisse par la moyenne sur un voisinage 7x7, comme illustré par la figure III.5 et initialise le rectangle `roi`. Les deux images obtenues sont affichées dans des fenêtres associées au callback `cb_on_mouse`. Puis un appel à la fonction `cb_NumberOfBins` est réalisé pour l'affichage des histogrammes. Au lancement de ce programme on constate que l'histogramme de l'image source ne contient que deux classes peuplées, correspondant aux pixels noirs (niveau de gris nul) et blancs (niveau de gris égal à 255).

GAUSS Johann Carl Friedrich (1777 -1855), est un mathématicien et physicien allemand d'exception. On lui doit par exemple la méthode des moindres carrés, il est à l'origine de la découverte des lois de Kirchhoff en électricité et est l'auteur de deux des quatre équations de Maxwell en électromagnétisme. Un cratère de la Lune porte son nom, de même que la courbe en cloche, et le Gauss est l'unité de flux magnétique (le champ magnétique terrestre est de 0,5 Gauss). Parmi ses étudiants les plus célèbres, on compte Bessel et Riemann.

Q.I.	130-150	160-180	190-220
Nom	Obama, Mc Cain Nixon, T. Jefferson Napoleon Bonaparte Schwarzenegger Bill & Hilary Clinton	Kepler, Copernic Darwin, Einstein Mozart, Beethoven J.Strauss, Bach J. Locke, Gauss D.Lundgren, B.Gates	Michel-Ange, De Vinci Galilée, Newton Laplace, Lagrange Goethe, Pascal Descartes, Voltaire B.Fischer, Kasparov

QI de quelques personnalités La distribution du QI d'une population suit, par construction, une loi Gaussienne de moyenne 100 (l'écart type dépend du test).

```
void on_mouse_zoom_img(int event, int x ,int y, int flags)
{
   int X = roi.x + x;
   int Y = roi.y + y;

   CvScalar sval = cvGet2D( src, Y, X);
   cvSetTrackbarPos( "Grey Level", "zoom source", (int) sval.val[0]);

   sval = cvGet2D( dst, Y, X);
   cvSetTrackbarPos( "Grey Level", "zoom lissage", (int) sval.val[0]);
}
```

```
int nvoisins=7;

char* image_name ="pic1.png";

int main( int argc, char** argv )
{
   src = cvLoadImage(image_name,0);
   roi = cvGetImageROI(src);

   CvSize sz = cvGetSize(src);
   dst = cvCreateImage( sz, 8, 1);

   cvNamedWindow("original",0);
   cvSetMouseCallback( "original", (CvMouseCallback) cb_on_mouse);
   cvShowImage("original", src);

   int nmethod = CV_BLUR;
   cvSmooth(src,  dst, nmethod, nvoisins);

   cvNamedWindow("lissage",0);
   cvSetMouseCallback( "lissage", (CvMouseCallback) cb_on_mouse );
   cvShowImage("lissage", dst);

   cb_NumberOfBins(Nbins);

   cvWaitKey(0);

   cvReleaseImage(&src);
   cvReleaseImage(&dst);
   return 0;
}
```

2.2 Filtre moyenneêmédiane et Gaussien

Quelques modifications du programme précédent permettent à l'utilisateur le choix de la méthode de lissage par curseur. Au lancement du programme, le lissage par la moyenne est réalisé par défaut Éle curseur "Method" est placé sur la fenêtre "lissage" dans laquelle le résultat du filtrage est affiché. Les autres fonctionnalités sont conservées et le reste du programme est inchangé.

```
...
int nvoisins=7;

void cb_smoothing_method(int pos)
{
   int nmethod = CV_BLUR;

   switch( pos)
   {
   case 0 :
      nmethod = CV_BLUR;
      break;
   case 1:
      nmethod = CV_GAUSSIAN;
      break;
   case 2:
      nmethod = CV_MEDIAN;
      break;
   }
   cvSmooth(src,  dst, nmethod, nvoisins);

   cvNamedWindow("lissage",0);
   cvSetMouseCallback( "lissage", (CvMouseCallback) cb_on_mouse );
   cvShowImage("lissage", dst);

   showZoomImage(dst, "zoom lissage",
                              (CvMouseCallback) on_mouse_zoom_img);
   ShowHistogram(dst, "Histogramme de l'image lissée");
}
```

La modification majeure consiste à ajouter le callback `cb_smoothing_method` lissant l'image en utilisant le noyau indiqué par la position du curseur (0=moyenne, 1=Gaussienne, 2=médiane), et changeant le zoom et l'histogramme de l'image traitée en conséquence. Ce sous-programme réalise ainsi les opérations suivantes :

- définition du noyau en fonction de la position du curseur, via une structure de contrôle *switch/case* (d'autres structures peuvent être utilisées),
- lissage de l'image source,
- affichage du résultat dans une fenêtre sur laquelle un zoom est possible,

– construction et affichage de l'histogramme de l'image lissée.

La glissière définissant la méthode de lissage est créée dans la fonction `main`. Le lissage est initialement défini par un filtre moyenne 7x7, car *nvoisins* = 7, ce qui permet d'afficher une image résultat au lancement du programme.

```
char* image_name ="pic1.png";

int main( int argc, char** argv )
{
   ...
   cvSmooth(src,  dst, CV_BLUR, nvoisins);
   cvNamedWindow("lissage",0);
   cvSetMouseCallback( "lissage", (CvMouseCallback) cb_on_mouse );
   cvShowImage("lissage", dst);

   cvCreateTrackbar("Method","lissage", 0, 2, cb_smoothing_method);
   cb_NumberOfBins(Nbins);
   ...
}
```

2.3 Etude de la force du lissage

Un simple callback supplémentaire permet de régler la force du lissage, d'autant plus élevée que le voisinage sur lequel le filtrage est réalisé est grand. Pour faire simple ce voisinage est carré, et sa taille est choisie par un curseur. `cb_smoothing_neighbours`

```
...
void cb_smoothing_neighbours(int pos)
{
   if (nvoisins %2==0)
   nvoisins = nvoisins +1;
   cb_smoothing_method( cvGetTrackbarPos("Method","lissage") );
}

int main( int argc, char** argv )
{
   ...
   cvCreateTrackbar("Method","lissage", 0, 2, cb_smoothing_method);
   cvCreateTrackbar("Voisinage","lissage",
                        &nvoisins, 33, cb_smoothing_neighbours);
   ...
}
```

Filtre Moyenne 21x21

Filtre Gaussien 21x21

Filtre Médiane 21x21

est le callback associé à une glissière définissant la taille du voisinage. Il commence par transformer la variable globale nvoisins en un nombre impair, ce qui est nécessaire pour utiliser la fonction `cvSmooth`. La fonction `cvGetTrackbarPos` permet de lire la valeur indiquée par le curseur "Method" de la fenêtre "lissage" : le lissage peut alors être réalisé.

On ajoute une instruction à la fonction `main`, celle qui crée le curseur à glissière "Voisinage" dans la fenêtre "lissage", après le curseur "Method" par exemple.

Un exemple est illustré sur l'image `pic1` avec un voisinage de taille 21x21 : on voit que le lissage par la moyenne est plus fort qu'avec un noyau Gaussien, et que le lissage par la médiane conserve la netteté de l'image mais dégrade son contenu. On peut aussi voir l'impact de la taille du noyau de lissage sur la distribution des niveaux de gris, mais l'image source étant pratiquement binaire, on observe peu de modification : on ajoute dans la suite un petit callback permettant de choisir l'image à traiter.

2.4 Choix interactif de l'image source

On copie quelques unes des images qui se trouve dans le répertoire `C:\Program Files\OpenCV\samples\c` afin de les traiter. Le choix de l'image peut se faire à l'aide d'un curseur "Image" placé sur la fenêtre "original" affichant l'image source.

```
int main( int argc, char** argv )
{
   ...
   cvCreateTrackbar("Method","lissage", 0, 2, cb_smoothing_method);
   cvCreateTrackbar("Voisinage","lissage",
                        &nvoisins, 33, cb_smoothing_neighbours);
   cvCreateTrackbar("Image","original", &image_no, 3, cb_load_image);
   ...
}
```

Le callback `cb_load_image` associé à ce curseur est appelé à chaque fois que ce dernier est déplacé par l'utilisateur. Il doit ainsi réaliser les opérations suivantes :

- libérer la mémoire occupé par l'image précédente puis lire et afficher l'image correspondant à la nouvelle position du curseur,

- initialiser la variable `roi` pour pouvoir faire appel à la fonction `cb_NumberOfBins`,
- lisser l'image source et afficher le lissage,
- afficher les histogrammes des deux images.

Le code suivant est proposé, il est à plaçer juste avant la fonction `main` par exemple, du moins après la déclaration des fonctions qu'il appelle.

```
...

char* image_name ="pic1.png";
int image_no=0;
void cb_load_image(int pos)
{
   switch( pos)
   {
   case 0 :
      image_name ="pic1.png";
      break;
   case 1:
      image_name ="pic2.png";
      break;
   case 2:
      image_name ="pic3.png";
      break;
   case 3:
      image_name ="lena.jpg";
      break;
   }
   cvReleaseImage(&src);
   cvReleaseImage(&dst);

   src = cvLoadImage(image_name,0);
   roi = cvGetImageROI(src);
   dst = cvCreateImage( cvGetSize(src), 8, 1);

  cb_smoothing_method(cvGetTrackbarPos("Method","lissage"));
   cb_NumberOfBins(Nbins);
   cvShowImage("original", src);
}
```

FIG. III.6 – **Egalisation d'histogramme** *à gauche, l'image source, à droite le résultat de l'égalisation : le contraste du portrait de Lena est effectivement augmenté. En revanche, l'image pic6 est dégradée du fait que l'égalisation d'histogramme tend à regrouper les niveaux de gris semblables dans une même classe d'intensité.*

3 Extension de dynamique et égalisation d'histogramme

On ajoute au programme précédent deux positions supplémentaires au curseur "Method" : les positions 0 à 2 réalisent les lissages, la position 3 étire l'image linéairement, et la position 4 réalise une égalisation d'histogramme.

Dans la fonction `main` il faut modifier l'instruction créant ce curseur comme suit :

```
cvCreateTrackbar("Method","lissage", 0, 4, cb_smoothing_method)
```

le reste du programme est inchangé. On note en particulier que l'égalisation d'histogramme n'est pas toujours adaptée à la tâche d'amélioration de l'image, comme illustré par la figure III.6.

Pour illustrer l'effet de l'extension de dynamique, on a commencé par diviser les niveaux de gris de l'image Lena par deux via l'instruction suivante :

```
cvConvertScale(src, src, 0.5,0);
```

Le résultat de l'étirement linéaire des niveaux de gris de l'image est illustré par la figure III.7 où l'on a représenté la distribution des niveaux de gris : dans l'image source la dynamique est comprise entre 0 et 128. Cette dynamique est étirée dans l'intervalle [0 255].

```
...

void cb_smoothing_method(int pos)
{
   int nmethod = CV_BLUR;
   if(pos<=2)
   {
      switch( pos)
      {
      case 0 :
         nmethod = CV_BLUR;
         break;
      case 1:
         nmethod = CV_GAUSSIAN;
         break;
      case 2:
         nmethod = CV_MEDIAN;
         break;
      }
      cvSmooth(src,  dst, nmethod, nvoisins);
   }
   else
      if(pos==3)
      {
         double max,min;
         cvMinMaxLoc( src, &min, &max,0, 0,0 );
         double a,b;
         if ( max-min>0.5 )
         {
            a = 255.0/(max-min);   b = -a*min;
            cvConvertScale( src, dst, a, b);
         }
   }
   else
      cvEqualizeHist( src, dst );

   cvNamedWindow("lissage",0);
   cvSetMouseCallback( "lissage", (CvMouseCallback) cb_on_mouse );
   cvShowImage("lissage", dst);
   showZoomImage(dst, "zoom lissage",
                        (CvMouseCallback) on_mouse_zoom_img);
   ShowHistogram(dst, "Histogramme de l'image lissée");
}

...
```

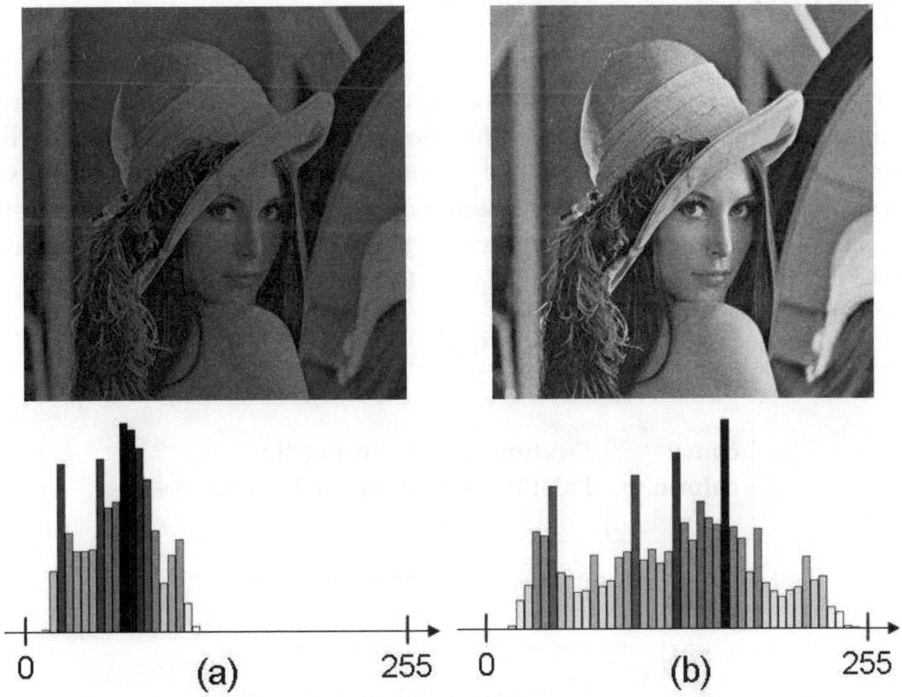

FIG. III.7 – Extension de dynamique *(a) Image source Lena sous exposée et son histogramme. (b) Résultats de l'extension de dynamique.*

Comparer la représentation graphique des histogrammes de la figure III.7 à celle de la figure II.9 : les barres sont encadrées d'un rectangle noir, ce qui rend visible les classes les moins peuplées (couleurs les plus claires). Voici le code employé pour réaliser cet affichage, en guise de dernier exercice de ce chapitre :

```
int largeur = 10;
IplImage *HistImage = cvCreateImage( cvSize(Nbins*largeur, 260), 8, 1);
int H = HistImage->height; cvSet( HistImage, cvScalar( 255) );
for( int i = 0; i < Nbins; i++ )
{
   float val = cvQueryHistValue_1D( hist, i );
   int intensity = cvRound(val);

   cvRectangle( HistImage,
         cvPoint(i*largeur, H -  intensity),
         cvPoint( (i+1)*largeur-1, H),
            CV_RGB(H-intensity,H-intensity,H-intensity), CV_FILLED);

   cvRectangle( HistImage,
      cvPoint(i*largeur, H -  intensity),
      cvPoint( (i+1)*largeur-1, H),
         CV_RGB(0,0,0), 1);
}
```

Récapitulatif

On a rencontré de nouvelles fonctions et types au cours de ce chapitre : en particulier la bibliothèque `CV` qui contient toutes les fonctions de traitement bas niveau des images. Les tableaux III.1 et III.2 récapitulent les notions abordées : le lecteur soucieux de les approfondir est invité à lire leur documentation d'OpenCV. Les manuels de référence des trois bibliothèques exploitées dans cet ouvrage, `CV`, `CxCore` et `HighGUI` se trouvent au format `html` dans le répertoire `C:/Program Files/OpenCV/docs/ref`.

Fonction	Description
conv2	Produit de convolution 2D
colormap	Palette des couleurs de l'affichage

TAB. III.1 – Les fonctions Matlab abordées dans ce chapitre.

CV	`cvSmooth`, `cvEqualizeHist`
CxCore	`cvMinMaxLoc`

TAB. III.2 – Les fonctions d'OpenCV abordées

Chapitre IV

Images en couleur

La théorie *trichromatique* des couleurs aussi appelée *théorie de Young-Helmholtz* est introduite par Young en 1802. Il postule que l'oeil humain est constitué de trois types de photorécepteur (les cônes), chacun particulièrement sensible à une longueur d'onde du domaine du visible. Helmholtz la développe en 1850 en catégorisant les trois types de cônes en fonction de leur sensibilité :

– aux ondes longues, les Cônes L, sensibles au rouge (580 nm),
– aux ondes moyennes, les Cônes M, sensibles au vert (545 nm),
– aux ondes courtes, les Cônes S, sensibles au bleu (440 nm).

Grâce à la superposition de trois sources colorées (rouge, vert, bleu) à différentes intensités, notre oeil est capable de distinguer plus de 1500 nuances par couleur, et un total de plusieurs millions de couleurs : le système visuel combine la réponse des trois types de cônes, donnant lieu à la perception de couleurs différentes en fonction de la source. Nombre de représentations des couleurs cherchent à imiter la sensibilité spectrale de la vision humaine dans le but de mieux modéliser ou segmenter une couleur donnée.

Ce chapitre présente quelques espaces colorimétriques fréquemment utilisés en traitement de l'image, ainsi que certaines spécificités des images en couleur :

– notions de luminance, chrominance (teinte et saturation) d'une couleur,
– lecture de la couleur d'un pixel dans différents espaces,
– incrustation de textes dans une image,

Le chapitre XI exploite ces propriétés des images couleurs à des fins de poursuite d'objet dans des séquences d'images.

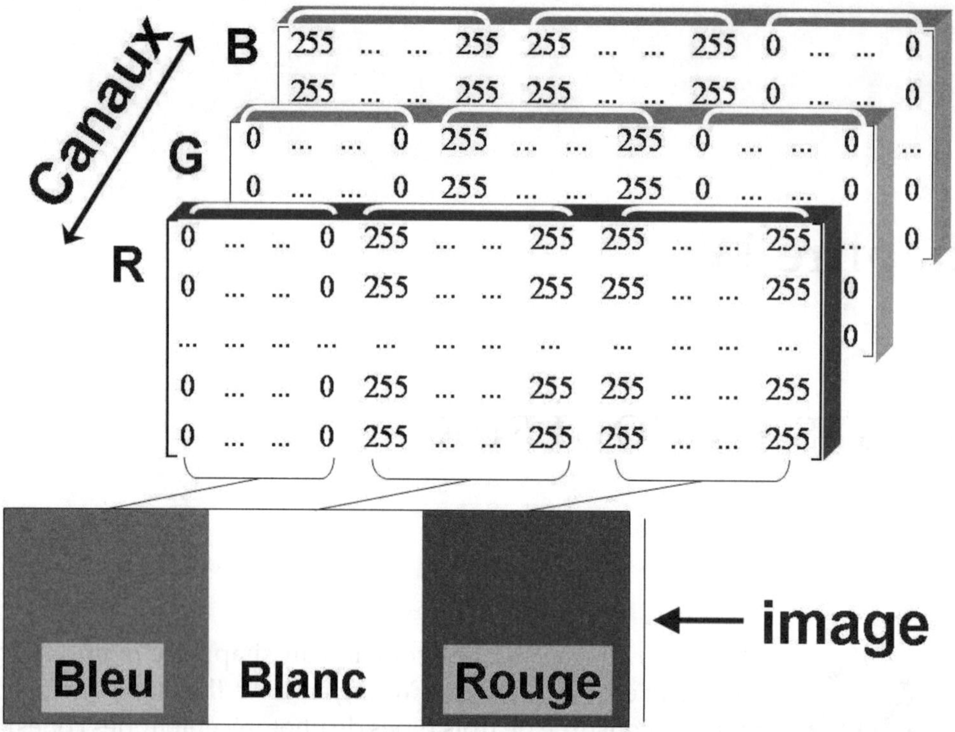

FIG. IV.1 – **Image couleur et ses trois canaux** *(composantes ou couches) RGB stockant les quantités de rouge, de vert et de bleu de chaque pixel. Un drapeau à trois bandes (ici bleu, blanc rouge) est constitué de trois types de pixels :* $RGB = [0 \ \ 0 \ \ 255]^T$ *pour les bleus,* $RGB = [255 \ \ 255 \ \ 255]^T$ *pour les blancs,* $RGB = [255 \ \ 0 \ \ 0]^T$ *pour les rouges.*

1 Images couleur et Espaces colorimétriques

1.1 Chrominance et luminance d'une image

RGB est un espace permettant de définir les couleurs de manière additive : chaque couleur est un mélange de Rouge (Red), de Vert (Green) et de Bleu (Blue). Il est appliqué à l'affichage de la couleur par un écran cathodique : chaque pixel de l'écran couleur est constitué de trois rectangles électroluminescents émettant une couleur spécifique (rouge, vert ou bleu) lorsqu'ils sont soumis à un flux d'électrons. Le tube cathodique contient trois canons à électrons, un par couleur, et chaque canon ne peut allumer que les points d'une couleur. Les écrans à cristaux liquides ou plasma codent aussi les couleurs dans cet espace.

La forte corrélation entre les canaux R, G et B (dans le domaine électromagnétique, les distributions spectrales du rouge, du vert et du bleu s'intersectent) et le mélange des informations de luminance et de chrominance n'en font pas un espace de prédilection en modélisation colorimétrique. On discute particulièrement de la *couleur peau* ou *teinte chair* dans ce manuel car nombre d'approches de la littérature modélisent cette couleur afin de localiser ou d'aider à la détection d'un visage dans une image.

Plusieurs espaces colorimétriques sont utilisés en détection de teinte chair [1], principalement les espaces *YC_bC_r, HSV, rgb normalisé et Lab*. Ces espaces sont réputés pour leur séparation de l'information de luminance de celle de chrominance, ou pour leur mimétisme de la perception humaine des couleurs. La **luminance** est contenue dans les canaux Y, V et L ou définie par la somme des trois canaux R, G et B dans l'espace rgb. La luminance est l'information de niveau de gris du pixel : c'est elle qui différencie les différents types de couleur de peau, la couleur d'un sujet de peau noire de celle d'une personne de couleur blanche par exemple. La **chrominance** est définie par les plans C_bC_r, HS, ab et rg ou par le seul canal Hue de HSV. Elle contient l'information de teinte de la peau et est relativement robuste à la variance inter-ethnique : dans des conditions d'éclairement identique, la couleur d'un sujet blanc caucasien différe de celle d'un sujet noir africain que par sa luminance plus élevée. On illustre ces notions de *luminance* et de *chrominance* à travers deux espaces colorimétriques particuliers : YC_bC_r, et *HSV*.

1.2 L'espace colorimétrique YC_bC_r

L'espace colorimétrique YC_bC_r a été introduit en codage d'images pour la vidéo. Il permet, dans le cas d'images couleur, de compenser les erreurs de transmission de l'information : Y représente en effet l'information de niveau de gris tandis que C_b et C_r sont respectivement le bleu moins Y et le rouge moins Y. Connaissant Y, $(R - Y)$ et $(B - Y)$, une correction des erreurs de transmission est réalisée et les valeurs de R, G et B déduites. L'intérêt de ce codage est aussi d'assurer la compatibilité des nouvelles normes de codage vidéos avec les anciens téléviseurs monochromes. L'information de couleur a d'abord été mélangée au signal noir et blanc à des fréquences plus élevées. Il s'agit alors d'un signal vidéo composite tel que ceux diffusés par la télévision analogique dans les normes NTSC, PAL et Secam. Par la suite un format vidéo à composantes séparées est définit par SONY afin d'éliminer les effets de moirage dus au recouvrement de la chrominance sur la bande de fréquence de la luminance : le signal vidéo est véhiculé par trois câbles distincts (Y, U et V), puis par deux (Y et C), la chrominance C étant un signal composite.

La conversion de l'espace RGB à l'espace YCbCr est une transformation affine. Plusieurs définitions de cette transformation existent en fonction du logiciel employé. YC_bC_r représente en réalité une famille d'espaces colorimétriques qui lui sont analogues : YUV, YP_bP_r, YD_bD_r et YIQ. La luminance est définie de la même manière pour ces espaces : seuls changent les coefficients affectés à la différence $(R - Y)$ ou $(B - Y)$ entre le bleu ou le rouge et la luminance pour définir la chrominance, excepté pour l'espace YIQ. YC_bC_r, souvent abrégé par YCC, est le terme réservé aux signaux numériques, les autres ont été définis pour les besoins de la vidéo analogique. Le codage YUV est par exemple appliqué par les normes NTSC et PAL lesquelles transmettent la couleur par modulation d'amplitude d'une sous-porteuse.

Sous Matlab, la conversion de RGB à YCbCr nécessite la boîte à outils Image Processing : elle contient la fonction `rgb2ycbcr`.

[1] S.L. Phung, A. Bouzerdoum, and D. Chai. Skin segmentation using color pixel classification : Analysis and comparison. *IEEE Transactions on Pattern Analysis and Machine Intelligence*, 27(1), 2005.

1.3 L'espace HSV

L'espace HSV a été introduit pour les besoins de la synthèse d'images. Parfois appelé HSB (B pour *brightness*), il est souvent utilisé dans les applications graphiques à cause de sa similarité avec la perception humaine des couleurs. L'espace colorimétrique HSV correspond à une transformation *non-linéaire* de l'espace RGB : la couleur y est définie en terme de teinte H (*Hue* en anglais), de saturation S et de luminance V (Value). *Le canal Hue* est défini comme un angle compris entre 0 et 360°, mais est normalisé entre 0 et 180°pour être stocké dans une image 8 bits. Hue représente la teinte de la couleur c'est-à-dire sa nature : pour des valeurs croissantes de H, la teinte passe par le rouge, le jaune, le vert, le cyan (turquoise), le bleu, le magenta (violet) et revient au rouge (H=180°). *La saturation* représente la pureté de la couleur : une couleur achrome (i.e. contenant autant de rouge, de vert et de bleu) a une valeur de saturation nulle, tandis qu'un rouge vif, par exemple, a une saturation élevée. Elle prend des valeurs comprises entre 0 et 255. *La luminance* correspond au canal V et est comprise entre 0 et 255 sous OpenCV.

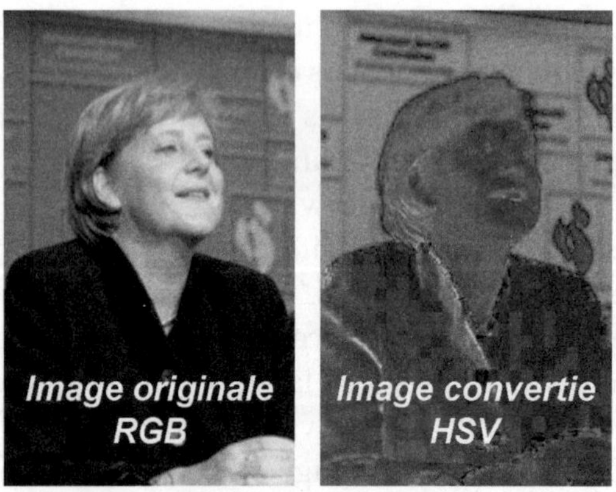

Conversion de RGB à Hue-Saturation-Value

Matlab permet de passer de RGB à HSV et réciproquement :

```
I=imread('A.jpg');
hsv=rgb2hsv(I);
rgb=hsv2rgb(hsv);
```

On accède à chacun des canaux teinte, saturation, et intensité simplement :

```
Hue=hsv(:,:,1);
Saturation=hsv(:,:,2);
Value=hsv(:,:,3);
```

Sous Matlab, la conversion de l'espace RGB à l'espace HSV se fait selon une formulation différente de celle d'OpenCV. En particulier, le résultat d'une telle conversion est une image de type `double`, normalisée entre 0 et 1 :

$$\texttt{hsv=rgb2hsv(I)} \quad \Rightarrow \quad \forall x,y,k, \quad \texttt{hsv(y,x,k)} \in [0 \quad 1]$$

Tandis qu'avec OpenCV, la conversion de BGR à HSV a pour résultat une image couleur codée sur 8 bits dont la teinte Hue est pour chaque pixel un entier compris entre 0 et 180°, la saturation S et la luminance V étant comprises entre 0 et 255 :

$$\texttt{cvCvtColor(src, HSV, CV\_BGR2HSV)} \Rightarrow \forall x,y, \quad \texttt{HSV(y,x)} \in [\![0 \quad 180]\!] \times [\![0 \quad 255]\!]^2$$

HSV fait partie d'une famille d'espaces colorimétriques, parmi lesquels on trouve HSL (L pour *lightness*), HSI (I pour *intensity*), HCI (C pour *chroma*), HVC ou encore TSD (Tint, Saturation and Darkness). Ces espaces ont été créés dans le même but : séparer l'information de luminance de la couleur et décrire la couleur selon deux attributs, sa teinte et sa saturation. HSV est de ce fait un espace pratique à interpréter intuitivement.

2 LuminanceêTeinte et Saturation

A la différence d'une image monochrome, une image couleur **I** est un champ de vecteur, plus précisement une application de $\mathbb{N}x\mathbb{N}$ dans $\mathbb{N}^3$ qui à un couple d'entiers (x,y) associe le vecteur à trois composantes -appelées aussi *canaux* ou *couches*- du pixel situé à la position (x,y) comme illustré à la figure IV.1 :

$$\begin{array}{rcl} \mathbf{I} : \; \mathbb{N} \times \mathbb{N} & \rightarrow & \mathbb{N}^3 \\ (x\,,y) & \mapsto & \begin{pmatrix} R(x,y) \\ G(x,y) \\ B(x,y) \end{pmatrix} \end{array}$$

Dans l'espace RGB, chacun de ces canaux à une valeur comprise entre 0 et 255 lorsqu'elle est codée sur 8 bits, une image couleur est alors codée sur 24 bits, mais sous OpenCV on parle d'image codée sur 8 bits à 3 canaux.

2.1 Colorimétrie dans l'espace RGB

Si on souhaite accéder aux trois composantes d'un pixel situé à la position (x,y) d'une image `src`, on doit faire l'appel suivant :

```
CvScalar sval = cvGet2D( src, Y, X)
```

La variable retournée `sval` est un quadriplet de valeurs de type `double`, dont le premier élément correspond à la valeur de B, le second à G, le troisième à R et le quatrième est nul. Le programme suivant exploite l'image `pic2.png` qui est une image couleur très bruitée, et qui est composée, lorsqu'on la regarde de très près, d'une mosaïque de pixels de couleurs variées. On propose un programme permettant de zoomer sur une région de l'image et affichant les trois composantes d'un pixel pointé par la souris sous la forme de curseurs à glissière.

L'image source est déclarée comme variable globale, de même que le rectangle stockant la région d'intérêt, car on y accède aussi dans les deux sous-programmes décris ci-dessous. Le callback `on_mouse_zoom_img`, associé aux événements souris ayant lieu sur la fenêtre affichant la région d'intérêt, met à jour la position des trois curseurs indiquant les valeurs de R, G et B.

Encore faut-il créer la fenêtre "zoom" et ses curseurs R, G, B. Cela est fait par le callback associé aux événements souris ayant lieu sur la fenêtre "src" montrant l'image source : `cb_on_mouse_zoom`. On peut aussi créer ces deux fenêtres dans le programme principal `main`, mais cela ouvre la fenêtre "zoom" avant que l'utilisateur ait pointé une région d'intérêt.

Comme au chapitre précédent, le callback `cb_on_mouse` s'occupe de l'affichage de la région d'intérêt, et il ajoute de plus les trois curseurs précités, comme l'illustre la figure IV.2. Il fait appel au callback `on_mouse_zoom_img` pour mettre à jour la position de ces curseurs, en fonction de la valeur des composantes R, G, B.

Le programme principal charge l'image source, crée la fenêtre affichant l'image source, et l'associe au callback `cb_on_mouse` qui est appelé lorsque l'utilisateur passe

```
#include "cv.h"
#include "highgui.h"

IplImage* src=0;   CvRect roi;
```

```
void on_mouse_zoom_img(int event, int x ,int y, int flags)
{
   int X = roi.x + x;
   int Y = roi.y + y;

   CvScalar sval = cvGet2D( src, Y, X);

   cvSetTrackbarPos( "B", "zoom", (int) sval.val[0]);
   cvSetTrackbarPos( "G", "zoom", (int) sval.val[1]);
   cvSetTrackbarPos( "R", "zoom", (int) sval.val[2]);
}
```

```
int Nline=80;   int Ncol=80;
int pas_yzoom = 10;   int pas_xzoom = 10;

void cb_on_mouse(int event, int x ,int y, int flags)
{
   if(event== CV_EVENT_RBUTTONDOWN &&(flags & CV_EVENT_FLAG_CTRLKEY))
   {      Ncol+=pas_xzoom;   Nline+=pas_yzoom;   }
   if(event== CV_EVENT_LBUTTONDOWN &&(flags & CV_EVENT_FLAG_CTRLKEY))
   {      Ncol-=pas_xzoom;   Nline-=pas_yzoom;   }

   if( ê(flags & CV_EVENT_FLAG_ALTKEY) )
   {
      roi = cvRect(x-Ncol/2, y-Nline/2, MAX(1,Ncol), MAX(1,Nline));
      cvSetImageROI(src, roi);
      roi = cvGetImageROI(src);

      cvNamedWindow("zoom",0);
      cvShowImage("zoom", src);
      cvResetImageROI(src);
      cvSetMouseCallback( "zoom",
                           (CvMouseCallback) on_mouse_zoom_img );

      cvCreateTrackbar("R","zoom", 0, 255, 0);
      cvCreateTrackbar("G","zoom", 0, 255, 0);
      cvCreateTrackbar("B","zoom", 0, 255, 0);
   }
}
```

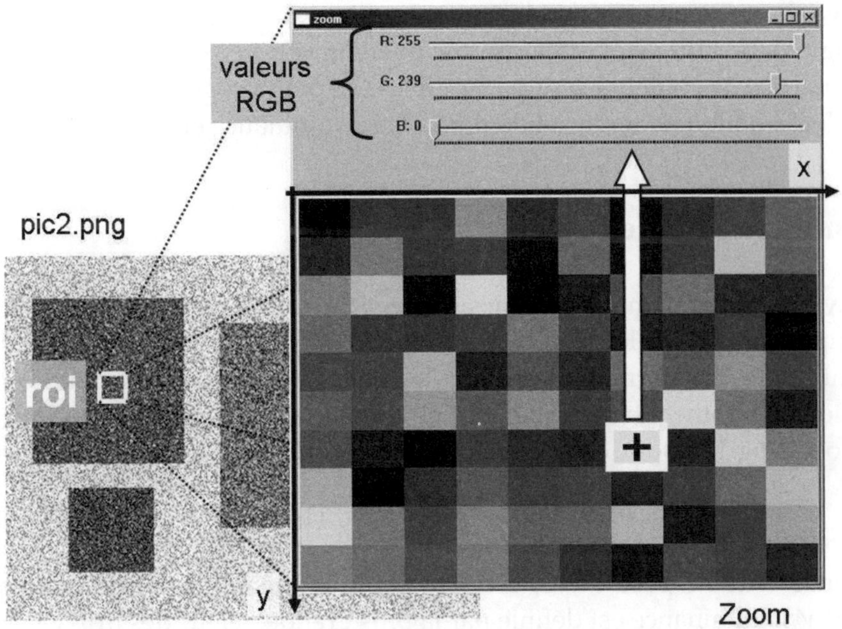

FIG. IV.2 – Zoom sur une région d'intérêt de l'image source *on accède aux valeurs du triplet (R, G, B) du pixel pointé par la souris à l'aide de curseurs à glissière*

la souris sur cette fenêtre. Cette action ouvre la fenêtre "zoom" sur laquelle l'utilisateur peut choisir un pixel à la souris pour en afficher les valeurs RGB comme le montre la figure IV.2.

```
int main()
{
   src = cvLoadImage("pic2.png");

   cvNamedWindow("src",0);
   cvSetMouseCallback( "src", (CvMouseCallback) cb_on_mouse );
   cvShowImage("src", src);
   cvWaitKey(0);

   cvReleaseImage(&src);
   return 0;
}
```

On peut vérifier quelques résultats bien connus du mélange de couleurs primaires :

- Rouge + Vert = Jaune : noter les différents types de jaune (*orange* → *jaune* → *kaki*) en fonction des proportions relatives de vert et de rouge, et l'influence du bleu sur la luminosité du jaune. Rouge + 1/2 Vert = Orange, par exemple.
- Rouge + Bleu = Magenta (Rose) à Violet.
- Vert+Bleu = Turquoise.

- Rouge+Vert+Bleu (en des proportions identiques) = Gris plus ou moins lumineux, il s'agit alors d'un pixel monochrome (ou *achrone*).

D'autres nuances de couleurs sont perceptibles Éce petit programme permet de mieux appréhender la notion de teinte, et de différencier luminance et saturation.

2.2 Luminance d'une couleur

La conversion d'une image couleur en image monochrome est définie par la transformation passant du triplet (R, G, B) au niveau de gris (ou intensité) I. Il s'agit généralement d'une transformation linéaire, les poids associés à chacun des canaux dépendant de la bibliothèque de traitement de l'image utilisée. Sous OpenCV et Matlab (Image Processing Toolbox), cette transformation est définie par :

$$I = 0.299R + 0.587G + 0.114B$$

La luminance Y de l'espace YC_bC_r est définie par la même formule, tandis que dans l'espace HSV la luminance est définie par la plus grande valeur des trois canaux :

$$V = max(R, G, B)$$

Il y a d'autres manières de définir la luminance, par exemple dans l'espace rgb normalisé, la luminance est la moyenne des trois composantes R, G et B. La luminance sert à quantifier la brillance d'un pixel, que l'oeil humain interprète par sa luminosité.

```
void on_mouse_zoom_img(int event, int x ,int y, int flags)
{
   int X = roi.x + x;
   int Y = roi.y + y;

   CvScalar RGBval = cvGet2D( src, Y, X);
   CvScalar HSVval = cvGet2D( HSV, Y, X);
   CvScalar YCbCrval = cvGet2D( YCbCr, Y, X);
   CvScalar Ingval = cvGet2D( Ing, Y, X);

   cvSetTrackbarPos( "B", "src", (int) RGBval.val[0]);
   cvSetTrackbarPos( "G", "src", (int) RGBval.val[1]);
   cvSetTrackbarPos( "R", "src", (int) RGBval.val[2]);
```

1

```
   cvSetTrackbarPos( "V", "Luminance", (int) HSVval.val[2]);
   cvSetTrackbarPos( "Y", "Luminance", (int) YCbCrval.val[0]);
   cvSetTrackbarPos( "Ing", "Luminance", (int) Ingval.val[0]);
}
```

```
IplImage* src=0, *HSV=0, *YCbCr=0, *Ing=0;
```

Callback associé aux événements souris sur la ROI

```
CvRect roi;
void on_mouse_zoom_img(int event, int x ,int y, int flags);

int Nline=80;
int Ncol=80;
int pas_yzoom = 10;
int pas_xzoom = 10;
```

Callback associé aux événements souris sur l'image source

```
void cb_on_mouse(int event, int x ,int y, int flags);
```

Programme Principale

```
int main( int argc, char** argv )
{
   src = cvLoadImage("pic2.png");

   HSV = cvCreateImage( cvGetSize(src), 8, 3);
   YCbCr = cvCreateImage( cvGetSize(src), 8, 3);
   Ing  = cvCreateImage( cvGetSize(src), 8, 1);
```

Conversions colorimétriques

```
   cvCvtColor(src, HSV,  CV_BGR2HSV);
   cvCvtColor(src, YCbCr,  CV_BGR2YCrCb);
   cvCvtColor(src, Ing,  CV_BGR2GRAY);
```

Affichages

```
   cvNamedWindow("src",0);
   cvSetMouseCallback( "src", (CvMouseCallback) cb_on_mouse );
   cvShowImage("src", src);
   cvWaitKey(0);

   cvReleaseImage(&src);
   cvReleaseImage(&HSV);
   cvReleaseImage(&YCbCr);
   cvReleaseImage(&Ing);
   return 0;
}
```

On propose de comparer le niveau de gris et les luminances Y et V d'un pixel couleur. La conversion en niveaux de gris *Ing* de l'image source est calculée, ainsi que les conversions dans l'espace HSV et YC_bC_r dans le programme principal. On zoome sur l'image en niveau de gris *Ing*, affichée dans la fenêtre "Luminance", sur laquelle on crée trois curseurs indiquant les valeurs de I, Y et V. Les curseurs indiquant les valeurs de R, G et B sont crées sur la fenêtre "src".

```
void cb_on_mouse(int event, int x ,int y, int flags)
{
   if( (event== CV_EVENT_RBUTTONDOWN) &&
                            (flags & CV_EVENT_FLAG_CTRLKEY) )
   {
      Ncol+=pas_xzoom;
      Nline+=pas_yzoom;
   }
   if( event== CV_EVENT_LBUTTONDOWN &&
                            (flags & CV_EVENT_FLAG_CTRLKEY) )
   {
      Ncol-=pas_xzoom;
      Nline-=pas_yzoom;
   }
   if( ê(flags & CV_EVENT_FLAG_ALTKEY) )
   {
      roi = cvRect(x-Ncol/2, y-Nline/2, MAX(1,Ncol), MAX(1,Nline));
      cvSetImageROI(Ing, roi);
      roi = cvGetImageROI(Ing);

      cvNamedWindow("Luminance",0);
      cvShowImage("Luminance", Ing);
      cvSetMouseCallback( "Luminance",
           (CvMouseCallback) on_mouse_zoom_img );
      cvResetImageROI(Ing);

      cvCreateTrackbar("R","src", 0, 255, 0);
      cvCreateTrackbar("G","src", 0, 255, 0);
      cvCreateTrackbar("B","src", 0, 255, 0);

      cvCreateTrackbar("Ing","Luminance", 0, 255, 0);
      cvCreateTrackbar("Y","Luminance", 0, 255, 0);
      cvCreateTrackbar("V","Luminance", 0, 255, 0);

                              2

   }
}
```

La case notée 1 est exploitée à la section suivante, où on ajoute quelques fonctionnalités à ce programme. La fonction `cb_on_mouse` zoome sur la région d'intérêt dans l'image en niveaux de gris, et crée les curseurs R, G, B, I, Y, V. Elle fait appel à la fonction `on_mouse_zoom_img` pour l'actualisation de ces indicateurs. On propose pour `cb_on_mouse` le sous programme suivant où la case 2 est à laisser vide pour le moment. Cette fonction doit bien entendu être déclarée avant le `main`, puisque le programme principal y fait appel.

Le programme principal s'occupe de créer les trois images, des conversions colorimétriques et d'appeler le callback précédent. Le lancement de cette application permet de constater que la luminance Y est égale au niveau de gris I, bien que l'on procède à la lecture de tableaux différents. On s'aperçoit aussi que bien que Y et V représentent la brillance de l'image, le canal V est toujours plus lumineux que le canal Y. Le lecteur intéressé peut ajouter quelques lignes de code pour afficher le canal Value pour s'en convaincre : une image avec plus de luminosité que celle des niveaux de gris est obtenue. Il s'agit de deux échelles de valeur de la luminance : l'image Y est généralement plus contrastée que l'image Value, plus claire. Appliquer ce programme précédent à l'image `lena.jpg` pour s'en convaincre. L'espace HSV a toutefois un avantage important sur RGB ou YC_bC_r, c'est sa séparation de la couleur en une teinte et une saturation, ce qu'illustre le prochain exercice.

2.3 Teinte et saturation d'une couleur

On reprend le programme précédent et on y remplit le contenu des cases 1 et 2. On veut ajouter deux curseurs nommés "H" et "S" sur la fenêtre "zoom", affichant la région d'intérêt en couleur comme le montre la figure IV.2, ces curseurs indiquant les valeurs des composantes Hue et Saturation du pixel pointé. La sélection de ce pixel peut se faire sur la fenêtre "zoom" ou "Luminance", tous les curseurs implémentés devant alors être actualisés. Le lecteur assidu est invité à trouver les instructions manquantes, c'est un exercice trivial dont voici la réponse.

1

```
cvSetTrackbarPos( "H", "zoom", (int) HSVval.val[0]);
cvSetTrackbarPos( "S", "zoom", (int) HSVval.val[1]);
```

Charger l'image `pic2.png` : la mosaïque de couleur qu'elle contient permet de se familiariser avec les concepts de teinte et de saturation. Zoomer sur l'image source de manière à visualiser une région d'intérêt de dimension 10x10 Éon rappelle qu'on peut figer une région d'intérêt en appuyant sur la touche `Alt`.

En commençant par exploiter le curseur "H", on doit retrouver les teintes suivantes par ordre de H croissant : le rouge, le jaune, le vert, le cyan (turquoise), le bleu, le magenta (violet) et retour au rouge (H=180°). Il n'y a en réalité qu'une seule couleur

2

```
cvSetImageROI(src, roi);
cvNamedWindow("zoom", 0);
cvShowImage("zoom", src);
cvResetImageROI(src);
cvSetMouseCallback( "zoom",
        (CvMouseCallback) on_mouse_zoom_img );
cvCreateTrackbar("H","zoom", 0, 180, 0);
cvCreateTrackbar("S","zoom", 0, 255, 0);
```

rouge, mais l'échelle Hue est définie de manière modulaire sur [0° 180°] : par exemple un rouge ayant un Hue H=183°est congrue à H=3°modulo 180°. Un rouge de valeur H faible est simplement un mélange de rouge et de jaune, tandis qu'un rouge de H élevé est un mélange de rouge et de magenta (*rose*). On perçoit ainsi plusieurs nuances de couleur correspondant à des teintes différentes, à des valeurs de Hue distinctes.

Une teinte donnée peut aussi être plus ou moins saturée, ce que l'oeil interprète par la pureté de la couleur. A juste titre car plus la saturation est élevée, plus une composante de RGB est soit prépondérante soit déficiente par rapport aux deux autres.

3 Incrustation de textes dans une image

Les curseurs à glissière sont des outils très pratiques d'OpenCV, mais on s'aperçoit qu'au delà de deux curseurs sur une même fenêtre, l'affichage est considérablement diminué. Une solution est de distribuer les curseurs sur différentes fenêtres, mais cela oblige l'utilisateur à en inspecter plusieurs en même temps, ce qui peut être fastidieux. Une solution plus adéquate consiste à ajouter du texte à l'image, en marge par exemple.

3.1 Fonte de caractères

L'ajout de texte à une image est chose aisée avec OpenCV, cette opération ne consiste qu'en trois instructions :

- déclaration d'un objet "font", de type `CvFont`,
- initialisation (et configuration) de la *fonte* (police de caractère) à utiliser (`cvInitFont`),
- ajout du texte à l'image (`cvPutText`) avec la fonte déclarée.

Le petit programme suivant donne un exemple d'incrustation de texte dans une image dont le fond est blanc. Il illustre aussi la fonction `cvGetTextSize`, qui fournit un outil intéressant si on veut savoir précisément où sera inscrit le texte dans l'image.

On a choisi quelques caractères avec et sans jambage, minuscule, majuscule et de ponctuation. La ligne de pied (ou de base) est la ligne sur laquelle repose les caractères

```
int main( int argc, char** argv )
{
    int width = 1000, height = 200;
    IplImage* image = cvCreateImage( cvSize(width,height), 8, 3 );
    cvSet(image, cvScalar(255,255,255)); // fond blanc
```

Définition de la fonte : police et taille

```
    CvFont font;
    cvInitFont( &font, CV_FONT_HERSHEY_COMPLEX, 3, 3, 0.0, 5, CV_AA );
```

Taille du texte à incruster

```
    CvSize text_size;
    int ymin = 0;
    cvGetTextSize( "Qq yj ; p'q iT gyê", &font, &text_size, &ymin );
```

Position du texte dans l'image

```
    CvPoint pt;
    pt.x = (width - text_size.width)/2;
    pt.y = (height + text_size.height)/2;

    cvLine(image, cvPoint(pt.x, pt.y),
                  cvPoint(pt.x+text_size.width, pt.y),
                  CV_RGB(150,150,150), 3,8);
    cvLine(image, cvPoint(pt.x, pt.y-text_size.height),
                  cvPoint(pt.x+text_size.width, pt.y-text_size.height),
                        CV_RGB(250,250,0), 4,8);
    cvLine(image, cvPoint(0, pt.y+ymin), cvPoint(width, pt.y+ymin),
                  CV_RGB(255,0,0), 3,8);
```

Incrustation du texte

```
    cvPutText( image, "Qq yj ; p'q iT gyê",
                      pt, &font, CV_RGB(100,100,255));

    cvNamedWindow("result",0);
    cvShowImage("result",image);
    cvWaitKey(0);
    cvReleaseImage(&image);
}
```

sans jambage. La variable `ymin` correspond au *jambage* de la fonte : elle contient la distance entre la ligne de base du texte et la limite basse de certains caractères. La taille du texte retournée par `cvGetTextSize` comprend sa largeur et sa hauteur de capitale, qui

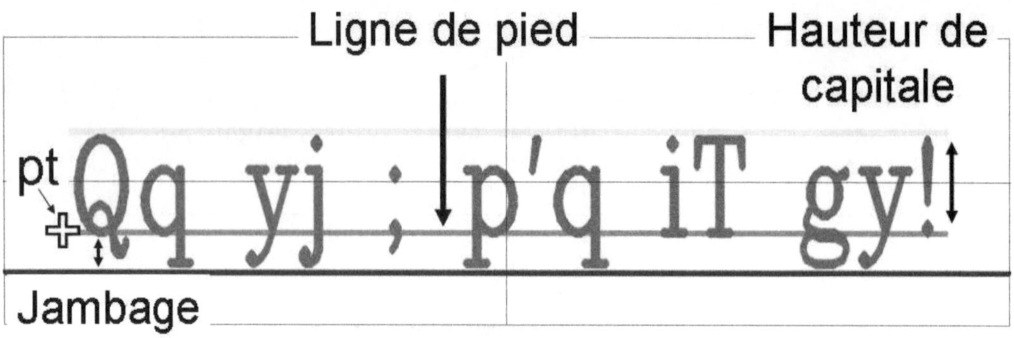

FIG. IV.3 – Ligne de baseêjambage et hauteur de capitale d'un texte

est la hauteur comprise entre la ligne de pied et l'extrémité supérieure du caractère majusucle. La figure IV.3 illustre ces notions ainsi que le résultat du programme proposé.

3.2 Chaînes de caractères en langage C

En langage C, une chaîne de caractères est un tableau d'éléments de type `char` codé sur 1 octet (8 bits). Le dernier élément est toujours le caractère nul `\0` (premier caractère du code ASCII) indiquant la fin de la chaîne.

$$\texttt{char nom[10]="Open";} \Rightarrow \texttt{nom} = |O|\,p\,|e|\,n\,|\backslash 0|$$

Dans cet exemple, la variable `nom` est une chaîne de 5 caractères, qui aurait pu contenir jusque 9 caractères plus le zéro terminal. On peut aussi affecter cette chaîne directement sans préciser explicitement le nombre d'octets qu'elle contient : `char* nom=''Open'';`.

On a vu au chapitre I.4.1 un exemple de déclaration et de manipulation d'une chaîne de caractères faisant usage de la bibliothèque standard `string.h`. Pour concaténer un nombre entier `N` avec une chaîne de caractères `prefix`, on doit dans un premier temps convertir le nombre en une chaîne de caractère `sNum`, puis opérer la concaténation :

```
#include <string.h>
...
   char nom[10];
   char sNum[10];
   int N=4;
   _itoa( N, sNum, 10);
   strcpy(nom, "Start_"); // copie Start_ dans nom
   // y compris le \0 terminal
   strcat( nom, sNum); // concatène le nombre sNum à la fin de nom
```

Ces opérations permettent de construire la chaîne `nom = Start_4`. Une manière plus flexible de procéder est d'utiliser les fonctions de la bibliothèque standard `stdio.h` :

```
#include <stdio.h>
...
   int N=4;
   char *nom = (char *)calloc(20,1);
   // alternative : char nom[20];
   sprintf(nom, "Start_%d", N);
```

En effet, `sprintf` permet d'insérer un caractère ou un nombre à l'endroit de son choix et pas nécessairement à la fin de la chaîne comme le fait `strcat`. Par exemple, l'instruction `sprintf(nom, "Start_%d_Stop.png", N)` donne `nom= Start_4_Stop.png`. On utilise `calloc` pour allouer dynamiquement la mémoire réservée à la variable `nom`, ce qui peut être utile dans les cas où la variable `nom` est utilisée plusieurs fois dans un programme : on peut alors rajouter des cases mémoires (redimensionner la chaîne `nom`) pour des mots plus longs par exemple.

3.3 Ajout d'une légende interactive

Afficher les valeurs d'un pixel en légende d'une image soulève la question du dimensionnement des images. La fonction `cvNamedWindow` utilisée avec 0 comme dernier argument s'occupe automatiquement de redimensionner l'affichage de manière à ce qu'il s'ajuste à la taille de la fenêtre. On peut alors zoomer en avant ou en arrière en faisant appel à la fonction `cvSetImageROI`. Le résultat souhaité ici est une image avec en marge un bandeau contenant les informations relatives au pixel pointé par la souris. Cette marge est de taille fixe, par souci de simplicité, donc le zoom à laquelle elle est collée doit l'être aussi.

```
#include "cv.h"
#include "highgui.h"

#include <stdio.h>

IplImage* src=0, *HSV=0, *legend = 0;
CvFont font;
CvRect roi, margin, screen;

int Nline=20; int Ncol=20; int pas_yzoom = 10; int pas_xzoom = 10;

void on_mouse_zoom_img(int event, int x ,int y, int flags);
void cb_on_mouse_src_img(int event, int x ,int y, int flags);
```

On nomme `legend` cette image résultat, et on affecte un rectangle `margin`, définissant la zone de légende, suffisamment grand pour pouvoir y contenir 5 indicateurs : R, G, B,

H, et S. Chacun de ces indicateurs est une chaîne de caractères à laquelle on concatène une valeur. On y ajoute de plus une barre de longueur proportionnelle à cette valeur. Le rectangle `screen` définit la zone de l'image `legend` où est affiché la région d'intérêt sur laquelle on zoome, voir figure IV.4. Ce rectangle a une taille fixe, celle de l'image source pour permettre de zoomer sur l'image toute entière.

On commence par la déclaration des fonctions et la définition du `main`. Ce dernier initialise l'image `legend` et la fonte `font`, et convertit l'image couleur en HSV :

```
int main( )
{
   src = cvLoadImage("pic2.png");

   margin = cvRect(0, 0, 300, src->height);
   screen = cvRect(margin.width, 0, src->width, src->height);
   CvSize sz = cvSize(screen.width+margin.width, screen.height);
   legend = cvCreateImage(sz, 8,3);

   cvSet(legend, cvScalar(255,255,255) );
   cvInitFont( &font, CV_FONT_HERSHEY_COMPLEX, 1, 1, 0.0, 1, CV_AA );

   HSV = cvCreateImage( cvGetSize(src), 8, 3);
   cvCvtColor(src, HSV,  CV_BGR2HSV);

   cvNamedWindow("src",0);
   cvSetMouseCallback( "src", (CvMouseCallback) cb_on_mouse_src_img );
   cvShowImage("src", src);

   cvWaitKey(0);

   cvReleaseImage(&src);
   cvReleaseImage(&legend);
   cvReleaseImage(&HSV);
   return 0;
}
```

Le callback `cb_on_mouse_src_img` est appelé lorsqu'on déplace la souris sur la fenêtre "src" : il affiche la région d'intérêt, et associe à sa fenêtre d'affichage le callback `on_mouse_zoom_img`. L'image affichée est obtenue en redimensionnant le zoom à la taille de la partie `screen` de l'image `legend`. La méthode choisie pour ce redimensionnement est l'interpolation "nearest neighbour", traduire du *plus proche voisin*. Le principe en est simple, si on multiplie la taille de l'image d'origine par `factx` en largeur et `facty` en hauteur, chaque pixel est reproduit à l'identique dans un rectangle de taille `factx` × `facty`.

Le callback `on_mouse_zoom_img` est associé aux événements souris ayant lieu sur la

```
void cb_on_mouse_src_img(int event, int x ,int y,int flags)
{
   if( (event== CV_EVENT_RBUTTONDOWN) && ...
   ...
   if( !(flags & CV_EVENT_FLAG_ALTKEY) )
   {
      roi = cvRect(x-Ncol/2, y-Nline/2, MAX(1,Ncol),
                                         MAX(1,Nline));
      cvSetImageROI(src, roi);
      roi = cvGetImageROI(src);

      cvSetImageROI( legend, screen );
      cvResize(src, legend, CV_INTER_NN);

      cvResetImageROI(legend);
      cvNamedWindow("zoom",0);
      cvShowImage("zoom",legend);

      cvResetImageROI(src);
      cvSetMouseCallback( "zoom",
                    (CvMouseCallback) on_mouse_zoom_img );
   }
}
```

fenêtre "zoom". Lorsque l'utilisateur pointe sur un pixel situé sur la marge de l'image `legend`, aucune action n'est à réaliser. Dans les autres cas, il faut afficher la valeur du pixel pointé, ce qui nécessite de connaître ses coordonnées spatiales dans l'image source. Le couple (x, y) argument de cette fonction est relatif à l'image `legend` affichée : les coordonnées (X, Y) correspondantes de l'image source ont été multipliées par un certain facteur, et décalées vers la droite du fait de la marge.

Une fois cette correction réalisée, on accède aux valeurs des composantes R, G, B, H ou S comme précédemment. On sélectionne la marge comme région d'intérêt dans l'image `legend`, que l'on remplit de blanc, puis on y écrit la valeur des indicateurs via la chaîne de caractères `msg`. Le point `pt` sert à placer le texte dans cette partie de l'image, avec une petite marge de 10 pixels sur la gauche.

On peut ajouter l'indicateur "R" en rouge, avec une barre rouge de largeur proportionnelle à la quantité de rouge que contient le pixel. Voir le code proposé dans la case

```
void on_mouse_zoom_img(int event, int x ,int y, int flags)
{
   if(x>margin.width)
   {
      double factx = screen.width/roi.width;
      double facty = screen.height/roi.height;

      int X = MIN(roi.x + (int)(x-margin.width)/factx,
                              src->width-1);
      int Y = MIN(roi.y + (int)y/facty, src->height-1);

      CvScalar RGBval = cvGet2D( src, Y, X);
      CvScalar HSVval = cvGet2D( HSV, Y, X);

      cvSetImageROI( legend, margin );
      cvSet(legend, cvScalar(255,255,255) );
      CvPoint pt;
      pt.x = 10;
      char *msg = 0;
```

ECRITURE DES VALEURS R,G,B,H,S

```
      ...
      cvResetImageROI(legend);
      cvNamedWindow("zoom",0);
      cvShowImage("zoom",legend);
   }
}
```

ECRITURE DES VALEURS R,G,B,H,S

De cette manière, la barre a une hauteur de 5 pixels et est placée en dessous du texte, comme le montre la figure IV.4. La ligne de pied du texte est placée à l'ordonnée `pt.y=50`, adaptée à l'image `pic2.png`, mais en général la taille de la fonte et la position du texte dépendent de la taille de l'image et du nombre de textes à y inscrire.

Pour concaténer la chaîne de caractères R suivi d'un espace, on fait l'appel suivant :

```
sprintf(msg, "R %d",(int) RGBval.val[2]);
```

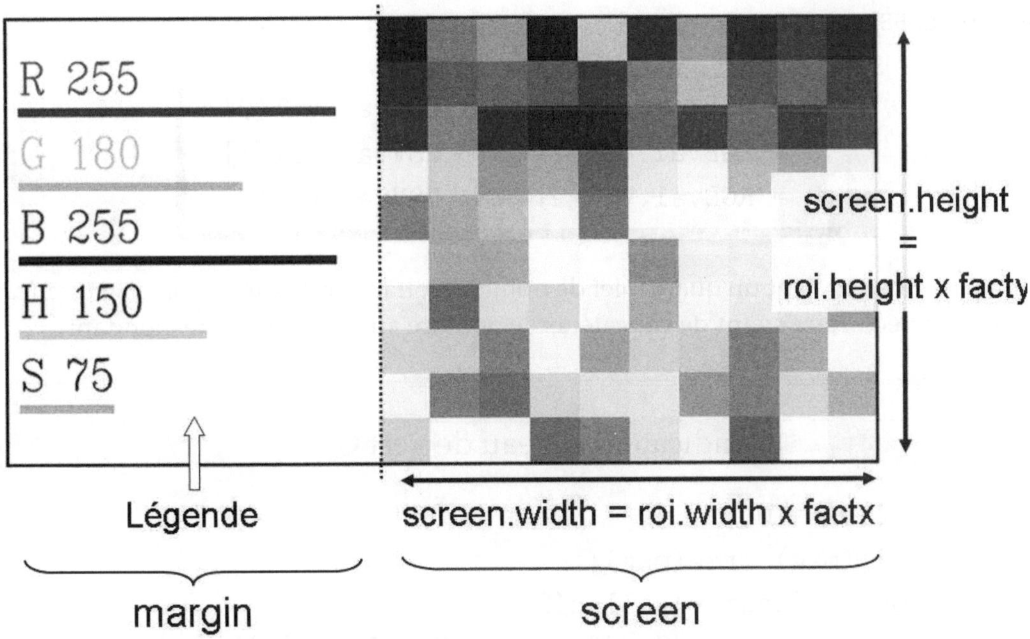

FIG. IV.4 – Ajout d'une légende au zoom *l'utilisateur pointe sur un pixel de la zone screen et la valeur de chaque canal est indiquée dans la marge.*

ECRITURE DES VALEURS R,G,B,H,S

```
pt.y = 50;
if (msg) free(msg);
msg = (char *)calloc(255,1);
sprintf(msg, "R %d",(int) RGBval.val[2]);
cvPutText( legend, msg ,pt, &font, CV_RGB(255,0,0));
cvRectangle( legend, cvPoint(pt.x , pt.y+10),
      cvPoint(pt.x + (int) RGBval.val[2], pt.y+15),
         CV_RGB(255,0,0), CV_FILLED);
```

où `%d` indique la position et le type entier à concaténer (utiliser `%f` pour un float ou un double). Le code est pratiquement le même pour les indicateurs G et B, en pensant à changer la couleur du texte et de la barre, ainsi que leur position verticale `pt.y` dans la marge.

On rappelle à toute fin utile que l'ordre des canaux de l'image couleur `src` chargée sous OpenCV est BGR, le quadriplet `RGBval` contient ses valeurs dans cet ordre. Comme la conversion colorimétrique a pour argument `CV_BGR2HSV`, l'image `HSV` a ses canaux dans l'ordre Hue-Saturation-Value et c'est dans cet ordre qu'ils sont lus dans le quadriplet HSVval :

B = RGBval.val[0]	H = HSVval.val[0]
G = RGBval.val[1]	S = HSVval.val[1]
R = RGBval.val[2]	V = HSVval.val[2]

Le type CvScalar étant un quadriplet de nombre flottant, une conversion en entier (cast (int)) est nécessaire avant de concaténer le nombre au caractère correspondant.

Indicateur niveau de vert G

```
pt.y = 100;
if (msg) free(msg);
msg = (char *)calloc(255,1);
sprintf(msg, "G %d",(int) RGBval.val[1]);
cvPutText( legend, msg ,pt, &font, CV_RGB(0,255,0));
cvRectangle( legend, cvPoint(pt.x , pt.y+10),
      cvPoint(pt.x + (int) RGBval.val[1], pt.y+15),
            CV_RGB(0,255,0), CV_FILLED);
```

Indicateur niveau de bleu B

```
pt.y = 150;
if (msg) free(msg);
msg = (char *)calloc(255,1);
sprintf(msg, "B %d",(int) RGBval.val[0]);
cvPutText( legend, msg ,pt, &font, CV_RGB(0,0,255));
cvRectangle( legend, cvPoint(pt.x , pt.y+10),
      cvPoint(pt.x + (int) RGBval.val[0], pt.y+15),
            CV_RGB(0,0,255), CV_FILLED);
```

On propose d'ajouter quelques variantes simples pour la teinte H et la saturation S. La barre proportionnelle à la valeur de Hue est dessinée de la même couleur que celle du pixel pointé : cette couleur est contenue dans la variable RGBval de type CvScalar. La barre liée à la Saturation peut être rendue d'autant plus visible que la saturation est élevée : comme la marge dans laquelle est inscrite la légende est de fond blanc, cette barre est d'intensité inversement proportionnelle à la Saturation (variable satu).

Conserver l'exécutable de ce programme sous un autre nom que celui du projet sur lequel on travaille (lui donner un nom explicite), il pourra être utile par la suite.

Indicateur niveau de teinte G

```
pt.y = 200;
if (msg) free(msg);
msg = (char *)calloc(255,1);
sprintf(msg, "H %d",(int) HSVval.val[0]);
cvPutText( legend, msg ,pt, &font, CV_RGB(0,0,0));
cvRectangle( legend, cvPoint(pt.x , pt.y+10),
      cvPoint(pt.x + (int) HSVval.val[0], pt.y+15),
            RGBval, CV_FILLED);
```

Indicateur niveau de saturation S

```
pt.y = 250;
if (msg) free(msg);
msg = (char *)calloc(255,1);
int satu = (int) HSVval.val[1];
sprintf(msg, "S %d", satu);
cvPutText( legend, msg ,pt, &font, CV_RGB(0,0,0));
CvScalar color = CV_RGB(255-satu, 255-satu, 255-satu);
cvRectangle( legend, cvPoint(pt.x , pt.y+10),
      cvPoint(pt.x + satu, pt.y+15), color, CV_FILLED);
```

Récapitulatif

string / stdio	`_itoa`, `strcpy`, `strcat` `sprintf`
Matlab	`rgb2hsv`, `hsv2rgb` `rgb2ycbcr`
CV	`cvCvtColor` `cvResize`
CxCore	`CvFont, cvInitFont` `cvGetTextSize, cvPutText`

TAB. IV.1 – Les fonctions et types nouvellement abordés dans ce chapitre

Chapitre V

MODÉLISATION COLORIMÉTRIQUE

CETTE partie du présent ouvrage traite d'une notion essentielle en *Reconnaissance des Formes* : le classifieur Bayésien. C'est un algorithme de classification automatique conforme à l'intuition : il énonce que, dans le cas d'un problème ayant deux possibilités, l'événement le plus vraisemblable est celui qu'il faut choisir. En faisant ce choix, on démontre que l'erreur de classification moyenne (sur un grand nombre d'expériences) est plus faible qu'avec n'importe quel autre classifieur. C'est le classifieur idéal si on suppose connue les distributions de probabilités vraies de chacune des possibilités.

Ce chapitre énonce la règle de décision Bayésienne et l'illustre sur un cas particulièrement important d'application en traitement de l'image : la détection de la **couleur peau**. On décrit la modélisation de la teinte chair suivant les deux grandes approches de l'état de l'art : les méthodes **paramétriques et non-paramétriques**. L'approche paramétrique est décrite en s'appuyant sur le modèle Gaussien et les mélanges de Gaussiennes (*Gaussian Mixtures Models*). L'approche non-paramétrique est illustrée par la technique de l'histogramme : l'algorithme de **rétroprojection** d'un histogramme est détaillé.

La mise en oeuvre des **histogrammes 2D** est appliquée à l'inspection de régions d'intérêt des images couleurs. On termine le chapitre par un exercice proposant la réalisation d'effets spéciaux, et abordant la notion de **couleur monochrome**.

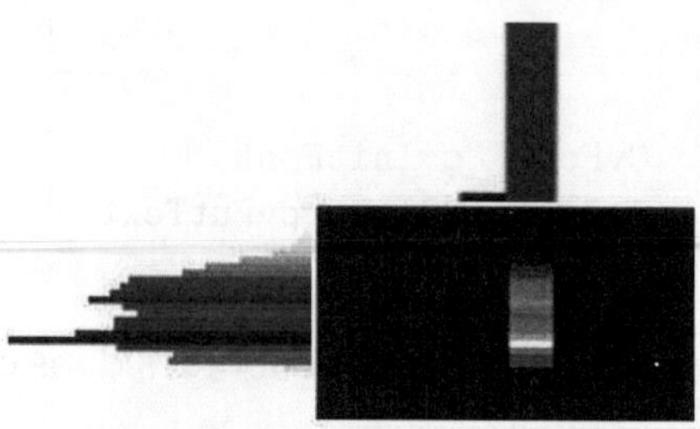

Représentation d'un histogramme 2D

1 Classification et modèles paramétriques

1.1 Règle de décision Bayésienne

La règle de décision Bayésienne est une méthode populaire en reconnaissance de formes [1] : on démontre qu'elle est optimale si les densités de probabilités sont connues. Appliquée à un problème à deux classes ω_1 et ω_2 elle s'appuie sur le rapport de vraisemblance $\mathcal{L}$:

$$\mathcal{L}(\mathbf{x}) = \frac{p(\mathbf{x}|\omega_1)}{p(\mathbf{x}|\omega_2)} \tag{V.1}$$

où $p(\mathbf{x}|\omega_1)$ et $p(\mathbf{x}|\omega_2)$ sont les **fonctions de densité de probabilité conditionnelle** pour les classes ω_1 et ω_2 respectivement. Cette règle de décision énonce qu'un exemple $\mathbf{x}$ appartient à la classe ω_1 si ce rapport est supérieur à un seuil bien défini. Si on suppose que les exemples de la classe ω_2 sont uniformément distribuées, la règle de décision Bayésienne est simplifiée : un exemple $\mathbf{x}$ appartient alors à la classe ω_1 si $p(\mathbf{x}|\omega_1)$ est supérieur à un seuil, sinon il appartient à la classe ω_2.

On parle de modèle **paramétrique** lorsque les fonctions de densité de probabilité conditionnelles sont des lois définies *a priori* (généralement normales ou mélanges de lois) dont on détermine les paramètres par apprentissage (algorithme Expectation-Minimisation ou k-moyennes, par exemple). Ces lois compilent les exemples d'apprentissage dans leurs paramètres. Un modèle **non-paramétrique** (histogrammes, noyaux de Parzen [2], k-plus-proches-voisins, par exemple) ne fait quant à lui aucune hypothèse sur les fonctions de densité de probabilité.

1.2 Classification de la teinte chair

Un exemple classique d'application de la règle de décision de Bayes est celui de la classification de la couleur peau. Les deux classes que l'on cherche à distinguer sont alors la couleur peau et la non-peau. La notation $\mathbf{x}$ désigne la couleur d'un pixel situé à la position (x, y) de l'image. Un pixel de couleur $\mathbf{x}$ est classifié *peau* si son rapport de vraisemblance (V.2) est plus grand qu'un seuil τ :

$$\frac{p(\mathbf{x}|peau)}{p(\mathbf{x}|non\text{-}peau)} \geq \tau \tag{V.2}$$

$p(\mathbf{x}|peau)$ et $p(\mathbf{x}|non\text{-}peau)$ sont les fonctions de **densité de probabilité conditionnelle** respectivement de la classe *peau* et *non-peau*. τ est le seuil de décision : une valeur donnée de τ a pour résultat une matrice de confusion[1]. Considérant la couleur non-peau

[1] En particulier, la *courbe ROC*, Receiver Operating Characteristic, du classifieur Bayésien est obtenue en faisant varier τ.

[1] R.O. Duda, P.E. Hart, and D.G. Stork. *Pattern Classification (2nd Edition)*. Wiley-Interscience, 2000.

[2] D. Comaniciu, V. Ramesh, and P. Meer. Kernel-based object tracking. *IEEE Transactions on Pattern Analysis and Machine Intelligence*, 22(5) :564–577, May 2003.

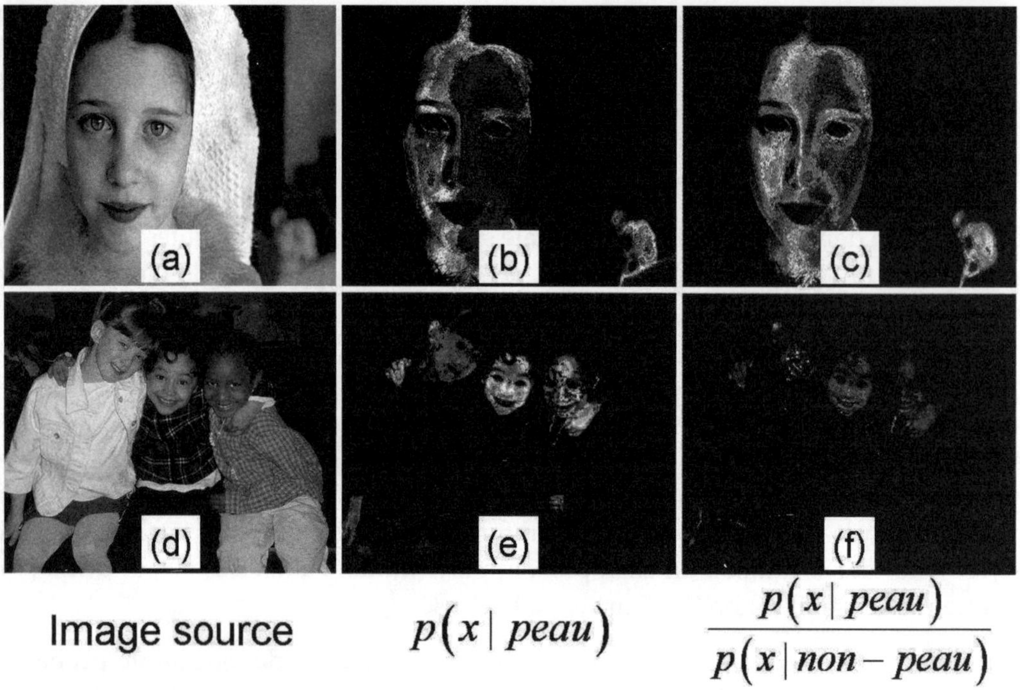

FIG. V.1 – Modélisation de la couleur peau *(a) et (b) Images originales. Images des probabilités de teinte chair : (b) et (e) Teinte chair modélisée seule. (c) et (f) Peau et non-peau modélisées.*

uniformément distribuée, la règle de décision Bayésienne (V.2) est simplifiée. Un pixel de couleur est alors classifié comme *peau* si :

$$\boxed{p(\mathbf{x}|peau) \geq \tau} \tag{V.3}$$

Les fonctions de densité de probabilité conditionnelle $p(\mathbf{x}|peau)$ et $p(\mathbf{x}|non\text{-}peau)$ sont estimées à partir d'une base d'exemples de pixels de couleur peau et d'une autre base d'exemples de pixels de couleur non-peau. Le rapport de vraisemblance $\mathcal{L}$ est déduit en calculant le rapport des valeurs de ces deux modèles pour chaque couleur $\mathbf{x}$. Si l'équation V.2 est utilisée pour classifier un pixel de couleur, cela a pour effet de :

- valoriser les couleurs de peau peu représentées dans la base de non-peau.
- pénaliser les couleurs présentes en nombre dans la base d'exemple de non-peau, et peu nombreuses dans la base d'exemples peau.
- mais aussi, réduire la vraisemblance des couleurs de peau commune aux bases de peau et de non-peau.

La figure V.1 donne deux exemples où un modèle de peau seul ((b) et (e)), et un modèle de la peau et de la non-peau ((c) et (f)) sont utilisés. L'image (b) des probabilités de la teinte chair est uniformisée, au niveau des deux visages, par l'utilisation de la non-peau (c). En revanche, le modèle de la couleur peau et de la non-peau, si il élimine les jambes du sujet à gauche contrairement au modèle de teinte chair seule (e), il réduit notablement la vraisemblance des pixels du visage des trois sujets (f).

1.3 L'approche paramétrique

La densité de probabilité peut suivre un modèle a priori, auquel cas on fourni une fonction paramétrée : ce cas nécessite outre des exemples d'apprentissage de chaque classe (peau et non-peau) une méthode pour calculer les paramètres de ladite fonction. Le plus souvent on choisit une Gaussienne ou un mélange de Gaussiennes, les paramètres à déterminer étant alors les moyennes et les matrices de covariances Σ.

Les modèles paramétriques exploitent une information *a priori* sur les fonctions de densités de probabilité conditionnelle $p(\mathbf{x}|peau)$ et $p(\mathbf{x}|non\text{-}peau)$. L'approche paramétrique fait l'hypothèse qu'il existe une famille de fonction $F_{\vec{\lambda}}$ et un jeu de paramètre $\vec{\lambda}_0$ telle que :

$$p(\mathbf{x}|peau) = F_{\vec{\lambda}_0}(\mathbf{x})$$

Les paramètres $\vec{\lambda}_0$ compilent les informations apportées par les exemples d'apprentissage. Comparé à l'approche non-paramétrique, ces méthodes sont plus lentes : la classification d'un pixel par un modèle Gaussien nécessite de calculer la distance de Mahalanobis (V.4) ou d'évaluer l'expression (V.5) pour un mélange de Gaussiennes.

1.3.1 Le modèle uni-Gaussien

La distribution de la couleur peau est modélisée par une loi normale dans un espace colorimétrique de dimension d :

$$p(\mathbf{x}|peau) = \frac{1}{(2\pi)^{d/2} det(\Sigma)^{1/2}} \exp\Big\{ -\frac{1}{2}(\mathbf{x}-\mathbf{m})^T \Sigma^{-1} (\mathbf{x}-\mathbf{m}) \Big\}$$

où $\mathbf{m}$ et Σ sont respectivement la moyenne et la **matrice de covariance** des exemples de peau en apprentissage $\mathcal{A} = \{\mathbf{x}_1\, \mathbf{x}_2 ...\, \mathbf{x}_N\}$:

$$\mathbf{m} = \sum_{k=1}^{N} \mathbf{x}_k \qquad et \qquad \boxed{\Sigma = \tfrac{1}{N} \textstyle\sum_{k=1}^{N} (\mathbf{x}_k - \mathbf{m})(\mathbf{x}_k - \mathbf{m})^T}$$

Ne modélisant que la teinte chair (on suppose $p(\mathbf{x}|non\text{-}peau)$ constante pour tout $\mathbf{x}$), la règle Bayésienne (V.2) se base alors sur la **distance de Mahalanobis** :

$$\boxed{(\mathbf{x}-\mathbf{m})^T \Sigma^{-1} (\mathbf{x}-\mathbf{m}) \leq \tau} \tag{V.4}$$

Pour une valeur de τ donnée, la frontière délimitant la couleur peau est une ellipse dans un espace à $d = 2$ dimensions et une ellipsoïde dans un espace à $d = 3$ dimensions.

La non-peau peut aussi être modélisée par une Gaussienne, dans ce cas la règle de décision (V.2) devient $(\mathbf{x}-\mathbf{m}_p)^T \Sigma_p^{-1} (\mathbf{x}-\mathbf{m}_p) - (\mathbf{x}-\mathbf{m}_{\overline{p}}))^T \Sigma_{\overline{p}}^{-1} (\mathbf{x}-\mathbf{m}_{\overline{p}}) \leq \tau$ où p indexe la classe peau et $\overline{p}$ la non-peau. Les paramètres $(\mathbf{m}_p, \Sigma_p)$ et $(\mathbf{m}_{\overline{p}}, \Sigma_{\overline{p}})$ sont alors à estimer sur deux bases d'exemples différentes.

1.3.2 Le mélange de Gaussiennes

Dans ce cas, la peau et/ou la non-peau sont modélisées par un mélange de Gaussiennes. Par exemple, la densité de probabilité conditionnelle pour la classe peau s'écrit :

$$p(\mathbf{x}|peau) = \sum_{i=1}^{N_p} \frac{\omega_{p,i}}{(2\pi)^{d/2} det(\Sigma_{p,i})^{1/2}} \exp\left\{ -\frac{1}{2}(\mathbf{x} - \mathbf{m}_{p,i})^T \Sigma_{p,i}^{-1} (\mathbf{x} - \mathbf{m}_{p,i})\right\} \quad \text{(V.5)}$$

Les paramètres d'un mélange de Gaussiennes (les poids ω affectés à chaque Gaussienne, leur moyenne $\mathbf{m}$ et matrice de covariance Σ) sont généralement estimés par l'algorithme de maximisation de l'espérance, plus connu sous le nom de *E-M* pour *Expectation-Maximization*, qui est un algorithme de maximisation de la vraisemblance.

2 Histogrammes 2D et rétroprojection

L'estimation des fonctions de densité de probabilité conditionnelle peut se faire par la technique de l'histogramme. Il s'agit d'une méthode non-paramétrique car la forme de la fonction à estimer n'est pas pré-définie mais apprise sur une base d'exemples. Cela peut être un histogramme 1D, par exemple des valeurs de teinte Hue, un histogramme 2D de la chrominance (on aborde dans la suite cette méthode dans le plan Hue-Saturation de HSV) ou encore un histogramme 3D des valeurs de RGB (par exemple).

Les modèles non-paramétriques sont théoriquement indépendants de la forme de la distribution à modéliser, et donc de l'espace colorimétrique employé, mais nécessitent une base d'apprentissage importante et suffisamment représentative de la classe à modéliser. La rapidité de cette approche est un avantage considérable : la classification d'un pixel se fait par une opération de lecture d'une table pré-calculée, et donc le temps de calcul nécessaire est celui qu'il faut pour trouver à quelle case de l'histogramme le pixel appartient.

2.1 Histogramme 2D : un modèle non paramétrique

La plupart des classifications de la teinte chair décrites dans la littérature ne prennent pas en compte la luminance. L'explication qui suit se fait sur le plan H-S de HSV, mais s'applique aussi bien aux autres espaces colorimétriques. Un pixel de couleur est caractérisé par ses composantes dans le plan H-S : la répartition statistique de la teinte chair est calculée par l'histogramme à deux dimensions $\hat{q}$ des pixels de peau réservés à l'apprentissage.

Un histogramme 2D $\hat{q}$ dans le plan H-S est créé en partitionnant l'intervalle [0 180°] des valeurs de Hue et l'intervalle [0 255] des valeurs de Saturation, respectivement en h_{bins} et s_{bins} sous-intervalles (ou cases) d'égale longueur : on obtient alors un tableau de m=h_{bins}xs_{bins} cases, noté $\hat{q} = \{\hat{q}_u\}_{u=1...m}$.

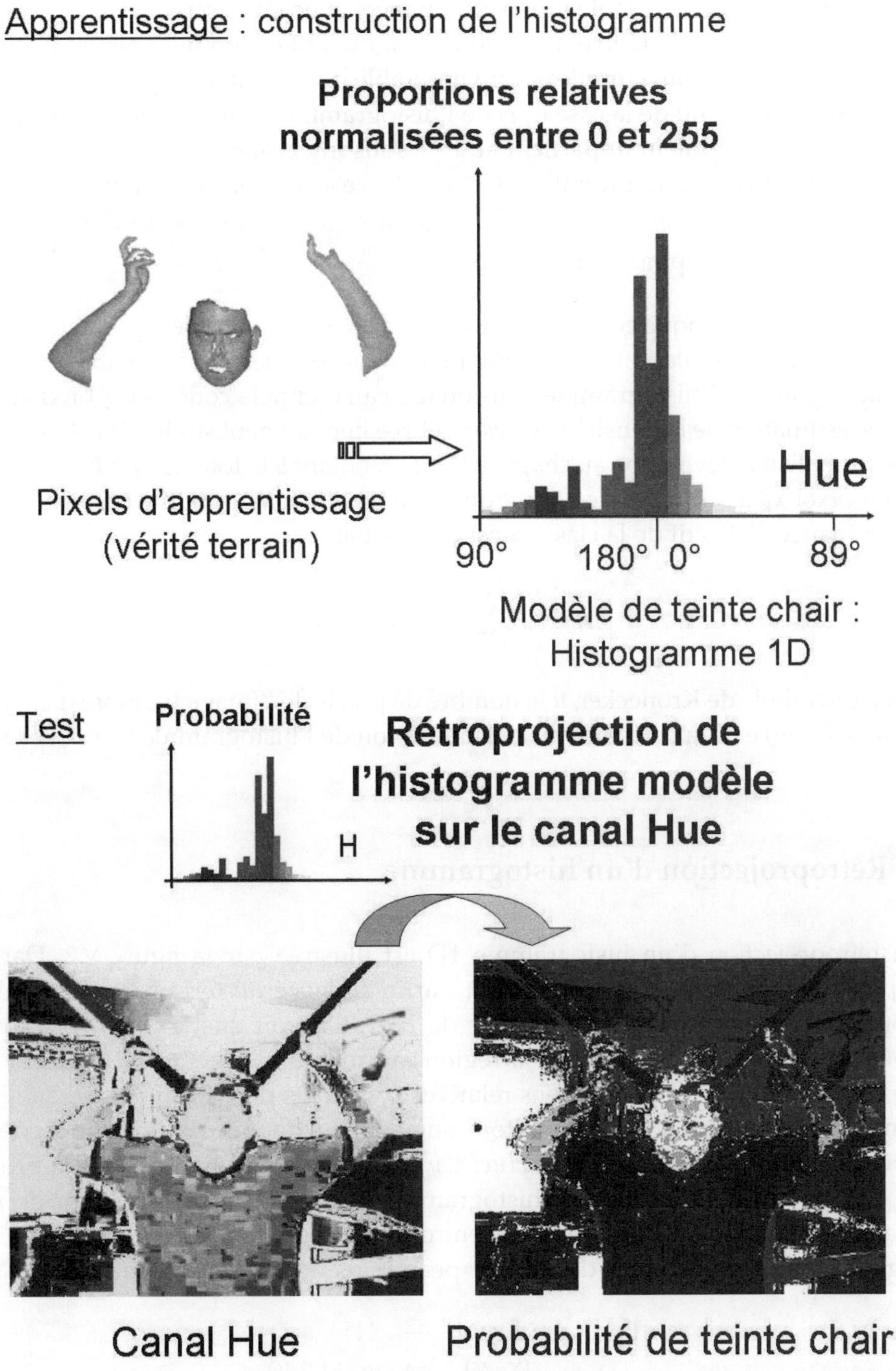

FIG. V.2 – Rétroprojection d'un histogramme 1D *L'histogramme de la teinte Hue des pixels de couleur peau est construit et normalisé, connaissant la vérité terrain. Cet histogramme 1D est rétroprojeté dans le canal Hue de l'image originale : à chaque pixel est associé la probabilité correspondant à sa couleur dans l'histogramme.*

On peut représenter ce tableau par une image, avec en abscisse les h_{bins} colonnes quantifiant les valeurs de Hue et en ordonnée la quantification des valeurs de Saturation. Ces populations sont cumulées sur l'ensemble des exemples d'apprentissage puis normalisées. Le contenu de la case (i, j) de l'histogramme est le nombre de pixels d'apprentissage dont la couleur appartient au $i^{\text{ème}}$ sous-intervalle du canal Hue et au $j^{\text{ième}}$ sous-intervalle du canal de Saturation. Cette $u^{\text{ième}}$ case $\hat{q}_u$ représente, parmi l'ensemble des exemples utilisés pour construire l'histogramme, le nombre de pixels dont la chrominance $\mathbf{x} = [H \quad S]^T$ appartient à l'intervalle $\left[\frac{180(i-1)}{h_{bins}} \quad \frac{180i}{h_{bins}}\right[\times \left[\frac{255(j-1)}{s_{bins}} \quad \frac{255j}{s_{bins}}\right[$.

La fréquence de chaque couleur dans le plan H-S ainsi quantifiée (pour chaque case u le rapport de sa population sur le nombre total d'exemples) est normalisée entre 0 et 255 (afin de contenir l'histogramme dans un tableau d'entiers codés sur 8 bits). Il en résulte une estimation de la densité $p(\mathbf{x}|peau)$, étirée linéairement sur [0 255]. Ainsi, reprenant le formalisme développé au chapitre II.3.1, et notant b la fonction $b : \mathbb{N}^2 \rightarrow \{1...m\}$ qui à un pixel $\mathbf{x_k}$ associe l'indice $b(\mathbf{x_k})$ de la classe de l'histogramme correspondant à sa chrominance, l'effectif de la classe u est calculé par :

$$\hat{q}_u = C \sum_{k=1}^{n} \delta(b(\mathbf{x_k}) - u)$$

où δ est le symbôle de Kronecker, n le nombre de pixels de l'image (nombre d'exemples d'apprentissage) et C la constante de normalisation de l'histogramme ($C = \frac{255}{\max \hat{q}}$).

2.2 Rétroprojection d'un histogramme

La rétroprojection d'un histogramme 1D est illustrée par la figure V.2. Dans cet exemple, l'histogramme $\hat{q}$ est construit à partir de la vérité terrain, en dénombrant les couleurs présentes dans le canal Hue de HSV. On voit que la plupart des pixels se trouvent en majeure partie dans la région mélange de rouge/rose (H≈180°) et de rouge/jaune (H≈0°). Les proportions relatives contenues dans chaque case de l'histogramme correspondent à la probabilité d'une couleur donnée. La rétroprojection est le processus qui à chaque pixel $\mathbf{x} = Hue(x, y)$ de l'image originale associe la probabilité $\hat{q}_{b(\mathbf{x})}$, $b(\mathbf{x})$ indexant la case de l'histogramme correspondant à la couleur de $\mathbf{x}$. On normalise les valeurs de l'histogramme entre 0 et 255 de manière à pouvoir contenir l'image $\mathbf{P_{peau}}$ des probabilités de couleur peau dans un tableau d'entiers codés sur 8 bits :

$$\begin{array}{rccc} \mathbf{P_{peau}} : & \mathbb{N} \times \mathbb{N} & \rightarrow & \mathbb{N} \\ & (\mathrm{x}, \mathrm{y}) & \mapsto & \hat{q}_{b(\mathbf{x})}(x, y) \end{array}$$

La figure V.3 décrit la rétroprojection d'un histogramme 2D. La vraisemblance avec laquelle un pixel de couleur de la base de test $\mathbf{x} = [H(x, y) \quad S(x, y)]^T$ est de couleur peau est aussi calculée par une opération de lecture de table, c'est-à-dire que l'on affecte à $\mathbf{x}$ la valeur $\hat{q}_{b(\mathbf{x})}$ correspondant à ses coordonnées dans l'histogramme pré-calculé. Cette opération réalisée sur tous les pixels de l'image est communément appelée *rétro-*

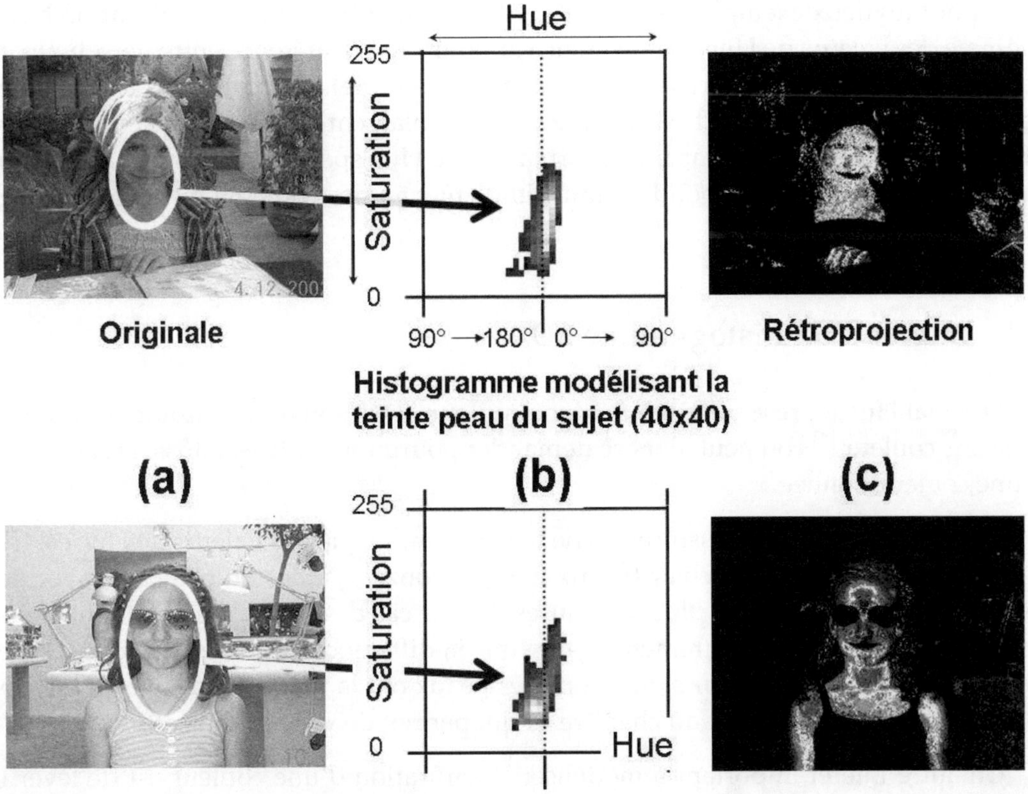

FIG. V.3 – Rétroprojection d'un histogramme 2D *(a) Image originale. (b) Histogramme 2D dans le plan H-S des pixels de peau (extraits de l'originale). (c) Rétroprojection de l'histogramme (b) dans le plan H-S de l'image HSV.*

projection [3] de l'histogramme sur l'image.

Dans cette figure, deux exemples de distribution de pixels de couleur peau, dans le plan H-S, d'une même personne dans des conditions de luminosité différentes sont donnés. La figure V.3 (a) montre l'image originale.

L'histogramme H-S des pixels de peau (figure V.3 (b)) est déduit de la vérité terrain disponible pour chacun de ces exemples : il s'agit dans ce cas de la distribution de la couleur du sujet dans le plan H-S de HSV. Il est défini par $N = 40$ cases par canal pour ces deux exemples. La rétroprojection des valeurs de cet histogramme sur l'image HSV produit l'image P_{peau} des valeurs de vraisemblance de la couleur peau pour tous les pixels, et est affichée en figure V.3 (c) pour ces deux exemples.

On remarque, sur la figure V.3 (b), que dans le premier exemple la teinte chair a une saturation globalement plus élevée que celle du second exemple, et que la distribution de cette saturation est plus étalée. En revanche, la teinte Hue de la peau est approximativement localisée autour du rouge (ce sont les valeurs autour des points Hue=0 ou

[3] M. Swain and D. Ballard. Indexing via colour histograms. In *Proceedings of the Third IEEE International Conference on Computer Vision*, pages 390–393, 1990.

180°) pour les deux exemples. Bradski [4] estime la distribution $p(\mathbf{x}|peau)$ par un histogramme des valeurs de Hue uniquement, car pour lui, la différence entre deux types de couleur de peau (sujets caucasien et africain par exemple) se trouve dans le canal S. Si cette dernière assertion n'est pas justifiée dans ce plan chromatique, la teinte chair est effectivement caractérisée par une information de Hue spécifique : les valeurs de Hue proches de 0°ou 180°correspondent tout simplement à des couleurs mélange de rouge et de jaune ou de magenta.

2.3 Intérêt d'un histogramme 2D

Le canal Hue représente la teinte d'une couleur, et est souvent suffisant pour modéliser une couleur [4] Éon peut alors se demander pourquoi modéliser aussi la saturation d'une couleur donnée.

On démontre qu'une classification ne tenant compte que des valeurs de Hue est très sensible aux tons de teinte chair (peaux noires, bronzés, jaunes ou blanches) avec des performances radicalement plus mauvaises dans le cas des peaux noires [5]. En fait, on constate à conditions d'éclairement égales, que la différence de couleur entre ces types de peaux se trouve dans leur saturation : ces peaux ont la même teinte. On développe à ce sujet un suivi du visage au chapitre XI qui permet de vérifier cette affirmation.

Un autre intérêt important à modéliser la saturation d'une couleur est de lever la confusion avec les pixels monochromes, comme l'illustre l'exemple de la figure V.4. Dans cette figure sont représentées les images de la probabilité de la couleur peau modélisée dans le canal Hue seul et dans le plan $H - S$, ainsi que les distributions des couleurs peau et non peau, sur le canal de Saturation et le canal Hue. On voit qu'un nombre important de points du fond de l'image ont la même teinte Hue que la peau, cette dernière étant essentiellement constituée de rouge.

Les couleurs monochromes sont celles qui ont des valeurs de rouge, de vert et de bleu très proches dans RGB. Elles ont donc des saturations faibles, comme le montre la distribution de la non peau sur le canal S pour l'exemple de la figure V.4. Lorsque la Saturation est nulle, ce qui correspond à une couleur parfaitement monochrome, la teinte Hue est nulle par définition : une telle couleur est alors indiscernable, si le canal Hue est le seul employé, d'une teinte chair de type noire ou marron foncé, essentiellement regroupée autour du point Hue=0. Le visage contient des couleurs beaucoup plus saturées que le fond, et l'utilisation du canal de Saturation permet de faire la distinction entre les couleurs monochromes du fond et la peau.

[4] G.R. Bradski. Computer vision face tracking for use in a perceptual user interface. *Intel Technology Journal*, Q2 :15, 1998.

[5] R. Belaroussi. *Localisation du visage dans images et séquences vidéos couleur*. PhD thesis, Université Pierre et Marie Curie, Paris, France, 2006.

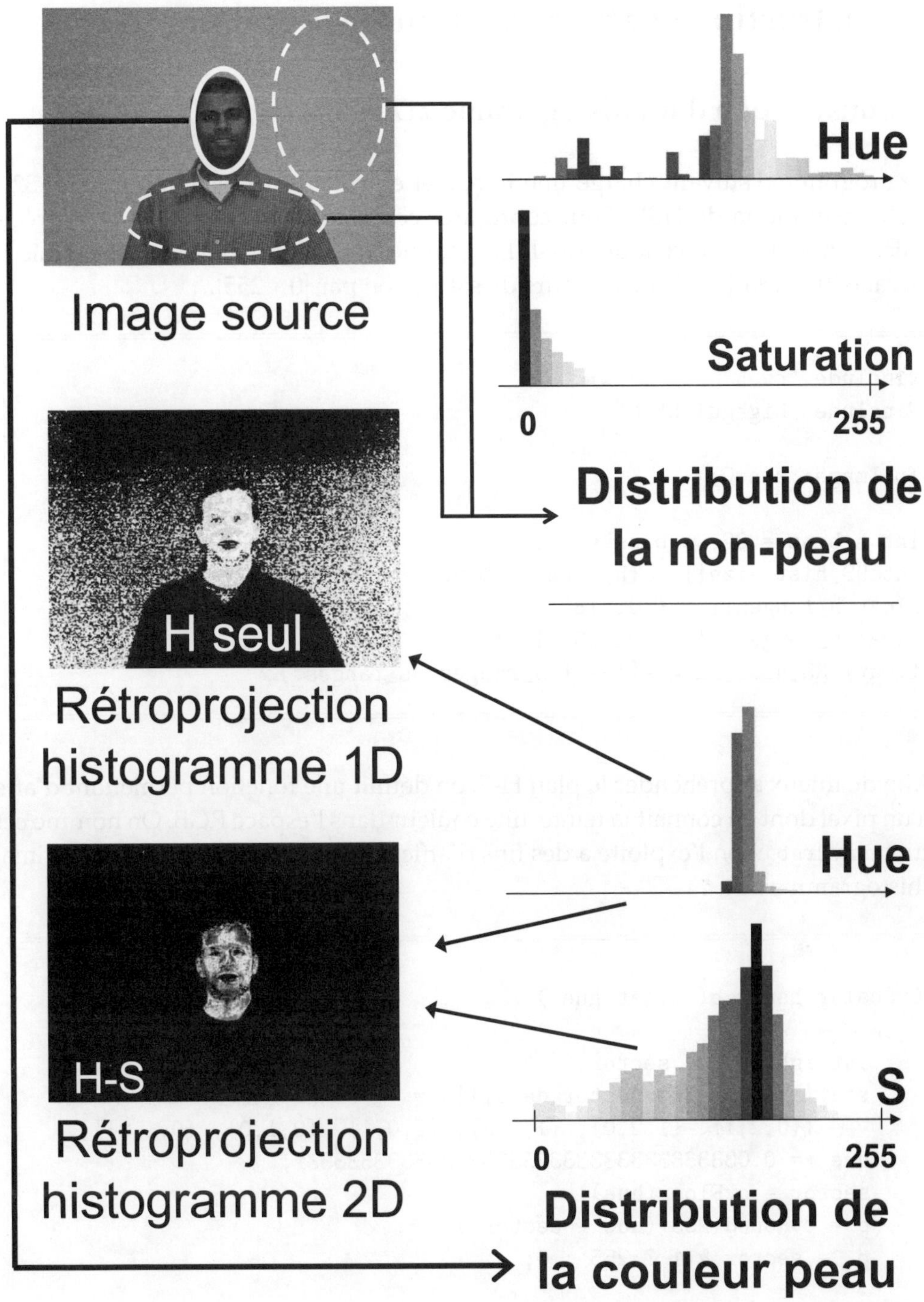

FIG. V.4 – Intérêt de modéliser la Saturation de la couleur peau *Distribution des couleurs peau et non peau sur les canaux Hue et Saturation. La rétroprojection de l'histogramme 1D modélisant la teinte chair dans le canal Hue seul (à gauche) conduit à plus de faux positifs que celle de l'histogramme 2D de la teinte chair dans le plan H-S de HSV. La vérité terrain a été détourée manuellement au préalable.*

3 Construction et affichage d'un histogramme 2D

3.1 Construction d'un histogramme 2D sous *OpenCV*

Le programme suivant charge une image et en construit l'histogramme 32x32 du plan Hue-Saturation de HSV. Pour configurer cet histogrammme 2D, il faut préciser les valeurs possibles de chaque canal. La gamme des valeurs de Hue est définie par l'intervalle $[0^\circ \quad 180^\circ]$, celle des valeurs de saturation par $[0 \quad 255]$.

```
#include "cv.h"
#include "highgui.h"

IplImage* src=0;

int h_bins = 32, s_bins = 32;
int HS_hist_size[] = {h_bins, s_bins};
float h_ranges[] = { 0, 180.1 };
float s_ranges[] = { 0, 255.1 };
float* HS_hist_ranges[] = { h_ranges, s_ranges };
```

Afin de mieux appréhender le plan H-S, on définit une fonction permettant d'affecter, à un pixel dont on connaît la teinte, une couleur dans l'espace RGB. On nomme cette fonction hsv2rgb et on l'exploite à des fins d'affichage pour rendre plus lisible l'image de l'histogramme 2D.

```
CvScalar hsv2rgb( float hue )
{
    int rgb[3], p, sector;
    static const int sector_data[][3]=
        {{0,2,1}, {1,2,0}, {1,0,2}, {2,0,1}, {2,1,0}, {0,1,2}};
    hue *= 0.033333333333333333333333333333333f;
    sector = cvFloor(hue);
    p = cvRound(255*(hue - sector));
    p ^= sector & 1 ? 255 : 0;

    rgb[sector_data[sector][0]] = 255;
    rgb[sector_data[sector][1]] = 0;
    rgb[sector_data[sector][2]] = p;

    return cvScalar(rgb[2], rgb[1], rgb[0],0);
}
```

```
int main()
{
   IplImage* src = cvLoadImage("pic5.png");
   IplImage* HSV = cvCreateImage(  cvGetSize(src), 8, 3 );

   IplImage* Hue = cvCreateImage(  cvGetSize(src), 8, 1 );
   IplImage* Saturation = cvCreateImage(  cvGetSize(src), 8, 1 );
   IplImage* Value = cvCreateImage(  cvGetSize(src), 8, 1 );
```

Allocation des canaux Hue-Saturation-Value

```
   cvCvtColor( src, HSV, CV_BGR2HSV); // Conversion BGR->HSV
   cvSplit( HSV, Hue, Saturation, Value, 0);

   cvReleaseImage(&HSV);
   cvReleaseImage(&Value);
```

Définition du plan Hue-Saturation

```
   IplImage* HSplanes[] = { Hue, Saturation };
```

Construction de l'histogramme 2D

```
   CvHistogram* HS_hist
      =cvCreateHist(2, HS_hist_size, CV_HIST_ARRAY, HS_hist_ranges, 1);
   cvCalcHist( HSplanes, HS_hist);
```

Normalisation éventuelle de l'histogrammme

```
   float max_val=0.0;
   cvGetMinMaxHistValue( HS_hist, 0, &max_val, 0, 0 );
// cvConvertScale( HS_hist->bins, HS_hist->bins,
//                    max_val ? 255. / max_val : 0., 0 );
```

Image de l'histogramme avec palette des couleurs

```
   ...
   cvReleaseHist(&HS_hist);

   cvNamedWindow("src",0); cvShowImage("src", src);  cvWaitKey(0);

   cvReleaseImage(&src);   cvReleaseImage(&HSV); cvReleaseImage(&Hue);
   cvReleaseImage(&Saturation);   cvReleaseImage(&Value);
   return 0;
}
```

Image de l'histogramme avec palette des couleurs

```
int scale = 10;
IplImage * HistImage
   = cvCreateImage( cvSize(h_bins*scale, (s_bins+5)*scale), 8, 3);
for(int h = 0; h < h_bins; h++ )
   for( int s = 0; s < s_bins; s++ )
   {
      int hh= h+cvRound(h_bins/2);
      hh = hh % h_bins;
```

Lecture de la case de l'histogramme

```
      float bin_val = cvQueryHistValue_2D( HS_hist, hh, s_bins-s-1);
```

Dessin de la case représentée par un carré

```
      CvScalar intensity = CV_RGB( bin_val, bin_val, bin_val);
      cvRectangle( HistImage, cvPoint( h*scale, s*scale ),
         cvPoint( (h+1)*scale - 1, (s+1)*scale - 1),
            intensity, CV_FILLED );
   }
```

Ajout de la Palette des couleurs Hue ->RGB en bas de l'image

```
for(int h = 0; h < h_bins; h++ )
   for( int s = s_bins; s < s_bins+5; s++ )
   {
      int hh= h+cvRound(h_bins/2);
      hh=hh%h_bins;

      CvScalar color = hsv2rgb(hh*180.f/h_bins);
      cvRectangle( HistImage, cvPoint( h*scale, s*scale ),
         cvPoint( (h+1)*scale - 1, (s+1)*scale - 1),
            color, CV_FILLED );
   }
```

Affichage de l'histogramme 2D

```
cvNamedWindow("Histogramme H-S",0);
cvShowImage("Histogramme H-S", HistImage);

cvReleaseImage(&HistImage);
cvReleaseHist(&HS_hist);
```

Le programme principal `main` réalise les opérations suivantes :
- conversion colorimétrique de BGR à HSV,
- récupération des canaux Hue et Saturation, libération de la mémoire allouée à la luminance et à l'image HSV, ces images étant inutilisées par la suite,
- définition du plan H-S `HSplanes` contenant les composantes des exemples d'apprentissage,
- construction et normalisation de l'histogramme,
- création de l'image `HistImage` de l'histogramme, où chaque case est représentée par carré de taille *scale* x *scale*,
- ajout d'une palette de couleur montrant la correspondance entre teinte et couleur,
- libération de l'espace mémoire occupé par les images et l'histogramme.

L'histogramme de l'image dans le plan H-S est affiché sous la forme d'une image. Chaque case de l'histogramme est représentée par un carré de pixels dont le niveau de gris est proportionnel à sa population. La normalisation de l'histogramme est mise en commentaire afin de mettre en valeur les cases les moins peuplées. Le lecteur est invité à tester le programme avec et sans normalisation : dans ce dernier cas, les classes de couleur les plus fréquentes sont saturées (niveau de gris égal à 255), et les moins peuplées apparaissent. A l'inverse, la normalisation de l'histogramme écrase les cases correspondant aux couleurs les moins fréquentes : on ne voit dans ce cas apparaître que 6 cases, d'autant plus visible que la couleur correspondante est présente dans l'image source.

On souligne plusieurs points dans cet affichage d'un histogramme 2D. La leçon à retenir ici est l'usage de la fonction `cvQueryHistValue_2D`, nécessaire pour lire le contenu d'une case de l'histogramme. Son appel est encapsulé par deux boucles `for` permettant de parcourir toutes les valeurs possibles de Hue et de Saturation. Les arguments employés lors de l'appel à cette fonction sont particuliers à l'affichage désiré :
- on souhaite orienter l'ordonnée de l'histogramme vers le haut, c'est-à-dire qu'une saturation nulle se trouve en bas de l'image, alors qu'une saturation de 255 se trouve sur le haut de l'image, d'où l'argument $s_{bins} - s - 1$,
- les valeurs de Hue sont décalées de manière à placer la frontière séparant 180°et 0°au milieu de l'image. De cette façon, la teinte chair, correspondant à un mélange de rouge-jaune et de rouge-magenta, a une distribution unimodale comme l'illustre la figure V.4.

L'espace occupé par l'histogramme et son image peut ensuite être libéré étant donné qu'il n'est plus utilisé par la suite du programme.

On traite l'image `pic5.png` parce qu'elle ne contient qu'un nombre limité de couleurs, six : blanc, orange, vert-citron, vert-marin, bleu-gris, bleu clair. On peut interpréter ces différentes couleurs au regard de leur teinte, en s'appuyant sur la figure V.5 :
- le blanc a une saturation nulle, ce qui est le cas pour toute couleur monochrome. Dans l'exemple traité il a de plus une teinte rouge, ce qui vient du fait que pour les pixels blancs de cette image, R=G=B (c.f. définition de HSV dans OpenCV). En général, une couleur apparaissant blanche a une saturation nulle mais une teinte quelconque.
- le bleu-gris tire plus vers le turquoise que le bleu clair qui contient plus de ma-

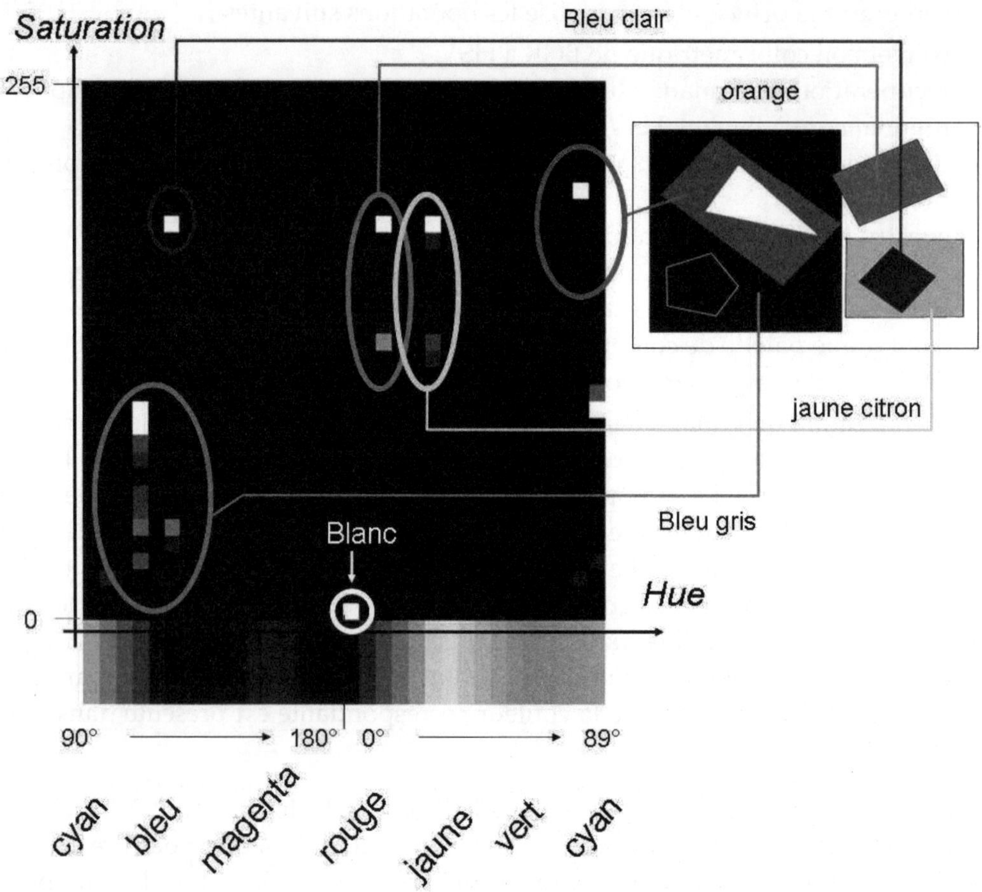

FIG. V.5 – Histogramme 2D du plan Hue-Saturation de l'image source

genta. Mais ces deux teintes sont assez proches : ce qui les différencie le plus est leur saturation. Le bleu clair est plus saturé que le bleu-gris : ce dernier porte bien son nom (on rappelle qu'une couleur composée de gris est peu saturée), tandis que l'on peut qualifier de "pure" le bleu clair.
- le vert marin est un mélange de vert et de bleu turquoise. Les deux modes ayant la même teinte (même abscisse H) que ce vert correspondent à la frontière vert-bleu pour le mode le plus saturé (S de l'ordre de 100) et à la frontière vert-blanc pour le mode représenté en bas à droite de l'image de l'histogramme.
- le vert citron a une teinte assez éloignée du précédent, il s'agit d'un mélange de vert et de jaune ! Sa teinte se trouve du reste plus proche de l'orange, mélange de rouge et de jaune Éces deux couleurs ont en outre une même saturation.

L'analyse à laquelle on s'est livré étend aux images couleur celle que l'on pratique au chapitre II.3.1 sur une image en intensité. La pratique apprend à interpréter des histogrammes 2D modélisant la chrominance d'une couleur, dans le cas de scènes réelles provenant d'une webcam notamment. Pour se familiariser avec cet exercice, la section suivante propose d'afficher l'histogramme construit sur une zone pointée par l'utilisateur.

3.2 Rétroprojection de l'histogramme du plan Hue-Saturation d'une région d'intérêt

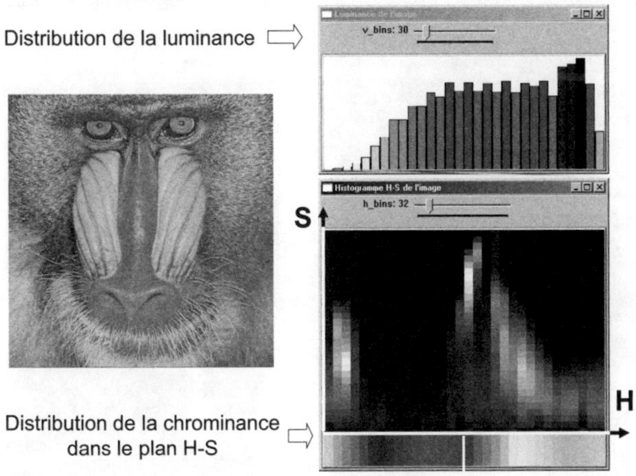

FIG. V.6 – L'image source baboon *Densité de luminance et de chrominance dans le plan H-S.*

La figure V.6 illustre l'histogramme de la luminance et celui de la chrominance (histogramme 32x32 dans le plan H-S) d'une image source. La densité de la chrominance peut être en partie interprétée à l'aide de la palette des couleurs : on distingue dans cet histogramme le mode correspondant au museau rouge vif, celui des joues bleues, ainsi que les fréquences du pelage vert et jaune. L'interprétation de l'histogramme de la luminance est plus délicate, on peut dire qu'il y a assez peu de pixels sombres dans l'image, et qu'au delà de $\sim$ 50, la luminance est également distribuée.

Afin de préciser cette analyse, on reprend ici le programme du chapitre II.3.4 qui permet de construire et d'afficher l'histogramme des niveaux de gris d'une région d'intérêt (ROI) pointée par une souris. On le modifie de manière à afficher la distribution de la luminance et de la chrominance de la ROI : un exemple est donné par la figure V.7. Ainsi on peut distinguer la contribution de chaque zone aux deux histogrammes de l'image source.

On veut programmer les opérations illustrées par les figures V.6 et V.7 :

- construction et affichage des histogrammes de la luminance (`Show_V_Histogram`) et de la chrominance de l'image source (`Show_HS_Histogram`),
- `Show_HS_Histogram` fait de plus appel à `Show_HS_BackProjection` qui s'occupe de calculer la rétroprojection de l'histogramme de chrominance sur l'image source : ainsi à chaque fois qu'une couleur est modélisée on peut voir les pixels qui lui sont similaires,
- création du curseur `cb_Vbins` : choix du nombre de classes *v_bins* de l'histogramme de luminance par curseur,
- création du curseur `cb_Hbins` : choix du nombre de classes *h_bins* sur lequel sont quantifiées les valeurs de teinte, le nombre de classes quantifiant la saturation étant fixe,
- associer un callback `cb_on_mouse_src_img` aux événements souris ayant lieu sur l'image source : affichage d'une région d'intérêt et de ses histogrammes de luminance et de chrominance, zoom avant et arrière.

Ce programme commence par la déclaration des histogrammes et de leurs paramètres, puis la définition des sous programmes susnommés avant l'implémentation du programme principal. On notera que par rapport au programme proposé au chapitre II.3.4,

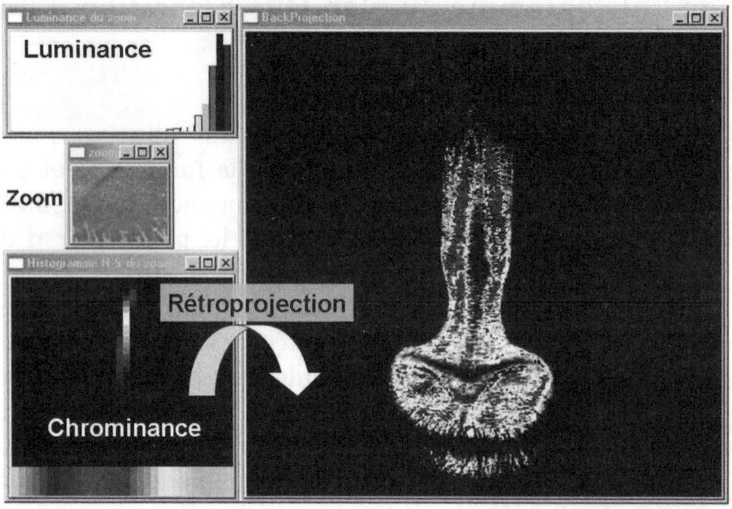

FIG. V.7 – Modèle de couleur appris sur les exemples de la ROIê et sa rétroprojection *La ROI pointée est un bout de museau du babouin : ce museau est d'un rouge assez vif, et d'une luminance élevée. La rétroprojection du modèle de la chrominance sur l'image source met en valeur les pixels similaires à cette couleur.*

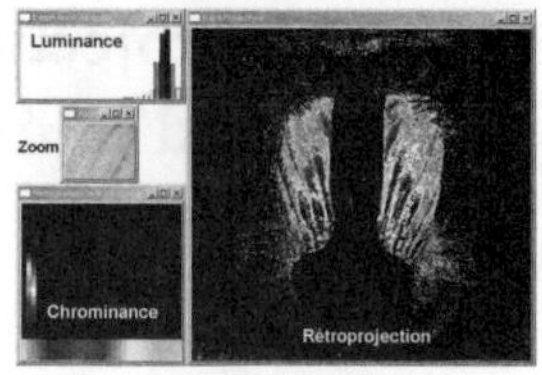

Joues bleus

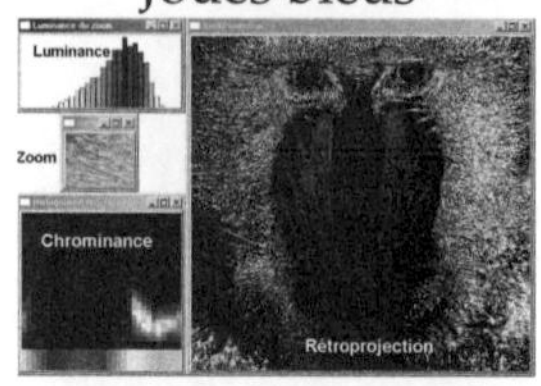

Pelage

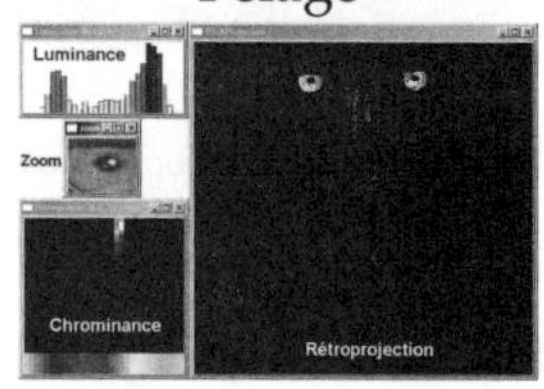

Oeil droit

```
#include "cv.h"
#include "highgui.h"

IplImage* src=0;
IplImage* backprojection=0;
IplImage* Hue=0, *Saturation=0, *Value=0;
IplImage* HSplanes[2];

CvRect roi; // Region Of Interest

//  Paramètres de l'histogramme de la luminance :
int v_bins = 30;
float Vranges[] = { 0., 255.1f };
float* V_hist_ranges[] = {Vranges};
CvHistogram* V_hist =0;

//  Paramètres de l'histogramme de la chrominance :
int h_bins = 32, s_bins = 32;
float h_ranges[] = { 0, 180.1 };
float s_ranges[] = { 0, 255.1 };
float* HS_hist_ranges[] = { h_ranges, s_ranges };
CvHistogram* HS_hist =0;
```

`Show_HS_Histogram` et `Show_V_Histogram` ont une fonction similaire à celle assurée par `Show_Histogram`, tandis que `cb_Vbins` et `cb_Hbins` jouent le rôle de `cb_NumberOfBins`.

Les canaux de chrominance (Hue, Saturation) et de Luminance (Value) sont déclarés comme variables globales car les fonctions précédentes recalculent leur histogramme, et doivent donc pouvoir accéder à ces images. Il en va de même pour l'image source, nécessaire à la définition du callback `cb_on_mouse_src_img`.

```
void Show_V_Histogram(char * figurename)
{
```

Calcul de l'histogramme de Luminance

```
   cvCalcHist( &Value, V_hist);
```

Extension de la dynamique de l'histogramme

```
   float max_val=0.0;
   cvGetMinMaxHistValue( V_hist, 0, &max_val, 0, 0 );
   cvConvertScale( V_hist->bins, V_hist->bins,
      max_val ? 255. / max_val : 0., 0 );
```

Image représentant l'histogramme 1D

```
   int largeur = 10;
   IplImage * HistImage
              = cvCreateImage( cvSize(v_bins*largeur, 260), 8, 1);
   int H = HistImage->height;
   cvSet( HistImage, cvScalar( 255) ); // Fond Blanc

   for( int i = 0; i < v_bins; i++ )
   {
      float val = cvQueryHistValue_1D( V_hist, i );
      int intensity = cvRound(val);
      cvRectangle( HistImage,
         cvPoint(i*largeur, H -  intensity),
            cvPoint( (i+1)*largeur-1, H),
              CV_RGB(H-intensity,H-intensity,H-intensity), CV_FILLED);
      cvRectangle( HistImage,
         cvPoint(i*largeur, H -  intensity),
            cvPoint( (i+1)*largeur-1, H),
               CV_RGB(0,0,0), 1);
   }
   cvNamedWindow(figurename,0);  cvShowImage(figurename, HistImage);
   cvReleaseImage(&HistImage);
}
```

Le plan de chrominance HSplanes peut être défini localement à la fonction calculant l'histogramme HS_hist, mais cela ralentit considérablement le programme. L'image backprojection contient la rétroprojection de l'histogramme H-S : la créer dans le programme principal rend l'affichage de cette rétroprojection plus rapide, mais on peut aussi définir cette image localement à la fonction Show_HS_BackProjection. On note du reste que le programme suivant peut être accélérer en créant au préalable les images servant à afficher les histogrammes.

L'histogramme de la luminance (celui de l'image Value) est noté V_hist et est un histogramme 1D : sa construction et son affichage sont définis de la même manière que pour l'histogramme des niveaux de gris vu au chapitre II.3.4.

```
void cb_Vbins(int pos)
{
   v_bins = MAX(v_bins,2);
   int V_hist_size[] = {v_bins};

   cvReleaseHist(&V_hist);

   V_hist=cvCreateHist(1, V_hist_size,
                           CV_HIST_ARRAY, V_hist_ranges, 1);

   cvResetImageROI(Value);

   Show_V_Histogram("Luminance de l'image");
   cvCreateTrackbar("v_bins","Luminance de l'image",
      &v_bins, 255, cb_Vbins);

   cvSetImageROI(Value, roi);

   Show_V_Histogram("Luminance du zoom");
}
```

Pour la rétroprojection, Show_HS_BackProjection doit remettre à zéro les ROI des images Hue et Saturation pointées par le tableau HS_planes, ces ROI étant modifiées par l'appel au callback cb_on_mouse_src_img. De cette manière, la rétroprojection est réalisée sur l'image source toute entière. Le programme est pratiquement le même pour afficher la distribution de la chrominance d'une couleur, à la différence qu'il s'agit d'un histogramme 2D dont la rétroprojection est à calculer. On laisse au lecteur le soin de modifier ce programme pour insérer la palette des couleurs vue à la section précédente.

La modification par curseur du nombre de classes de valeurs de Hue se fait comme pour la luminance : on affiche la distribution des couleurs de l'image source, puis celle de la région d'intérêt. Les canaux Hue et Saturation étant utilisés pour calculer ces densités, il faut configurer la ROI de ces deux images avant d'en calculer la distribution.

```
void Show_HS_BackProjection()
{
   cvResetImageROI(Hue);
   cvResetImageROI(Saturation);

   cvCalcBackProject( HSplanes, backprojection, HS_hist);

   cvNamedWindow("BackProjection",0);
   cvShowImage("BackProjection", backprojection);
}
```

```
void Show_HS_Histogram(char * figurename)
{
   cvCalcHist( HSplanes, HS_hist);

   float max_val=0.0;
   cvGetMinMaxHistValue( HS_hist, 0, &max_val, 0, 0 );
   cvConvertScale( HS_hist->bins, HS_hist->bins,
                   max_val ? 255. / max_val : 0., 0 );

   int scale = 10;
   IplImage* HistImage
      = cvCreateImage( cvSize(h_bins*scale, s_bins*scale), 8, 1);

   for(int h = 0; h < h_bins; h++ )
      for( int s = 0; s < s_bins; s++ )
      {
         int hh= h+cvRound(h_bins/2);
         hh=hh%h_bins;
         float bin_val = cvQueryHistValue_2D( HS_hist, hh, s_bins-s-1);
         cvRectangle( HistImage, cvPoint( h*scale, s*scale ),
            cvPoint( (h+1)*scale - 1, (s+1)*scale - 1),
               cvScalar(bin_val), CV_FILLED );

      }

   cvNamedWindow(figurename,0);
   cvShowImage(figurename, HistImage);
   cvReleaseImage(&HistImage);

   Show_HS_BackProjection();
}
```

```
void cb_Hbins(int pos)
{
   h_bins = MAX(h_bins,2);
   int HS_hist_size[] = {h_bins, s_bins};
   cvReleaseHist(&HS_hist);

   HS_hist =
     cvCreateHist( 2, HS_hist_size, CV_HIST_ARRAY, HS_hist_ranges, 1);

   cvResetImageROI(Hue);
   cvResetImageROI(Saturation);

   Show_HS_Histogram("Histogramme H-S de l'image");
   cvCreateTrackbar("h_bins","Histogramme H-S de l'image",
      &h_bins, 255, cb_Hbins);

   cvSetImageROI(Hue, roi);
   cvSetImageROI(Saturation, roi);

   Show_HS_Histogram("Histogramme H-S du zoom");
}
```

Une fois ces quatres fonctions définies, on fait appel à elles à deux reprises : dans le programme principal, et dans le sous programme `cb_on_mouse_src_img` associé aux événements de la souris ayant lieu sur la fenêtre "src". Ce callback sert à zoomer en avant ou en arrière sur une région d'intérêt de l'image, et doit aussi calculer les densités (luminance et chrominance) correspondantes puis les rétroprojeter. La définition de cette fonction doit être placée après la déclaration de `Show_HS_Histogram` et de `Show_V_Histogram`.

Le programme principal n'a plus qu'à charger une image, la convertir dans l'espace HSV, l'afficher et appeler les sous programmes s'occupant de construire les densités de chrominance et de luminance. On propose d'analyser l'image `baboon.jpg` pour la variété des couleurs qu'elle contient. La figure V.7 montre qu'en zoomant sur le museau du babouin, on peut quantifier la saturation de son rouge, ainsi que sa luminance. On peut de la même manière voir que ses joues bleues sont moins saturées et un peu moins lumineuses que la couleur du museau. Le pelage, principalement mélange de jaune et de vert, contribue aux luminances moyennes de l'image source (voir histogramme de la luminance globale en figure V.6). Zoomer par exemple sur les yeux du sujet : ils sont tous les deux d'un orange très saturé, mais l'oeil de gauche contient plus de jaune.

```
int Nline=80;
int Ncol=80;
int pas_yzoom = 10;
int pas_xzoom = 10;

void cb_on_mouse_src_img(int event, int x ,int y, int flags)
{

   if( (event== CV_EVENT_RBUTTONDOWN)
                                 && (flags & CV_EVENT_FLAG_CTRLKEY) )
   {
       Ncol+=pas_xzoom;
       Nline+=pas_yzoom;
   }

   if( event== CV_EVENT_LBUTTONDOWN
                                     && (flags & CV_EVENT_FLAG_CTRLKEY) )
   {
       Ncol-=pas_xzoom;
       Nline-=pas_yzoom;
   }

   if( ê(flags & CV_EVENT_FLAG_ALTKEY) )
   {
      roi = cvRect(x-Ncol/2, y-Nline/2, MAX(1,Ncol), MAX(1,Nline));
      cvSetImageROI(src, roi);
      roi = cvGetImageROI(src);

      cvSetImageROI(Value, roi);
      Show_V_Histogram("Luminance du zoom");

      cvSetImageROI(Hue, roi);
      cvSetImageROI(Saturation, roi);
      Show_HS_Histogram("Histogramme H-S du zoom");

      cvNamedWindow("zoom",0);
      cvShowImage("zoom", src);
      cvResetImageROI(src);
   }
}
```

```
int main( int argc, char** argv )
{
   src = cvLoadImage("baboon.jpg");
   roi = cvGetImageROI(src);

   IplImage* HSV = cvCreateImage( cvGetSize(src), 8, 3);
   Hue = cvCreateImage( cvGetSize(src), 8, 1);
   Saturation = cvCreateImage( cvGetSize(src), 8, 1);
   Value = cvCreateImage( cvGetSize(src), 8, 1);

   backprojection = cvCreateImage(cvGetSize(src), 8, 1);

   HSplanes[0] = Hue;
   HSplanes[1] = Saturation;

   cvCvtColor( src, HSV, CV_BGR2HSV);
   cvSplit( HSV, Hue, Saturation, Value, 0);

   cvReleaseImage(&HSV);

   cvNamedWindow("src",0);
   cvShowImage("src", src);

   cb_Vbins(v_bins);
   cb_Hbins(h_bins);
   cvSetMouseCallback( "src", (CvMouseCallback) cb_on_mouse_src_img );

   cvWaitKey(0);

   cvReleaseImage(&src);
   cvReleaseImage(&Hue);
   cvReleaseImage(&Saturation);
   cvReleaseImage(&Value);
   cvReleaseImage(&backprojection);
   return 0;
}
```

3.3 Couleurs monochromes et canal d'intérêt : un effet spécial

A la différence d'une image monochrome, faîte d'un seul canal, un pixel de couleur monochrome a trois composantes. Une couleur monochrome est une couleur contenant autant de rouge, vert et bleu : son apparence peut être noire à blanche en passant par le gris. On programme un effet spécial simple consistant à afficher en couleur les pixels ayant une probabilité arbitrairement élevée dans la rétroprojection de l'histogramme modèle, et en noir et blanc (monochrome) tous les autres.

On déclare le callback `cb_on_mouse_src_img` au préalable afin de pouvoir l'appeler dans la fonction `Show_HS_BackProjection`.

L'image `FX` contient le résultat de l'effet spécial implémenté. On commence par y copier l'image source en couleur monochrome. On peut faire appel à une conversion colorimétrique, mais on opte pour une approche différente. Elle consiste à préciser le canal d'intérêt dans l'image `src` : le second canal est le vert, qui constitue une estimation satisfaisante de la luminance. L'image `src` ainsi configurée est copiée dans l'image `Ing`, qui est une image à un seul canal. La fonction `cvSetImageCOI` est pratique pour ce genre d'opération, mais, au contraire de la fonction `cvSetImageROI`, elle n'est pas compatible avec toutes les fonctions d'OpenCV. On prend soin de reconfigurer `src` comme une image couleur en précisant l'argument 0 comme canal d'intérêt.

`cvMerge` permet de fusionner trois images monochromes, définissant les canaux B, G, R, en une image couleur. C'est l'opération réciproque de `cvSplit`, les canaux sont à présenter dans l'ordre Bleu, Vert, Rouge :

```
cvMerge(B, G, R, 0, dst);
```

Dans le programme proposé, `Ing` est utilisée trois fois en argument de `cvMerge`, le résultat est alors une image couleur monochrome. Les composantes d'un pixel donnée ont la même valeur (R=G=B), chaque pixel apparaît alors avec une couleur grise ou monochrome.

En Matlab, la concaténation de trois canaux se fait à l'aide de la fonction `cat`. Par exemple, pour afficher un drapeau bleu, blanc, rouge on peut essayer le programme suivant :

```
dst=cat(3, [ ones(2) ones(2) zeros(2) ], ...
           [zeros(2) ones(2) zeros(2)], [zeros(2) ones(2) ones(2)]);
imagesc(dst)
```

On rappelle que l'opérateur ... sert à écrire une instruction sur plusieurs lignes. Ici, `cat` sert à concaténer selon la troisième dimension du tableau `dst`.

On reprend le programme de la section précédente : il reste encore à préciser quels sont les pixels couleurs de l'image source à recopier. La fonction `cvThreshold` sert à seuiller la rétroprojection de l'histogramme 2D : on choisit un seuil fixe égale à 100. Le résultat du seuillage est contenu dans l'image `Mask`. Les pixels de l'image `src` ayant une probabilité d'appartenir à la couleur sélectionnée supérieure à 100/255 sont recopiés dans l'image FX, les autres pixels restant monochromes. Pour ce faire, on passe Mask en troisième argument de la fonction cvCopy : les pixels non nuls dans ce tableau sont recopiés, les autres sont laissés inchangés.

```
void cb_on_mouse_src_img(int event, int x ,int y, int flags);

void Show_HS_BackProjection()
{
...
   cvShowImage("BackProjection", backprojection);

   cvResetImageROI(src);
   IplImage* FX = cvCreateImage(cvGetSize(src), 8, 3);
   IplImage* Mask = cvCreateImage(cvGetSize(src), 8, 1);
   IplImage* Ing = cvCreateImage(cvGetSize(src), 8, 1);

   cvThreshold(backprojection, Mask, 100, 255, CV_THRESH_BINARY);

   cvSetImageCOI(src,2);
   cvCopy(src, Ing);
   cvSetImageCOI(src,0);

   cvMerge(Ing, Ing, Ing, 0, FX);

   cvCopy(src, FX, Mask);

   cvNamedWindow("FX",0);
   cvShowImage("FX", FX);
   cvSetMouseCallback( "FX", (CvMouseCallback) cb_on_mouse_src_img );

   cvSetImageROI(src,roi);

   cvReleaseImage(&FX);
   cvReleaseImage(&Mask);
   cvReleaseImage(&Ing);
}
```

Récapitulatif

Matlab	cat	concaténation de tableaux
CV	cvQueryHistValue_2D	Lecture d'une case d'un histogramme 2D
CxCore	cvSetImageCOI	Sélection d'un canal d'intérêt
	cvMerge	Image couleur à partir de ses trois canaux

TAB. V.1 – Fonctions abordées classées selon leur bibliothèque d'appartenance

Chapitre VI

Segmentation basée région

Segmenter une image en composantes connexes consiste à définir une partition du plan de l'image en différents groupes. La **segmentation** d'une image s'appuie généralement sur les régions ou sur les contours. On appelle **région** une zone homogène de l'image, caractérisée par des informations spécifiques de luminance, chrominance ou de texture par exemple. Elle correspond généralement à des informations sémantiques de l'image, par opposition au fond de l'image, et constitue une composante connexe, renfermant un ensemble de pixels connexes.

L'étiquette est un numéro identique attribué à tous les pixels d'une même composante connexe. L'image des étiquettes attribue alors une couleur par région. La segmentation en composantes connexes peut ainsi être vue comme une opération à deux étapes : la détermination des composantes connexes, et l'**étiquetage** ou coloriage des régions.

Une composante connexe est caractérisée par des attributs géométriques souvent exploités en détection d'objet pour éliminer facilement des faux positifs sur des critères heuristiques :

- surface (nombre de pixels dans la région), périmètre (contour de la région),
- compacité (rapport surface / perimètre^2),
- centre de gravité, axes principaux,
- aspect ratio (rapport largeur / hauteur) ou excentricité,
- rectangle englobant ou enveloppe convexe.

Par exemple, un signe de limitation de vitesse (forme circulaire) a une compacité égale à 1, un centre de gravité confondu avec le centre du rectangle englobant. Un *céder le passage* (triangle équilatéral) a une compacité proche de 0,6 et son centre de gravité est situé sous le centre de son rectangle englobant. La surface permet généralement d'éliminer les objets trop petits ou trop volumineux.

1 Binarisation d'une image

La binarisation d'une image consiste à affecter à chaque pixel une classe parmi deux classes possibles ω_1 et ω_2 : un pixel a alors une valeur de 0 ou 1, par exemple, selon qu'il vérifie ou non un critère.

Pour une image monochrome, la binarisation la plus simple s'appuie sur un seuillage des niveaux de gris : si la classe ω_1 est celle de l'ensemble des pixels $\mathbf{x}$ de position (x, y) dont l'intensité $I(x, y)$ est supérieure ou égale à un seuil τ, alors ω_2 est la classe des pixels d'intensité strictement inférieure à ce seuil.

$$\begin{array}{rccl} f_\tau \circ I : & \mathbb{N}x\mathbb{N} & \rightarrow & \{0,1\} \\ & (x,y) & \mapsto & \left\{ \begin{array}{ll} 1 & \text{si} \quad I(x,y) \geq \tau \\ 0 & \text{sinon} \end{array} \right. \end{array}$$

Cette opération de **seuillage** réalisée sur toute l'image conduit à un image binaire constituée de 0 et de 1 (voir figure VI.2). L'opérateur de seuillage $\geq$ proposé ci-dessus peut être remplacé par son symétrique $\leq$ (Fig. VI.1(c)) ou par une relation d'ordre stricte ($>$ ou $<$, voir Fig. VI.1(b)).

1.1 Opérateurs de seuillage

Avec Matlab, les opérateurs de seuillage par un scalaire sont au nombre de 4 : <, < , >=, <=. Ce sont des opérateurs de comparaison logiques qui ont pour résultat une variable ou un tableau de type booléen (`logical`) : l'instruction $a < \lambda$ s'interprète par "l'assertion a est strictement plus petit que λ est-elle vérifiée ?", la réponse est "vraie" (1) ou "fausse" (0). Si a est une matrice la question logique est posée élément par élément, comme dans l'exemple suivant :

$$\mathbf{A} = \begin{bmatrix} 1 & 3.1 & 5 \\ -2.3 & 4.6 & 11.06 \end{bmatrix} \quad \text{et} \quad \mathbf{B} = \mathbf{A} > 3.1 \Rightarrow \mathbf{B} = \begin{bmatrix} 0 & 0 & 1 \\ 0 & 1 & 1 \end{bmatrix}$$

Ces opérateurs agissent sur un tableau tout entier, avec à gauche la matrice **A** et à droite le scalaire λ à comparer. Si on cherche à segmenter les punaises de la figure VI.1(a), on peut remarquer qu'elles sont disposées sur un fond sombre. La binarisation illustrée par la figure VI.1(b) est obtenue par une instruction simple : `src>100`. Les deux faux positifs (régions en marge à gauche et en haut à droite) peuvent être éliminer sur des critères de surfaces. Si on souhaite au contraire identifier les pixels appartenant au fond de l'image, on commande l'opération inverse : `src<=100` (illustré en Fig. VI.1(c)).

L'équivalence avec OpenCV, est assurée par la fonction `cvThreshold` :

```
dst=src>50;   ⇔   cvThreshold( src, dst, 50, 1, CV_THRESH_BINARY);
```

La fonction d'OpenCV retourne un tableau de type `IplImage` ou `CvMat`. Le 4ième argument de `cvThreshold` permet de choisir la valeur associée à la classe ω_1, qui n'est donc pas nécessairement égal à 1.

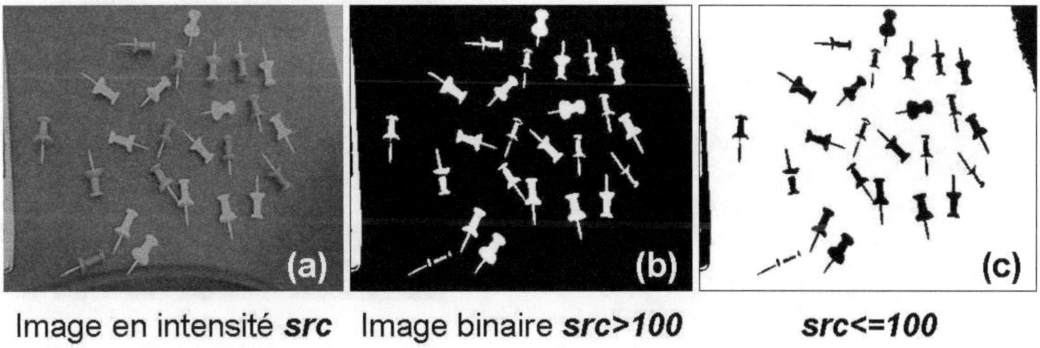

FIG. VI.1 – **Binarisation** *(a) Image source. (b) Pixels ayant une intensité strictement supérieure à 100. (c) Binarisation inverse (image complémentaire de l'image (b)).*

Le listing suivant charge une image couleur I sous Matlab, et traite l'image en intensité constituée par le canal rouge $I(:,:,1)$:

```
clear all
I=imread('Image258.jpg'); % image couleur
src=I(:,:,1);   % image en intensité
dst=src>100;
imagesc(dst),colormap 'gray'
```

L'équivalent de l'opérateur logique $<$ est obtenu sous OpenCV à l'aide de l'argument `CV_THRESH_BINARY_INV`, comme dans l'exemple suivant où l'image obtenue est constituée de 0 et de 25 :

```
dst=25*(src<40); ⇔ cvThreshold( src, dst, 40, 25, CV_THRESH_BINARY_INV);
```

1.2 Choix du seuil par curseur

On crée un curseur à glissière définissant le seuil de binarisation τ d'une image donnée. L'interaction de l'utilisateur modifie l'image binaire obtenue en fonction de son choix. Le callback associé à ce curseur est nommé `cb_Threshold`.

Dans le programme proposé ci-dessous, l'image `pic2.png` est automatiquement convertie en niveaux de gris par l'appel à la fonction `cvLoadImage` avec 0 comme second argument. L'image `Binary` contient le résultat du seuillage de l'image `src` : ces images doivent en particulier avoir le même nombre de canaux.

Le seuillage implémenté est de type `CV_THRESH_BINARY_INV` car on cherche à faire ressortir les 3 carrés sombres par rapport au fond lumineux de l'image, comme le montre la figure VI.2. On affecte la valeur 255 aux pixels dont l'intensité est inférieure ou égale à un seuil, défini par la position d'un curseur à glissière, et la valeur 0 aux autres pixels. On choisit 0 et 255 pour résultat de la binarisation par souci de visibilité.

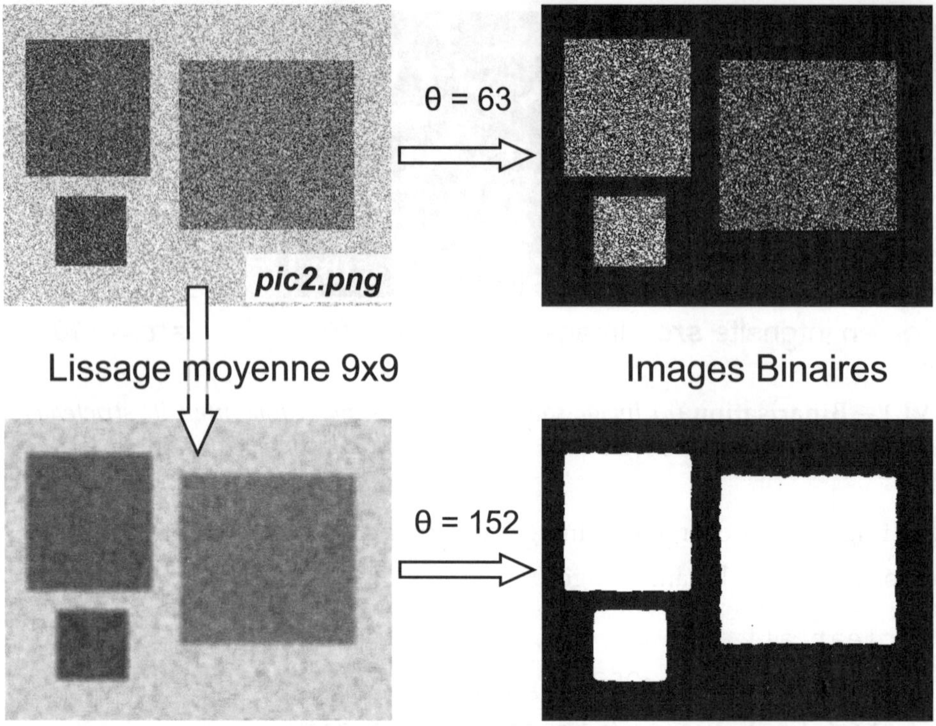

FIG. VI.2 – Binarisation avec et sans lissage préalable

```
IplImage* src=0, *Binary=0;

int thresh = 128;
void cb_Threshold(int pos)
{
   cvThreshold( src, Binary, pos, 255, CV_THRESH_BINARY_INV);
   cvNamedWindow("Binary",0);
   cvShowImage("Binary", Binary);
}
```

Dans le programme principal proposé, une opération est mise en commentaire : il s'agit du lissage par un filtre moyenne sur un voisinage 9x9. Cette opération a pour but d'éliminer le bruit contenu dans l'image `pic2`, et permet d'obtenir directement trois composantes connexes. Sans cette opération, un post-traitement de la binarisation obtenue est nécessaire, comme le montre la figure VI.2. Les seuils proposés dans cette figure sont différents car le seuillage a lieu sur deux images différentes.

On note aussi que la glissière définissant le seuil de binarisation est créée une fois pour toute dans le programme principal, car dans le programme proposé la fenêtre résultat est affichée au lancement du programme. Le callback associé à ce curseur à glissière est alors plus simple que d'habitude, il consiste en l'opération de seuillage et en l'affichage du résultat obtenu.

```
int main()
{
   src = cvLoadImage("pic2.png",0);
//   cvSmooth(src, src, CV_BLUR, 9);
   cvNamedWindow("src",0);
   cvShowImage("src", src);
   Binary = cvCreateImage(cvGetSize(src), 8, 1);

   cb_Threshold(thresh);
   cvCreateTrackbar("seuil","Binary", &thresh, 255, cb_Threshold);

   cvWaitKey(0);
   cvReleaseImage(&src);
   cvReleaseImage(&Binary);
   return 0;
}
```

1.3 Binarisation d'une image couleur

FIG. VI.3 – Interface *L'image binaire montre les pixels vérifiant les conditions (S>Smin et Vmin<V<Vmax).*

Binariser une image couleur consiste à seuiller chacun de ses canaux, puis à opérer un ET logique entre les images binaires obtenues (élément par élément). Un exemple classique consistant à éliminer les pixels suréclairés, trop sombre ou insuffisamment saturés (cas d'images aquises en environnement extérieure), se programme sous Matlab comme suit :

```
src = imread('image.jpg');
hsv = rgb2hsv( src );
mask1 = hsv(:,:,2)>Smin;
mask2 = hsv(:,:,3)>Vmin;
mask3 = hsv(:,:,3)<Vmax;
mask = mask1 & mask2 & mask3;
```

La figure VI.3 illustre une interface graphique réalisant ses opérations avec un choix des seuils interactifs. On propose de programmer une telle interface avec OpenCV.

La fonction `cvInRangeS` réalise un seuillage simultané de plusieurs canaux en une seule instruction. Pour cela, le type `CvScalar` est mis à profit : les trois seuils minimaux ou maximaux sont les premiers éléments du quadruplet (le dernier n'est pas utilisé) :

```
cvInRangeS( bgr, cvScalar(Bmin,Gmin,Rmin,0),
                 cvScalar(Bmax,Gmax,Rmax,0),
            dst );
```

$$\Leftrightarrow \begin{cases} R \in [R_{min}, R_{max}] \\ G \in [G_{min}, G_{max}] \\ B \in [B_{min}, B_{max}] \end{cases}$$

Dans l'exemple suivant, on implémente l'interface illustrée par la figure VI.3 : le seuillage est opéré sur les canaux Saturation et Value de HSV. Par rapport au programme précédent, l'image `hsv` doit être déclarée comme variable globale afin de pouvoir y accéder dans le callback `cb_Threshold`. Ce callback est associé aux trois curseurs fixant la valeur minimale de Saturation et la gamme d'intensité (Value) :

```
IplImage* hsv=0, *Binary=0;

int Smin = 20, Vmin=40, Vmax=250;

void cb_Threshold(int pos)
{
   cvInRangeS( hsv, cvScalar(0, Smin, Vmin,0),
                    cvScalar(180,256, Vmax,0), Binary );
   cvNamedWindow("Binary",0);
   cvShowImage("Binary", Binary);
}
```

Le programme principal opère la conversion colorimétrique, l'affichage de la binarisation initiale ainsi que la création des curseurs :

```
int main()
{
   IplImage* src = cvLoadImage("Laure.jpg"); // image couleur
   hsv = cvCreateImage(cvGetSize(src), 8, 3);
   Binary = cvCreateImage(cvGetSize(src), 8, 1);

   cvCvtColor(src, hsv, CV_BGR2HSV);

   cb_Threshold(0);
   cvCreateTrackbar("Smin","Binary", &Smin, 255, cb_Threshold);
   cvCreateTrackbar("Vmin","Binary", &Vmin, 255, cb_Threshold);
   cvCreateTrackbar("Vmax","Binary", &Vmax, 255, cb_Threshold);

   cvWaitKey(0);
   cvReleaseImage(&src); cvReleaseImage(&Binary);
   cvReleaseImage(&hsv);
   return 0;
}
```

2 Etiquetage des composantes connexes

2.1 Labellisation des régions d'une image binaire

Une image binaire est constituée de plusieurs régions homogènes : chaque région est un ensemble de pixels connexes appelé **composante connexe**. Dans l'exemple de la figure VI.4(b), l'image binaire est constituée de quatre composantes connexes. La figure VI.4(c) illustre le principe d'étiquetage (aussi appelée **labellisation**) de ces composantes connexes. A chaque composante, on attribue un numéro (aussi appelé **label** ou **étiquette**) différent. L'image originale est ainsi segmentée en composantes connexes identifiées par leur étiquette.

L'étiquetage en composantes connexes d'une image binaire peut se faire avec Matlab à l'aide de la fonction `bwlabel`. Cette fonction appartient à la boîte à outils Image Processing Toolbox.

```
clear all, close all
I = imread('Image258.jpg'); % image couleur
src = I(:,:,1);    % image en intensité
BW = src>100;
imagesc(BW),colormap 'gray'

Labels = bwlabel(BW);
figure, imagesc(Labels)
colormap 'gray'

for k=1:max(Labels(:))
   [I,J]=find(Labels==k);
   x0 = min(J)-1;    x1 = max(J)-1;
   y0 = min(I)-1;    y1 = max(I)-1;
   w = x1-x0+1;
   h = y1-y0+1;
   rectangle('Position',[x0, y0,w,h], 'LineWidth',3,'EdgeColor','r')
end
```

Le numéro de ligne i et de colonne j des pixels dont l'étiquette est égale à k est déterminé à partir de la fonction `find` : `[I,J]=find(Labels==k)` ; retourne l'ensemble de ces indices (i,j) sous la forme de vecteurs. On peut en déduire le rectangle englobant cette composante : le coin haut gauche a pour indices `(y0+1,x0+1) = (min(I), min(J))`, son coin en bas à droite est localisé en `(y1+1,x1+1) = (max(I), max(J))`. La translation vient de ce que les coordonnées cartésiennes (x,y) de l'origine sont (0,0) tandis que ses indices (i,j) sont (1,1).

Le rectangle englobant une composante connexe donnée est dessiné à l'aide de la fonction `rectangle`, avec les attributs suivants :

- 'Position' délimite le rectangle $[x_0\, y_0\, w\, h]$. (x_0, y_0) sont les coordonnées du coin haut gauche du rectangle, w et h sa largeur et sa hauteur respectivement.

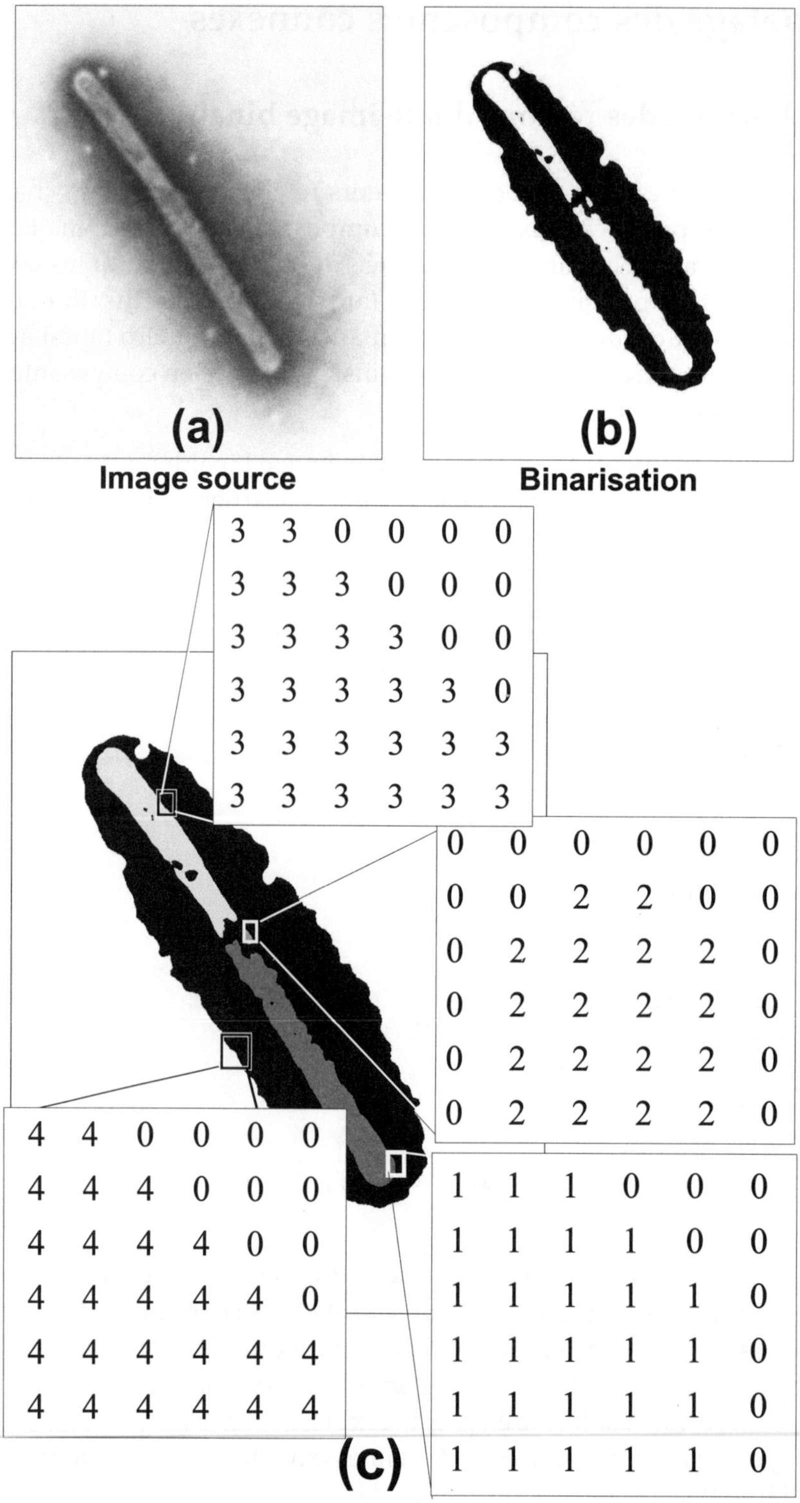

FIG. VI.4 – Etiquetage des composantes connexes *La binarisation (b) segmente l'image source (a) en quatre composantes connexes : une étiquette (c) est associée à chaque région.*

- 'LineWidth' est l'épaisseur du trait.
- 'EdgeColor' désigne la couleur du trait : 'r' pour rouge, 'y' = jaune (yellow), 'm' = magenta, par exemple.

Le rectangle est tracé sur la dernière figure ouverte. Contrairement à `cvRectangle`, l'image n'est pas modifiée : le rectangle est sur-imposé sur son affichage.

On définit la compacité d'une région à partir de son périmètre et de sa surface :

$$\boxed{C = 4\pi \frac{\text{Surface}}{\text{Périmètre}^2}}$$

L'intérêt est qu'elle permet de distinguer les formes oblongues des formes circulaires. Un carré a par exemple une compacité $C = 0.78$ tandis que pour un disque $C = 1$. La compacité a en outre les propriétés d'invariance à la rotation, à la translation et au changement d'échelle. En pratique, comme dans une image les objets sont échantillonnés en pixels, un disque a généralement une compacité supérieure à 1 (voir Fig. VI.5).

La fonction `bwperim` de la boîte à outils Image Processing de Matlab permet de déterminer les contours d'une composante connexe, dont on peut déduire le périmètre.

On peut isoler une composante connexe à l'aide de l'opérateur ==. L'instruction `Klabel = (Labels==k)` retourne un tableau de type `logical`, où les pixels ayant k pour étiquette sont égaux à 1 et les autres à 0.

```
for k=1:max(Labels(:))
    % Composante connexe numéro k
    Klabel = (Labels==k);
    % Contours extérieurs de la région
    Ksilh = bwperim(Klabel);

    % Calcul du périmètre :
    perimeter = sum(Ksilh(:))
    % Calcul de la surface :
    area = sum(Klabel(:))

    % Calcul de la compacité :
    Compacity = 4*pi*area/(perimeter*perimeter)

    % Affichage de la région avec contours surlignés :
    Kdst = double(Klabel);
    Kdst(find(Ksilh)) = 2;
    imagesc(Kdst);
    pause
end
```

Il est alors possible de filtrer les régions sur des critères de compacité et de surface. Dans le cas des punaises de la figure VI.1(b) : ce sont des objets de faible compacité, comprise entre 0,2 et 0,6, et une aire comprise entre 150 et 1000 pixels (estimations

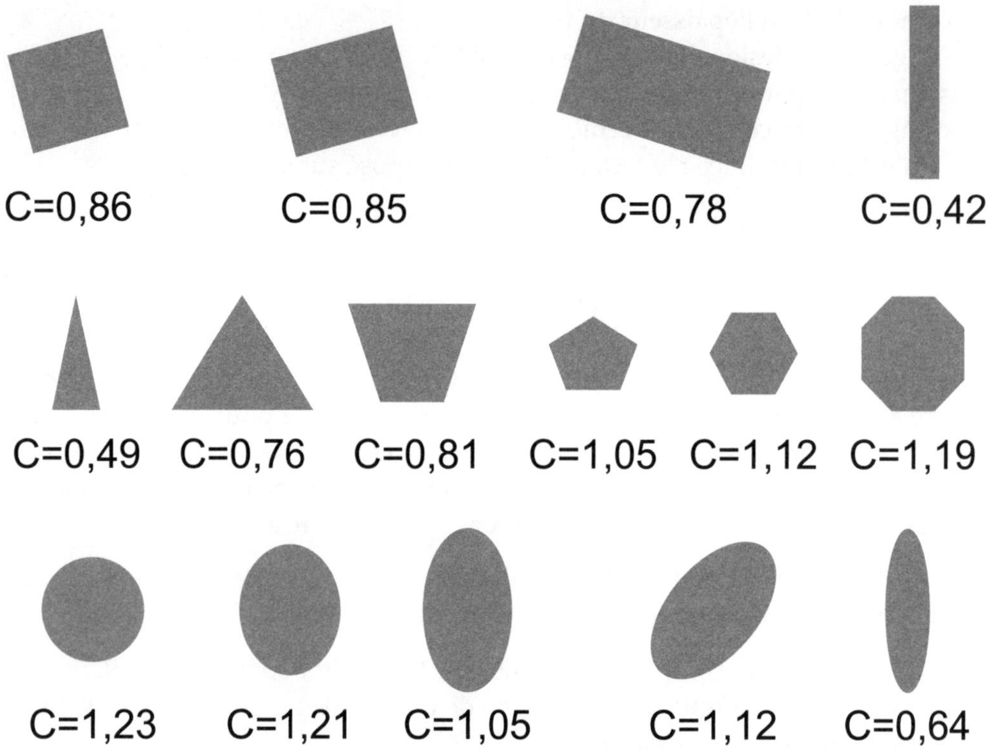

FIG. VI.5 – Compacité numérique de polygones et d'ellipses.

grossières). On peut par exemple mettre à zéro dans l'image binaire BW les pixels appartenant à une région ne satisfaisant pas un de ces critères :

```
for k=1:max(Labels(:))
   Klabel = (Labels==k);
   Ksilh = bwperim(Klabel);
   perimeter = sum(Ksilh(:))
   area = sum(Klabel(:))
   Compacity = 4*pi*area/(perimeter*perimeter)

if (area<150 | area>1000 | Compacity<0.2 | Compacity>0.6)
       BW( find(Klabel) ) = 0;
   end
end
figure,imagesc(BW);colormap 'gray'
```

La figure VI.6 montre le résultat obtenu avec ses seuils. Les punaises sur-segmentées (segmentées en plus de une région) sont supprimées en partie ou entièrement. Deux punaises sont connexes dans l'image binaire en entrée : elles sont sous-segmentées en une

FIG. VI.6 – Filtrage de région sur des critères de compacité et de surface *A gauche l'image binaire, à droite les régions vérifiant les critères de compacité et de surface.*

seule et même région. La compacité de cette région est de 0,15, elle est donc supprimée du résultat final.

2.2 Etiquetage des composantes connexes avec OpenCV

L'étiquetage des composantes connexes d'une image binaire est l'occasion d'aborder le type *séquence* `CvSeq` spécifique à OpenCV. Une séquence d'OpenCV est en pratique une **liste chaînée**, auquel on a ajouté quelques fonctions de manipulation. Dans cette section il importe seulement de comprendre qu'une liste de composantes connexes est constituée. Plutôt que de stocker une composante connexe sous la forme d'une image ou d'un tableau contenant les coordonnées des pixels de cette composante, OpenCV n'enregistre que les points de contour. La fonction `cvDrawContours` est dédiée au dessin de ces contours et de leur partie intérieure (chaque composante connexe). Chaque composante est donc codée par l'ensemble des points de son pourtour, et on voit par la suite comment accéder à chacun de ces points.

La **séquence de contours** est associée à une structure servant à l'**allocation mémoire** des éléments de cette séquence. Elle est nécessaire car l'allocation de mémoire est ici dynamique : en effet, le nombre d'éléments de la séquence est inconnu *a priori*.

```
CvMemStorage* storage = cvCreateMemStorage(0);
CvSeq* contour = 0;
```

`cvFindContours` détermine les composantes connexes de l'image binaire `Binary` :

```
cvFindContours( Binary, storage, &contour, sizeof(CvContour),
                    CV_RETR_EXTERNAL, CV_CHAIN_APPROX_NONE );
```

Plusieurs points importants sont à noter :
- l'image binaire passée en argument est modifiée par cet appel, une copie de cette image est à prévoir si on compte l'exploiter par la suite,
- l'adresse du pointeur `contour` est passé en troisième argument : c'est un passage par adresse, le pointeur contour qui est retourné est le résultat de l'algorithme. Il pointe en pratique vers le contour de la première composante connexe étiquetée, la composante suivante dans la liste est indexée par `contour->h_next`,
- le mode `CV_RETR_EXTERNAL` indique que seuls les contours externes sont stockés. L'intérieur d'une composante peut être constitué de trous : le mode `CV_RETR_LIST` permet d'ajouter les contours de ces trous à la liste des contours, et le mode `CV_RETR_CCOMP` organise cette liste en deux niveaux (contours extérieurs et intérieurs),
- la méthode `CV_CHAIN_APPROX_NONE` indique que chacun des contours est codé par l'ensemble des points lui appartenant. Une représentation plus compacte de ces contours est une chaîne de segments (horizontaux, verticaux, et diagonaux) dont on stocke les extrémités à l'aide de l'option `CV_CHAIN_APPROX_SIMPLE`. D'autres codages de chaînes sont disponibles, tel que le codage de Freeman.

Le dessin d'une chaîne de points d'un contour donné sur une image `dst` se fait grâce à la fonction `cvDrawContours`. Par exemple, si on veut faire apparaître le contour extérieur d'une composante connexe en rouge, et ses contours intérieurs en blanc, avec une épaisseur de 5 pixels, on peut faire l'appel suivant :

```
cvDrawContours( dst, contour,
                    CV_RGB(255,0,0), CV_RGB(255,255,255), level, 5);
```

Bien entendu, le mode `CV_RETR_LIST` a été préalablement choisi lors de l'étiquetage des composantes connexes, sans quoi les contours internes ne sont pas dessinés. Le paramètre level défini les contours de la liste à dessiner : si level = 0, les contours attachés sont dessinés seulement pour la composante connexe pointée Ési level = 1, les contours de toutes composantes connexes étiquetées sont dessinés. Comme toutes les fonctions de dessin d'OpenCV, on peut aussi choisir de colorier l'intérieur d'une composante connexe plutôt que son contour.

2.3 Intérieur et contours d'une composante connexe

On modifie le programme de la section précédente afin d'afficher les composantes connexes, en jaune avec un contour extérieur rouge et des contours intérieurs bleu. Pour ce faire, on dessine l'ensemble de ces composantes à l'aide d'un seul appel à la fonction `cvDrawContours`, avec l'argument level=1. Le programme principal reste inchangé.

```
void Labeling(IplImage* bw)
{
   CvMemStorage* storage = cvCreateMemStorage(0);
   CvSeq* contour = 0;
   cvFindContours( bw, storage, &contour, sizeof(CvContour),
                   CV_RETR_LIST, CV_CHAIN_APPROX_NONE );

   IplImage* dst = cvCreateImage(cvGetSize(bw), 8, 3);
   cvZero(dst);
   cvDrawContours( dst, contour,
                         CV_RGB(255,255,0), CV_RGB(0,255,0), 1, -1);
   cvDrawContours( dst, contour,
                         CV_RGB(255,0,0), CV_RGB(0,0,255), 1, 2);

   cvNamedWindow( "Components", 0 ); cvShowImage( "Components", dst );
   cvReleaseImage(&dst);
   cvReleaseMemStorage( &storage );
}

void cb_Threshold(int pos)
{
...
   cvShowImage("Binary", Binary);
   Labeling( Binary);
}
```

2.4 Ellipse inclinée et ses rectangles englobants

Dans le programme suivant, on dessine une ellipse inclinée au centre d'une image 300x200 constituée d'un fond blanc, avec les caractéristiques suivantes :

- l'ellipse fait un angle de 30°par rapport à l'axe des x de l'image,
- le grand et le petit axe sont de longueur 120 et 60,
- l'intérieur de l'ellipse est gris, son contour est rouge.

On détermine deux rectangles englobants cette ellipse, illustrés en Fig. VI.7(a) :

- le rectangle droit (type `CvRect`) en bleu,
- le rectangle incliné dans lequel est inscrit l'ellipse. Ce rectangle est de type `CvBox2D` : OpenCV ne prévoit pas de fonction dessinant un tel rectangle, on faire alors usage de la fonction `cvLine`. On détermine au préalable les sommets de ce rectangle à l'aide de la fonction `cvBoxPoints`.

Dans le domaine du traitement de l'image, lorsque l'on parle de rectangle englobant, il s'agit du premier type de rectangle (droit). Mais il est souvent pratique de dessiner un rectangle orienté dans le plan de l'image, par exemple pour mettre en valeur l'orientation d'un objet (cas de la Fig. VI.7(b)).

```
#include "highgui.h"
#include "cv.h"

int main( )
{
   IplImage* img = cvCreateImage( cvSize(300,200), 8,3);
   cvSet(img, CV_RGB(255,255,255)); // Fond blanc
```

Ellipse inclinée dans le plan de l'image

```
   CvBox2D boxell;
   boxell.center = cvPoint2D32f(150,100);
   boxell.size = cvSize2D32f(60,120);
   boxell.angle = 30;

   // Intérieur gris :
   cvEllipseBox( img, boxell, CV_RGB(125,125,125), CV_FILLED);
   // Bordure rouge :
   cvEllipseBox( img, boxell, CV_RGB(255,0,0), 3);
```

Rectangle englobant l'ellipse

```
   ...
```

Rectangle incliné circonscrit à l'ellipse

```
   ...
}
```

Rectangle englobant l'ellipse

```
   IplImage* mask = cvCreateImage( cvGetSize(img), 8,1);
   cvZero(mask);// <= obligatoire sinon bug !
   cvEllipseBox( mask, boxell, CV_RGB(255,255,255), CV_FILLED);

   CvRect rect =   cvBoundingRect(mask);
   cvReleaseImage(&mask);

   cvRectangle(img, cvPoint(rect.x, rect.y),
                    cvPoint(rect.x+rect.width-1, rect.y+rect.height-1),
                    CV_RGB(0,0,255), 3);
```

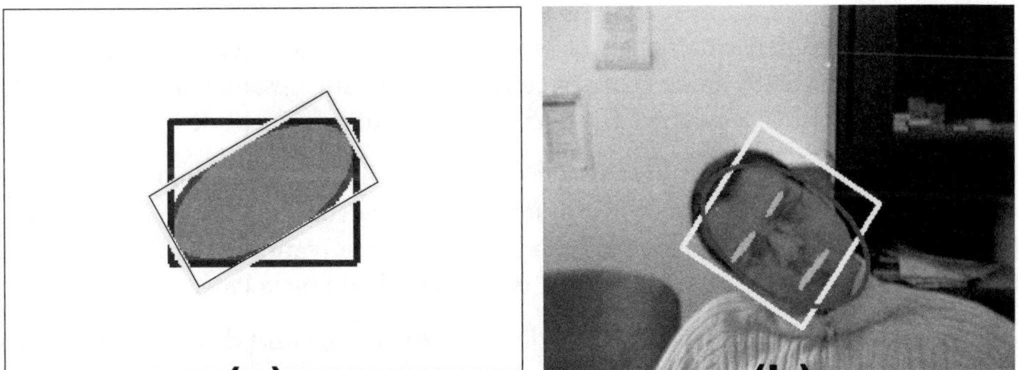

FIG. VI.7 – Rectangles englobants *(a) Ellipse incliné, rectangle englobant et rectangle circonscrit. (b) Détection de visage dans le cas d'une rotation dans le plan de l'image.*

Rectangle incliné circonscrit à l'ellipse

```
// rectangle incliné => déterminer les sommets d'abord
// cf l'aide de cvBoxPoints...
   CvPoint2D32f sommets[4];
   cvBoxPoints( boxell, sommets );

   cvLine( img, cvPointFrom32f(sommets[0]),
                     cvPointFrom32f(sommets[1]), CV_RGB(255,255,0),4);
   cvLine( img, cvPointFrom32f(sommets[1]),
                     cvPointFrom32f(sommets[2]), CV_RGB(255,255,0),4);
   cvLine( img, cvPointFrom32f(sommets[2]),
                     cvPointFrom32f(sommets[3]), CV_RGB(255,255,0),4);
   cvLine( img, cvPointFrom32f(sommets[3]),
                     cvPointFrom32f(sommets[0]), CV_RGB(255,255,0),4);

   cvNamedWindow( "resultat", 0 );
   cvShowImage( "resultat", img );
   cvWaitKey( 0);

   cvReleaseImage( &img );
   return 0;
}
```

3 Listes chaînées et séquences *CvSeq* d'OpenCV

On souhaite maintenant afficher les composantes connexes, avec des couleurs différentes selon l'étiquette. Pour réaliser cette tâche, il faut dessiner les composantes connexes les unes après les autres. C'est ici qu'intervient le concept de liste chaînée.

Une liste chaînée (appelée aussi *liste liée*) est un tableau d'objets dont on connait le pointeur vers le premier élément, le pointeur de tête `contour`, et chaque élément de la liste contient un pointeur `contour->h_next` vers l'objet suivant. Le dernier objet de la liste pointe vers l'adresse 0, ce qui permet de détecter la fin de la liste.

Ainsi, pour passer d'un élément de la liste au suivant, il suffit de commander l'instruction suivante :`contour = contour->h_next`. On peut ainsi parcourir la liste jusqu'à atteindre un pointeur nul. Pour réaliser la tâche assignée, on propose les modifications suivantes à la fonction `Labeling`. On fait appel au mode `CV_RETR_CCOMP` lors de l'étiquetage des composantes connexes afin de ne pas colorier l'intérieur des trous éventuellement présents dans une composante connexe. Essayer les deux autres modes précédemment cités afin de voir l'effet de ce paramètre sur le dessin des contours.

```
void Labeling(IplImage* bw)
{
   CvMemStorage* storage = cvCreateMemStorage(0);
   CvSeq* contour = 0;
   cvFindContours( bw, storage, &contour, sizeof(CvContour),
                   CV_RETR_CCOMP, CV_CHAIN_APPROX_NONE );
//   CvSeq* first = contour;
   IplImage* dst = cvCreateImage(cvGetSize(bw), 8, 3);
   cvZero(dst);

   for( ; contour != 0; contour = contour->h_next )
   {
      CvScalar color = CV_RGB( rand()&255, rand()&255, rand()&255 );

      cvDrawContours( dst, contour, color, color, -1, -1 );
      cvDrawContours( dst, contour, CV_RGB(255,0,0),
                      CV_RGB(255,255,255), -1, 2);
   }
   cvNamedWindow( "Components", 0 );
   cvShowImage( "Components", dst );
   cvReleaseImage(&dst);
   cvReleaseMemStorage( &storage );
}
```

Chaque élément de la liste pointe vers le suivant, mais pas vers le précédent : une fois atteinte la fin de la liste, il est impossible de revenir en arrière sauf si on a enregistré l'adresse du pointeur de tête. L'instruction mise en commentaire défini un tel pointeur nommé `first` (par exemple). C'est une opération indispensable si on souhaite exploiter à nouveau les contours des composantes connexes.

Le type `CvSeq` est associé à un grand nombre de fonction servant à accéder en lecture ou en écriture aux éléments d'une liste. Dans le présent exemple, chaque contour est constitué par un ensemble de points : il y en a `contour->total` pour être précis. La fonction `cvGetSeqElem` permet de lire un élément donné de la séquence d'intérêt, ici un point 2D. En guise d'exemple, ajouter les instructions suivantes à la fonction `Labeling`, entre le dessin des contours et l'affichage de l'image résultat. Le pointeur `first` doit bien entendu avoir été initialisé.

```
for( ; first != 0; first = first->h_next )
{
   for (int ii=0; ii<(first?first->total:0);ii++ )
   {
      CvPoint pt = *(CvPoint*) cvGetSeqElem( first, ii );
      cvCircle(dst, pt, 1, CV_RGB(255,255,255), -1);
   }
}
```

Ce programme permet de dessiner une croix (i.e. cercle de rayon =1 dans une image numérique) à l'endroit de chaque point de contour : pour s'en convaincre, coder les chaînes de contour par les extrémités des segments les constituant lors de l'étiquetage des composantes connexes (méthode `CV_CHAIN_APPROX_SIMPLE`).

Récapitulatif

Matlab	`bwlabel, bwperim`
	`rectangle`
	`find`

CV	`cvThreshold` `CvBox2D, cvBoxPoints`

CxCore	`CvSeq, cvGetSeqElem`
	`CvMemStorage, cvCreateMemStorage, cvReleaseMemStorage`
	`cvFindContours, cvDrawContours`
	`cvCircle`

TAB. VI.1 – Les fonctions et types abordés dans ce chapitre, classés selon leur bibliothèque d'appartenance

Chapitre VII

CHAMP DE GRADIENT ET CONTOURS

1 Champ de gradient d'une image

1.1 Le gradient et son module

Une image en niveau de gris est un champ de scalaire. On peut alors définir le gradient de ce champ, le gradient de l'image, qui est un champ de vecteurs. Ces vecteurs appartiennent au plan de l'image, et se décomposent sur les vecteurs de base du repère cartésien ayant pour origine le coin haut gauche de l'image.

$$\mathbf{I} : \begin{array}{ccc} \mathbb{N}\text{x}\mathbb{N} & \rightarrow & \mathbb{N} \\ (x,y) & \mapsto & I(x,y) \end{array} \quad \Rightarrow \quad \vec{grad}\, I = \begin{pmatrix} \frac{\partial I}{\partial x} \\ \frac{\partial I}{\partial y} \end{pmatrix} = \begin{pmatrix} G_x \\ G_y \end{pmatrix} \quad \text{et} \quad \left\|\vec{G}\right\| = \sqrt{G_x^2 + G_y^2}$$

Les deux champs G_x et G_y (respectivement *gradient horizontal* et *gradient vertical*) sont exploités pour estimer le module du gradient, ainsi que son orientation. Le module du gradient est généralement défini par sa norme euclidienne $\left\|\vec{G}\right\|$.

Le module est utilisé pour définir les *points de contour* d'une image, qui sont les points où ce module est le plus est élevé. Le gradient d'un point de contour est un vecteur normal à ce contour, orienté dans le sens des intensités croissantes, c'est-à-dire du sombre vers le clair. Le gradient d'un pixel d'une région uniforme de l'image est de module faible.

Le gradient horizontal G_x **et le gradient vertical** G_y en un point (x,y) de l'image, peuvent être estimés en première approximation par un filtre passe-haut du premier ordre :

$$G_x(x,y) = I(x,y) - I(x-1,y) \quad \text{et} \quad G_y(x,y) = I(x,y) - I(x,y-1)$$

Le gradient horizontal et le gradient vertical se calculent ainsi par un produit de convolution 2D de l'image avec un filtre approprié (ici, des opérateurs de Robert) :

$$G_x = I \otimes [-1 \quad 1] \quad \text{et} \quad G_x = I \otimes \begin{bmatrix} 1 \\ -1 \end{bmatrix}$$

Le gradient du pixel à la position (j,i) de l'image est alors défini par :

$$\vec{G}(j,i) = \begin{bmatrix} G_x(j,i) \\ G_y(j,i) \end{bmatrix} \tag{VII.1}$$

Cette approche est très sensible aux variations rapides des niveaux de gris, puisqu'elle s'appuie sur la différence de niveaux de gris entre deux pixels voisins. Elle n'est donc pas robuste aux différents bruits présents dans l'image : un filtrage passe-bas est nécessaire avant l'opération de dérivation partielle. En effet, le gradient d'un champ de scalaire n'est défini que si il est différentiable : pour ce faire, on doit lisser l'image, par exemple en utilisant un filtre moyenne. Ces opérations sont réalisées avec Matlab ainsi :

```
clear, close all

Io=imread('stuff.jpg'); % Lecture de l'image couleur
I = round(sum(Io,3)/3);% conversion couleur->niveaux de gris

% Lissage par la moyenne filtre 3x3
I=conv2(I,ones(3)/9,'same');

% Estimation du gradient :
H=[1 -1]; % Opérateur de Robert
Gx=conv2(I, H, 'same');  % Gradient Horizontal
Gy=conv2(I, H', 'same'); % Gradient Vertical : H' =transpose(H)
module=sqrt(Gx.*Gx+Gy.*Gy); % Module du gradient
```

Les opérateurs de Sobel permettent de réaliser ces deux opérations, lissage et différenciation, en une seule opération de convolution. Par exemple, on peut estimer le gradient d'un point de l'image en tenant compte d'un voisinage 3x3. Dans ce cas, les gradients horizontal et vertical sont définis par :

$$G_x = I \otimes \begin{bmatrix} -1 & 0 & 1 \\ -2 & 0 & 2 \\ -1 & 0 & 1 \end{bmatrix} \quad \text{et} \quad G_y = I \otimes \begin{bmatrix} -1 & -2 & -1 \\ 0 & 0 & 0 \\ 1 & 2 & 1 \end{bmatrix}$$

Ces formules ne font pas apparaître de termes de normalisation : si les niveaux de gris de l'image sont compris entre 0 et 255, les composantes du gradient sont comprises entre -1020 et +1020 (en effet, $1020 = 255 + 2 * 255 + 255$). Une conversion de type est nécessaire : si I est une image codée sur 8 bits, les champs G_x et G_y doivent être définis comme des entiers non signés définis sur 16 bits, sans quoi il y a *dépassement de capacité* (les valeurs de gradient négatives sont remplacées par 0, et les valeurs supérieures à 255 sont saturées à 255).

Le choix de la taille du filtre dépend de la qualité de l'image (résolution et niveau de bruit) et des dimensions des objets dont on cherche à estimer les contours. En effet, le principe du lissage est d'ajouter un effet de flou, ce qui permet d'éliminer les bruits dans l'image, mais diminue aussi la visibilité (le contraste) des détails de l'objet que l'on voudrait conserver.

1.2 Points de contour d'une image

Les points de contour d'une image sont les pixels appartenant aux *contours de l'image*, c'est-à-dire les points à fort gradient. Un contour est une zone de transition de l'image constituée par une hétérogénéité locale, ou une frontière entre régions. Le seuillage du module du gradient permet de définir les points de contours. Tous les pixels ayant un module de gradient supérieur à ce seuil sont classifiés comme points de contour de l'image. Le choix du seuil peut se faire en analysant le module du gradient point par point, ou en prenant un pourcentage de son maximum. L'exemple suivant est réalisé avec Matlab : on commence par mettre à zéro les pixels en bordure d'image où le gradient est artificiellement élevé (effet de bord de la convolution 3×3). On seuil le module à 90% de son maximum pour définir les points de contour :

```
module([1:3,end-2:end],:)=0; % Bords horizontaux
module(:,[1:3,end-2:end])=0; % Bords verticaux
contours = module>(max(module(:))/10); % contours de l'image
```

On remarque qu'un gradient horizontal fort (de module élevé) caractérise un contour vertical, alors que le gradient vertical permet de détecter les contours horizontaux, comme le montre la figure VII.2.

OpenCV ne fournit pas de fonction pour calculer le module du gradient : on propose par la suite un programme implémentant la définition précédemment donnée. Elle nécessite de calculer le carré de valeurs comprises entre -1020 et +1020 si on utilise un filtre 3x3 pour estimer le gradient. Comme $2 * 1020^2 = 2080800$ et que $2^{16} = 65536$ le module doit être codé sur plus de 16 bits : on le définit par un tableau de nombres flottants codés sur 32 bits.

1.3 Orientation du gradient

L'orientation des points de contour d'une image donne la direction et le sens du gradient en ces points. Elle est généralement définie de manière modulaire par un angle compris entre $-\pi$ et π :

$$orientation = arctan2(G_y, G_x)$$

La fonction arctan2 est illustrée par la figure VII.1, où est représenté le repère cartésien de l'image.

Cette orientation est définie en tout point de l'image, mais on ne la calcule le plus souvent que sur les contours de l'image, car ceux sont eux qui déterminent la forme géométrique des objets de la scène.

On la quantifie généralement sur un nombre N de valeurs, l'orientation $\mathbf{n}$ d'un pixel est alors un nombre entier compris entre 0 et $N-1$:

$$\mathbf{n} = round\left(\frac{N}{2\pi} arctan2(-G_y, G_x)\right) \quad modulo\, N \tag{VII.2}$$

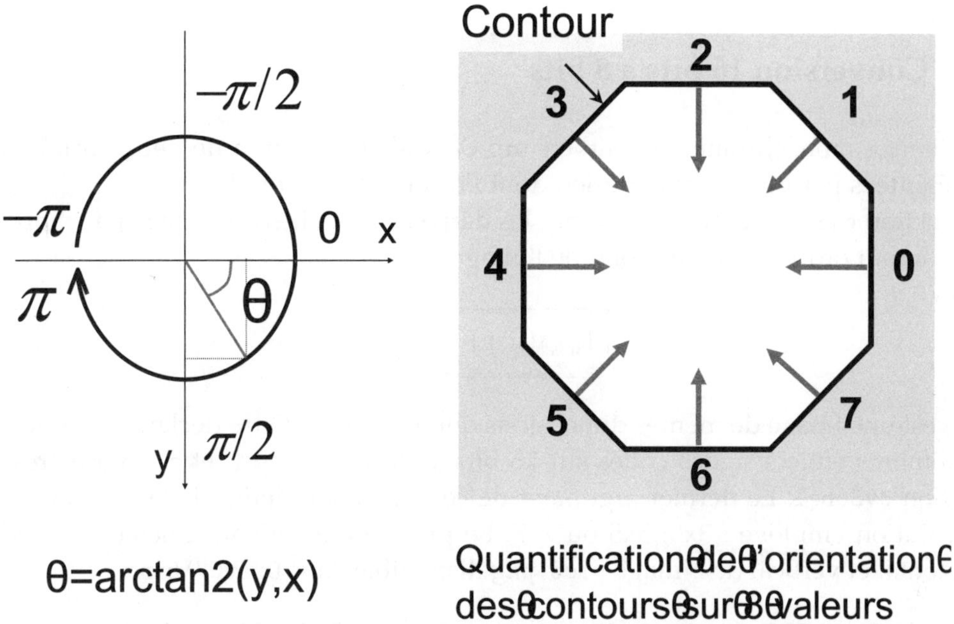

FIG. VII.1 – Codage de l'orientation du gradient *A gauche : valeurs de la fonction bivariée arctan2 en fonction de l'angle θ avec l'axe des abscisses. A droite : codage de Freeman de l'orientation de points de contour. Le gradient est orienté dans le sens des intensités croissantes.*

La figure VII.1 illustre le codage des contours de Freeman selon $N = 8$ orientations : le gradient de certains points de contour d'un octogone (d'intensité plus élevée que le fond) est associé à son orientation. L'orientation en tout point de l'image se calcule avec Matlab de la manière suivante :

```
N=8;
orien=mod(round(N/2*atan2(Gy,-Gx)/pi),N);
```

L'orientation Nord correspond ainsi à la direction $\mathbf{n} = 2$ (selon les y croissants), $\mathbf{n} = 6$ étant l'orientation Sud. L'orientation des pixels dans les régions uniformes est mal définie, car les valeurs des gradients G_x et G_y sont faibles. Avec Matlab, on peut mettre à la valeur -1 l'orientation des points qui ne sont pas situés sur un contour. Il y a plusieurs manière de le faire, la plus compacte fait usage de la fonction `find` :

```
EdgesOrien = orien;
EdgesOrien(find(contour==0))=-1;
% EdgesOrien(find( ~ contour))=-1; % (alternative)
```

On peut aussi exploiter l'opérateur $\sim$ (NOT). Le tableau `contours` des contours de l'image est le résultat d'un test booléen, c'est une variable de type `logical`. L'inverse de ce tableau est le tableau `~contours` : cette instruction se traduit par "non contours". `find(~contour)` retourne la liste des indices des pixels du tableau `~contour` qui sont différents de zéro.

2 Gradient et orientation sous OpenCV

2.1 Conversion 16 bits à 8 bits

L'image monochrome I est un champ de scalaire fonction de deux variables x, y, représentées par un repère cartésien dont l'origine est le coin haut gauche de l'image. La fonction `cvSobel` permet d'estimer les dérivées partielles de l'image par rapport à x et à y, à tout ordre et en tout point de l'image :

$$\boxed{I_{Sobel}(n, p) = \frac{\partial^{n+p}}{\partial^n x \partial^p y} I}$$

I_{Sobel} est une image de mêmes dimensions que I, mais doit être déclarée comme image de nombres entiers signés codés sur 16 bits. n et p sont les 4° et 5° paramètres de la fonction `cvSobel`. Le dernier argument de cette fonction définit la taille du noyau de convolution employé : 3x3, 5x5 ou 7x7. Le programme suivant calcule les gradients horizontal et vertical de l'image `pic6.png` disponible dans `OpenCV\bin`.

```
#include "cv.h"
#include "highgui.h"

int main( int argc, char** argv )
{
// Chargement de l'image en niveau de gris
   IplImage* src = cvLoadImage("pic6.png",0);

// Gradient Horizontal Gx
   IplImage* Gx = cvCreateImage( cvGetSize(src),     IPL_DEPTH_16S, 1);
   cvSobel( src, Gx, 1, 0, 7 );

// Gradient Vertical Gy
   IplImage* Gy = cvCreateImage( cvGetSize(src),     IPL_DEPTH_16S, 1);
   cvSobel( src, Gy, 0, 1, 7 );
```

AFFICHAGE DES GRADIENTS ETIRES LINEAIREMENT

```
   ...
}
```

On calcule ainsi le gradient d'une image : il est constitué de deux images particulières puisque ce sont des tableaux d'entiers relatifs codés sur 16 bits. Elles ne peuvent être affichées correctement par la fonction `cvShowImage` adaptée aux images codées sur 8 bits. Cette dernière sature à 0 les pixels d'intensité négative, et à 255 ceux dont l'intensité est supérieure à 255. Les gradients négatifs apparaissent en noir, les gradients élevés sont écrêtés à la valeur 255 (celle du blanc).

```
...
```

Ajustement linéaire de la dynamique des gradients

```
   IplImage* Ix = cvCreateImage( cvGetSize(Gx), 8, 1);
   IplImage* Iy = cvCreateImage( cvGetSize(Gy), 8, 1);

   // Conversion Gx = 16 bits  ->  Ix = 8 bits
   double min_val,max_val;
   cvMinMaxLoc( Gx, &min_val, &max_val, 0, 0 );
   cvConvertScale( Gx, Ix, 255/(max_val-min_val),
        -255*min_val/(max_val-min_val) );

   cvMinMaxLoc( Gy, &min_val, &max_val, 0, 0 );
   // Conversion  16 bits  ->  8 bits :
   cvConvertScale( Gy, Iy, 255/(max_val-min_val),
        -255*min_val/(max_val-min_val) );

...
```

```
...
```

Affichage : image source et gradients

```
   cvNamedWindow("Gx",0);
   cvShowImage("Gx",Ix);

   cvNamedWindow("Gy",0);
   cvShowImage("Gy", Iy);

   cvNamedWindow("src", 0);
   cvShowImage("src", src);
```

Libérations mémoires et sortie du programme

```
   cvWaitKey(0);
   cvReleaseImage(&Ix);
   cvReleaseImage(&Iy);
   cvReleaseImage(&src);
   cvReleaseImage(&Gx);
   cvReleaseImage(&Gy);
   return 0;
}
```

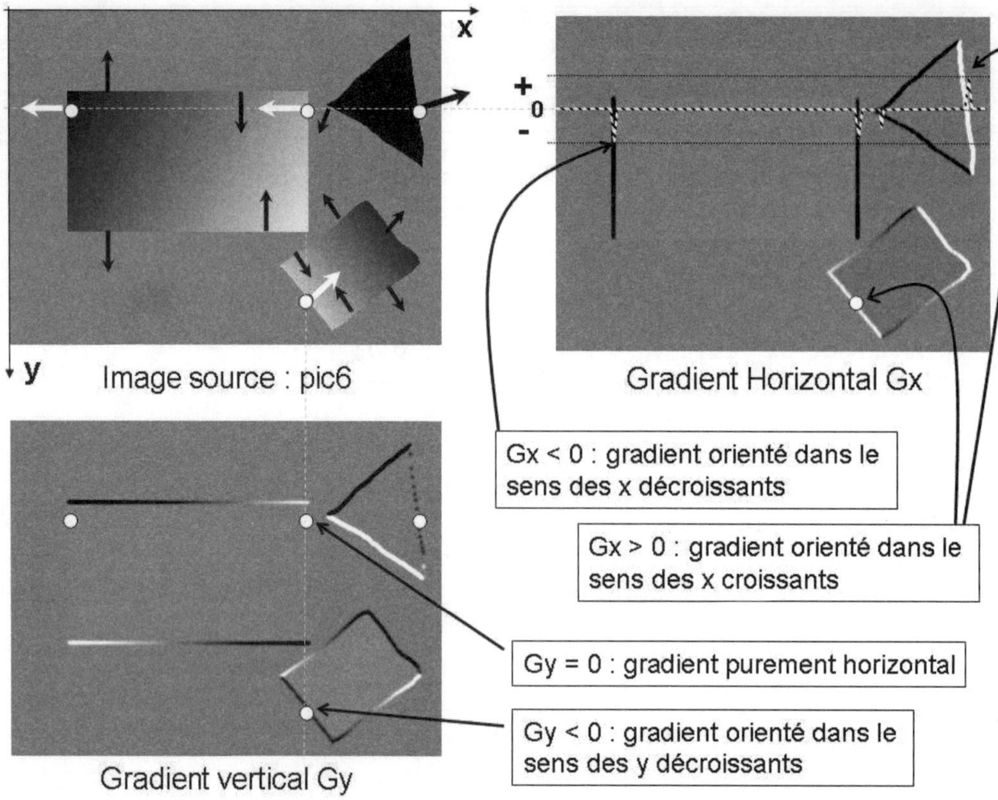

FIG. VII.2 – Gradient horizontal et gradient vertical *Les valeurs négatives apparaissent en noir, les valeurs positives en blanc. Le gradient de l'image est représenté par des vecteurs en quelques points de contours.*

Une manière courante d'afficher ces gradients est de les étirer linéairement entre 0 et 255. Ainsi, la valeur minimale d'un gradient est ramenée à la valeur 0, et son maximum à 255 : le gradient apparaît d'autant plus sombre qu'il est petit (valeur possiblement négative), d'autant plus clair qu'il est élevé.

Dans le cas de l'image `pic6.png`, on a choisi un filtre de taille 7x7 afin de grossir les contours. Les gradients faibles sont représentés dans l'image étirée par un gris dont l'intensité est de l'ordre de 127. Les valeurs négatives de gradient y apparaissent en noir, et les valeurs positives en blanc dans la figure VII.2.

Pour réaliser l'extension de dynamique, on procède comme décrit au chapitre III.1 : cette étape nécessite le calcul du maximum et du minimum des gradients. Les gradients étirés peuvent alors être affichés sous forme d'images codés sur 8 bits, comme le montre la figure VII.2. Le programme se termine traditionnellement en libérant l'espace mémoire alloué aux images.

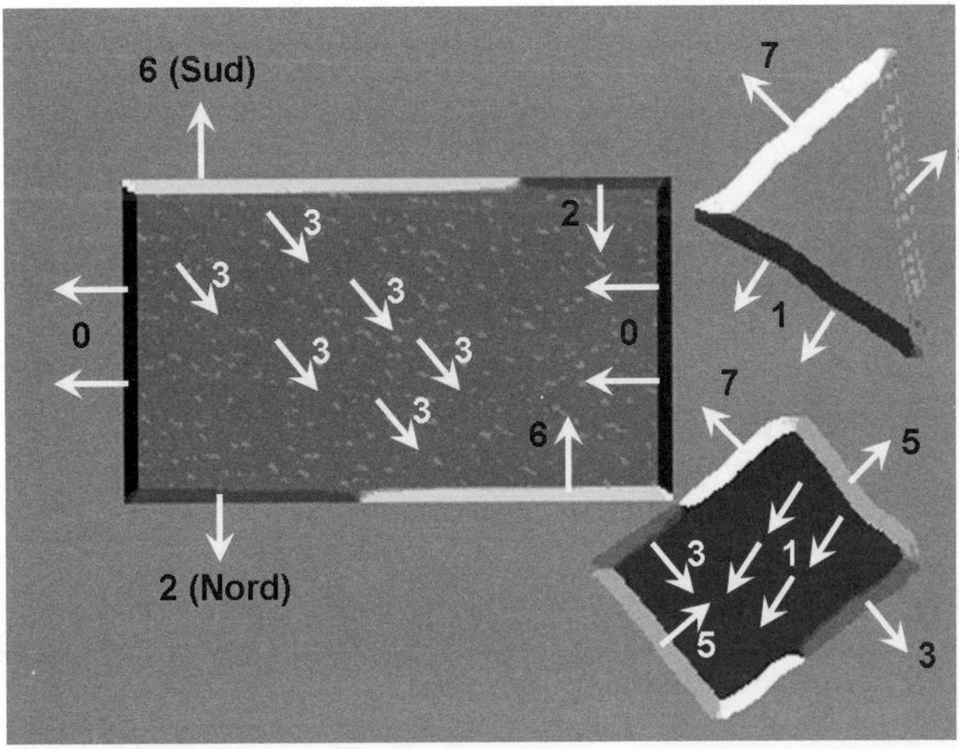

FIG. VII.3 – Orientation du gradient *Le gradient est orienté dans le sens des intensités croissantes, et est perpendiculaire aux contours. Dans le code Freeman, 8 orientations sont possibles, numérotées de 0 à 7.*

2.2 Calcul de l'orientation du gradient

OpenCV propose une détection de contours qu'on exploite dans les sections suivantes. Mais si on souhaite accéder au module ou à l'orientation du gradient, ils doivent être calculés. Comme OpenCV ne propose pas de calculer l'arctangente d'un tableau tout entier, le calcul de l'orientation du gradient nécessite de parcourir les gradients horizontal et vertical pixel par pixel. Dans le code précédent, après avoir calculé les gradients `Gx` et `Gy` à l'aide d'un filtre de Sobel, on ajoute le code suivant pour estimer l'orientation du gradient en tous les points de l'image.

Ce programme calcule l'orientation du gradient de chaque pixel de l'image, et affecte le tableau `orien` via la fonction `cvSet2D`. Le résultat est donc une image contenant des entiers compris entre 0 et 7. Une extension de la dynamique de cette image est nécessaire pour l'afficher, car le niveau de gris maximal 7 est trop faible pour être visible. La figure VII.3 illustre le résultat obtenu, on y a indiqué le gradient et son orientation en quelques points. Un petit effort de comparaison est nécessaire pour interpréter cette image. L'orientation 7 correspond aux pixels les plus blancs, l'orientation 0 aux pixels les plus noir. L'orientation 1 est un peu moins sombre, l'orientation 6 un peu moins claire que la 7 et ainsi de suite.

```
...
   IplImage* orien = cvCreateImage( cvGetSize(src), 8, 1);
   cvZero( orien );

   int Ndir=8;

   for (int xx=0; xx<orien->width; xx++)
      for( int yy=0; yy<orien->height; yy++ )
      {
         CvScalar ix,iy;
         int ori;
         ix = cvGet2D( Gx, yy, xx);
         iy = cvGet2D( Gy, yy, xx);

         CvScalar directxy; double theta=0;
         theta = atan2(iy.val[0],-ix.val[0])*Ndir/(2*CV_PI);
         ori = 8+cvRound( theta );
         ori= ori % Ndir;

         directxy.val[0] = ori;
         cvSet2D(orien, yy,xx, directxy);
      }
   cvConvertScale(orien, orien, 255./7, 0);

   cvNamedWindow("orien", 0);
   cvShowImage("orien", orien);

...
```

On note qu'alors la résolution du codage de Freeman est de 45° Éle vecteur gradient fait alors un angle avec l'axe des abscisses correspondant aux orientations 0 à 7 :

$$\theta \in \{0, \frac{\pi}{4}, \frac{\pi}{2}, \frac{3\pi}{4}, \pi, \frac{5\pi}{4}, \frac{3\pi}{2}, \frac{7\pi}{4}\}$$

Si on cherche à evaluer plus finement l'orientation d'un gradient, il faut employer un nombre `N` plus grand.

3 Module du gradient et points de contours

3.1 Image codée sur 32 bits

Quelques instructions utiles permettent de calculer le module du gradient sous OpenCV de manière matricielle. Comme expliqué plus haut, l'image contenant le module doit être codées sur 32 bits non signés. Comme il n'y a pas de type entier 32 bits sous OpenCV, on le définit comme un tableau de nombres flottants 32 bits : c'est le type `IPL_DEPTH_32F`. On doit calculer le carré du gradient horizontal et celui du gradient vertical sur toute l'image. On a vu qu'un gradient, estimé par convolution de l'image source par un filtre de Sobel 3x3, a des valeurs comprises entre -1020 et +1020. Le carré du gradient est alors compris entre 0 et $1020^2 = 1040400$: il faut donc déclarer ces deux tableaux comme des nombres flottants non signés codés sur 32 bits (16 bits seraient insuffisant car $2^{16} = 65536$).

Pour ce faire, on utilise la fonction `cvSquareAcc` qui permet de calculer le tableau d'accumulation I_{acc}. Cette fonction incrémente l'accumulateur I_{acc} du carré de l'image source `src` qui lui est passé en argument :

$$I_{acc}(x,y) = I_{acc}(x,y) + src(x,y)^2, \forall x,y$$

Mais cette fonction nécessite que l'accumulateur et l'image source soit de même type : il faut donc convertir les gradients horizontal et vertical, images codées sur 16 bits, en images codées sur 32 bits tel le module.

Afin de se conformer à la formule du module, on calcule la racine carrée de la somme des gradients horizontal et vertical élevées au carré. Cette opération réalise une correction non linéaire de la dynamique du carré du module, et permet parfois de mettre en valeur les modules faibles. La fonction `cvPow` (pour *power*) calcule élément par élément la puissance $n^{\text{ième}}$ d'une image. Dans le cas de l'image traitée, on peut faire apparaître les points de module faible mais non nul en prenant la racine quatrième du carré du module plutôt que la racine seconde :

```
cvPow( source, destination, 0.25 )
```

La figure VII.4 illustre les deux cas : la figure (a) montre le module du gradient, où apparaissent nettement les contours de l'image `pic6`, et la figure (b) affiche la racine du module du gradient, prouvant que le module du gradient n'est pas nul à l'intérieur des 2 rectangles (voir aussi figure VII.2). Cette opération n'est toutefois pas indispensable : par exemple, lorsque l'on cherche les contours de l'image, seuiller le module du gradient ou son carré est une opération de binarisation équivalente.

Enfin l'affichage d'images 32 bits n'est pas correcte avec la fonction `cvShowImage` et la conversion en image 8 bits s'avère nécessaire, la dynamique de l'image étant ramenée préalablement à la gamme [0 255]. De même que pour l'affichage des gradients G_x et G_y qui a nécessité la conversion d'image 16 bits à image 8 bits à la section précédente.

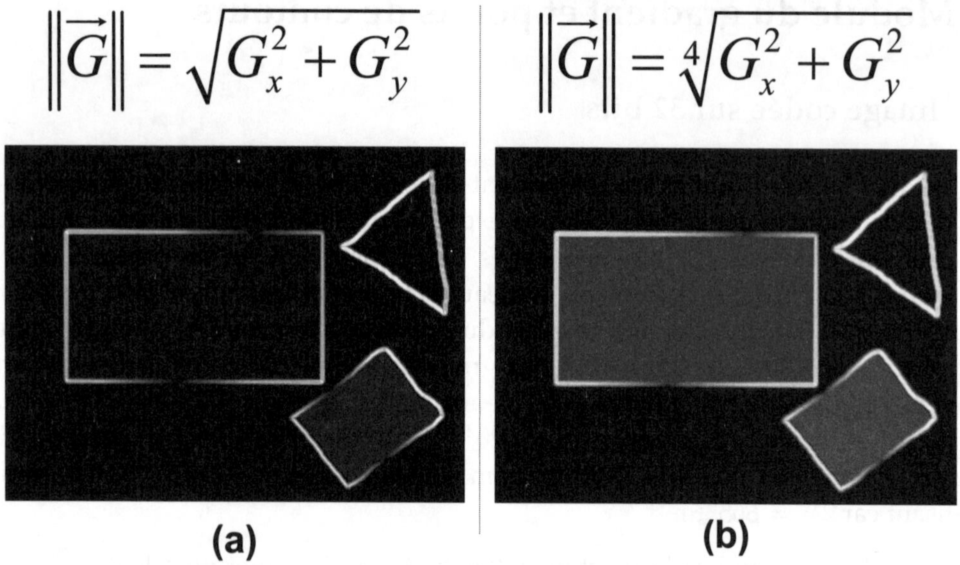

FIG. VII.4 – Dynamique du module du gradient *(a) Module du gradient. (b) La racine carrée du module permet de mettre en valeur les points de module faible.*

```
...
```

Calcul du gradient de l'image

```
IplImage* src = cvLoadImage("pic6.png",0);
IplImage* Gx = cvCreateImage( cvGetSize(src),
                              IPL_DEPTH_16S, 1);
IplImage* Gy = cvCreateImage( cvGetSize(src),
                              IPL_DEPTH_16S, 1);
cvSobel( src, Gx, 1, 0, 7 );
cvSobel( src, Gy, 0, 1, 7 );
```

Création des images 32 bits

```
IplImage* module = cvCreateImage(cvGetSize(src),
                                 IPL_DEPTH_32F, 1);
IplImage* Gx32 = cvCreateImage(cvGetSize(src),
                               IPL_DEPTH_32F, 1);
IplImage* Gy32 = cvCreateImage(cvGetSize(src),
                               IPL_DEPTH_32F, 1);
```

Conversion 16 bits -â 32 bits

```
cvConvertScale( Gx, Gx32, 1., 0.);
cvConvertScale( Gy, Gy32, 1., 0.);
```

Somme du carré des gradients

```
cvZero(module);
cvSquareAcc( Gx32, module);
cvSquareAcc( Gy32, module);
```

Racine carrée

```
cvPow( module, module, 0.5 );
```

Etirement linéaire du module sur [0 255] pour affichage

```
double min_val, max_val;
cvMinMaxLoc( module, &min_val, &max_val, 0, 0 );
cvConvertScale(module, module,  255/(max_val-min_val),
                                 -255*min_val/(max_val-min_val) );
```

Conversion 32 bits -â 8 bits pour affichage

```
IplImage* module8 = cvCreateImage( cvGetSize(src), 8, 1);
cvConvertScale(module, module8, 1, 0);
cvNamedWindow("module", 0);
cvShowImage("module", module8);
```

Libération de la mémoire et fermeture du programme

```
...
```

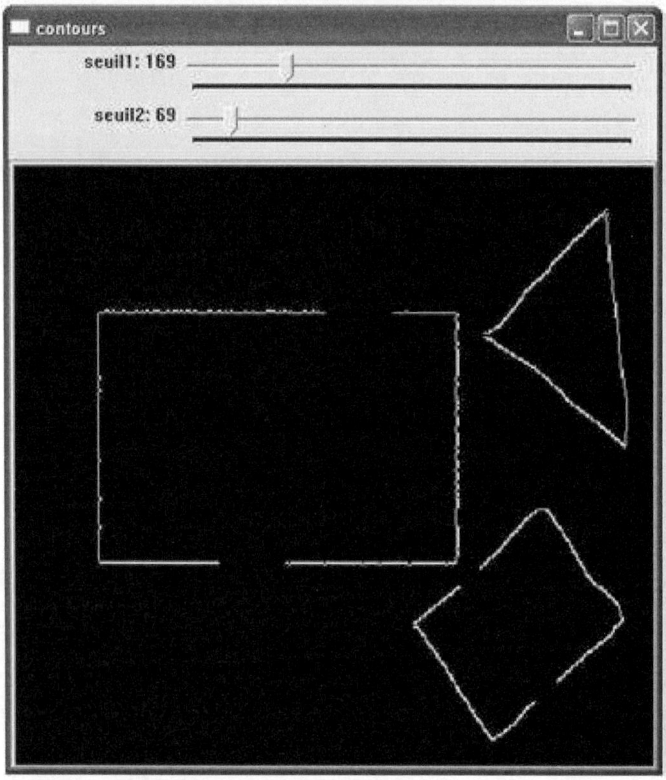

FIG. VII.5 – **Détecteur de Canny** *Image binaire des contours.*

3.2 Détecteur de contours de Canny

La détection des contours d'une image peut se faire par l'algorithme de Canny [1]. La description de cet algorithme est hors-programme de ce manuel, on l'étudie de manière expérimentale. Cette méthode implémente une estimation du gradient de l'image à l'aide d'un filtre de Sobel, suivi d'un seuillage par hystérésis du module du gradient. Un seuil haut et un seuil bas sont à définir. Tous les pixels où le module du gradient est supérieur au premier seuil sont classifiés comme appartenant aux contours de l'image É des segments de contours de l'image sont ainsi formés. Les pixels ayant un module supérieur au seuil bas et qui sont reliés (sur un critère de connexité) aux segments précédents sont définis comme points de contour dans l'image binaire résultante.

Dans le programme suivant, deux curseurs à glissière sont implémentés pour représenter l'effet des deux seuils de l'algorithme, comme l'illustre la figure VII.5. L'image binaire résultat de la détection de contours y est illustrée : les points de contour sont d'intensité 255, les autres points sont à zéro. On remarque que les contours obtenus sont très finement définis, ce qui n'est pas le cas si la détection se fait par un simple seuillage du module du gradient.

[1] J. Canny. A computational approach to edge detection. *IEEE Transaction on Pattern Analysis and Machine Intelligence*, 8(6) :679–698, 1986.

```
#include "cv.h"
#include "highgui.h"

int threshold1=100, threshold2=50;
IplImage* src=0, *edges = 0;

void cb_CannyUSL(int npos)// Upper Spec. Limit
{
   cvCanny( src, edges, npos, threshold2 );
   cvShowImage("contours", edges);
}

void cb_CannyLSL(int npos)// Lower Spec. Limit
{
   cvCanny( src, edges, threshold1, npos );
   cvShowImage("contours", edges);
}

int main( )
{
   src = cvLoadImage("pic6.png",0);
   edges = cvCreateImage(cvGetSize(src), 8, 1);

   cvNamedWindow("contours", 0);
   cvCreateTrackbar("seuil1", "contours",
                           &threshold1, 800, cb_CannyUSL);
   cvCreateTrackbar("seuil2", "contours",
                           &threshold2, 800, cb_CannyLSL);
   cb_CannyUSL(threshold1);

   cvWaitKey(0);
   cvReleaseImage(&src);
   cvReleaseImage(&edges);
   return 0;
}
```

3.3 Seuillage automatique par l'algorithme *E-M*

Soit une distribution bi-modale des niveaux de gris : par exemple des objets clairs sur un fond sombre, ou l'inverse. Il existe une méthode permettant de maximiser la variance interclasse, c'est à dire de séparer optimalement les deux modes en présence. Le sous programme suivant est à déclarer avant le programme principal.

```
double get_seuil(IplImage* _ima, int _crit)
{
   CvScalar mean = cvAvg( _ima);
   double _seuil = mean.val[0];
   int Ntotal = (_ima->width)*(_ima->height);

   bool change=1;
   IplImage* Mask1 = cvCreateImage( cvGetSize(_ima), 8, 1);
   IplImage* Mask0 = cvCreateImage( cvGetSize(_ima), 8, 1);

   while(change)
   {

      cvThreshold( _ima, Mask1, _seuil, 255, CV_THRESH_BINARY );
      cvNot(Mask1, Mask0);

      int N1 = cvCountNonZero(Mask1);
      int N0 = cvCountNonZero(Mask0);

      CvScalar _m0, _m1, _s0, _s1;
      cvAvgSdv( _ima, &_m0, &_s0, Mask0 );
      cvAvgSdv( _ima, &_m1, &_s1, Mask1 );

      double m0 = _m0.val[0], m1 = _m1.val[0];
      double s0 = _s0.val[0], s1 = _s1.val[0];

      double V = (s0*N0 + s1*N1)/Ntotal;
      V = V*V;

      double c_seuil = (m0+m1)/2 + V/( MAX(1,m1-m0) )*log( N0/N1 );

      if( abs( c_seuil-_seuil ) <_crit )
         change=0;
      _seuil = c_seuil;
   }
   cvReleaseImage(&Mask0);    cvReleaseImage(&Mask1);
   return _seuil;
}
```

La fonction `get_seuil` implémente cette approche E-M, elle permet de s'affranchir d'une recherche de seuil fixe, qui par définition, est à réaliser à chaque fois que les conditions d'éclairement de la scène changent. Le `main` construit le module du gradient comme vu précédemment, puis le seuil optimal est calculé sur l'image du module pour définir les points de contours.

```
double get_seuil(IplImage* _ima, int _crit);

int main( )
{
   IplImage* src = cvLoadImage("pic6.png",0);
   IplImage* edges = cvCreateImage(cvGetSize(src), 8, 1);
   IplImage* module = cvCreateImage(cvGetSize(src), 32, 1);
   IplImage* module8 = cvCreateImage(cvGetSize(src), 8, 1);
```

Estimation du module du gradient

Ajustement de dynamique et conversion 8 bits

```
   cvMinMaxLoc( module, &min_val, &max_val, 0, 0 );
   cvConvertScale(module, module8,  255/(max_val-min_val),
                        -255*min_val/(max_val-min_val) );
```

Calcul du seuil automatique

```
   double thresh = get_seuil(module8, 10);
```

Définition des contours

```
   cvThreshold(module8, edges, thresh, 255, CV_THRESH_BINARY);
```

Affichage des contours

```
   cvNamedWindow("contours", 0);
   cvShowImage("contours", edges);
```

Libérations mémoires et sortie du programme

```
   ...
}
```

Récapitulatif

CV	`cvSobel, cvCanny` `cvSquareAcc`

CxCore	`IPL_DEPTH_16S, IPL_DEPTH_32F`
	`cvSet2D`
	`cvPow`
	`cvAvgSdv`
	`cvCountNonZero`

TAB. VII.1 – Les fonctions abordées dans ce chapitre

Chapitre VIII

Modélisation géométrique : Transformée de Hough

INTRODUITE par Paul Hough et brevetée par IBM en 1962 [1], la Transformée de Hough était à l'origine appliquée à la détection de trajectoires de particules dans une chambre à bulle. La méthode exprime la recherche de points alignés par une recherche équivalente dans un espace de paramètres de droites concourantes. La transformation a été étendue à la détection de courbes paramétrées sous le nom de Transformée de Hough Généralisée, dont la formulation est explicitée dans les paragraphes suivants.

La Transformée de Hough est depuis un outil classique dans le domaine de la vision artificielle. Le principe de la transformation est d'établir une projection entre l'image et l'espace des paramètres de la forme recherchée. Elle permet la détection de droites, de cercles[2] ou d'ellipses, et peut être appliquée à des objets plus complexes[3].

Elle est particulièrement robuste aux bruits parce que cumulative : il est peu probable que plusieurs points de contour (plus de deux) dûs aux bruits votent pour un même point de l'espace des paramètres. Elle est aussi robuste aux imperfections et incomplétudes de la forme recherchée.

Dans ce chapitre, on l'applique à quelques formes de base :
- accumulateur de Hough et détection de droites,
- détection de segments de droite,
- détection de cercles.

---

[1] P.V.C. Hough. Methods and means for recognizing complex pattens. *U.S. Patent 3 069 654*, 1962.

[2] C. Kimme, D. Ballard, and J. Sklansky. Finding circles by an array of accumulators. *Communications of the Association for Computing Machinery*, 18(2) :120–122, 1975.

[3] R. Belaroussi and J.-P. Tarel. Angle vertex and bisector geometric model for triangular road sign detection. In *Proceedings of the Workshop on Application on Computer Vision WACV*, 2009.

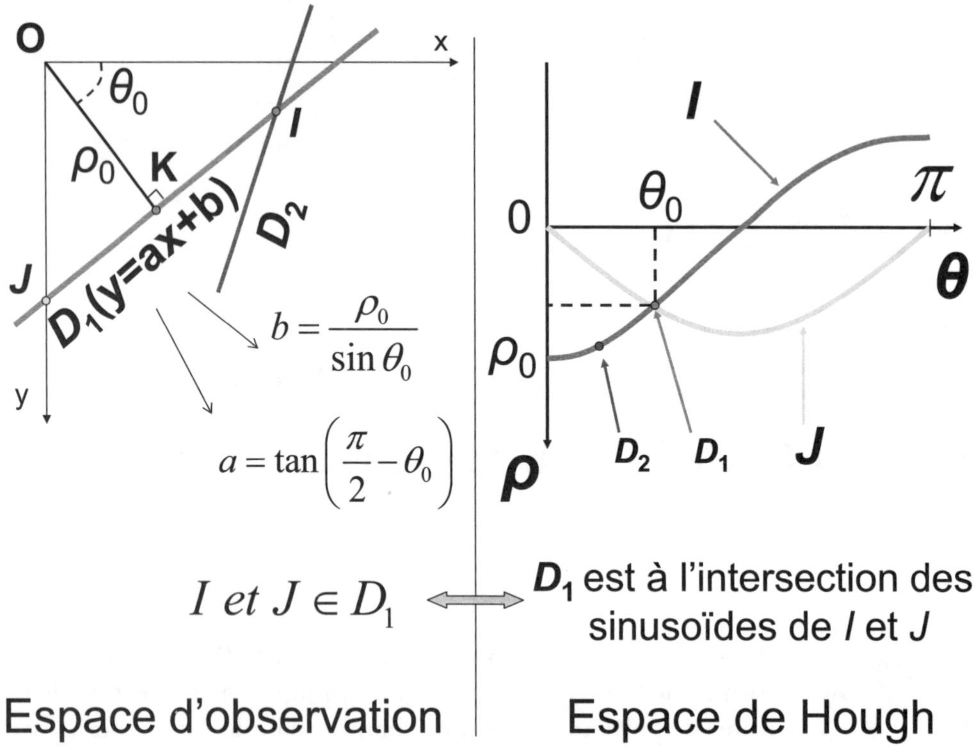

FIG. VIII.1 – Dualité entre espace d'observation et espace de Hough.

1 Transformation de Hough Standard

1.1 Représentation d'une droite

C'est une méthode classique de détection de droites dans une image. Dans un repère cartésien, une droite d'équation $y = ax + b$ peut être paramétrée par les coordonnées polaires (ρ_0, θ_0) de la projection orthogonale K de l'origine O sur la droite : voir figure VIII.1. La représentation *normale* de cette droite est $\boxed{\rho_0 = x\cos\theta_0 + y\sin\theta_0}$. Le plan (x, y) définit l'espace d'observation, l'espace des paramètres (ρ, θ) est appelé *espace de Hough*. Une droite de l'espace d'observation correspond alors à un point de l'espace de Hough. Soit un point $I = (x_I, y_I) = \rho_I(\cos\theta_I, \sin\theta_I)$ de l'espace d'observation. Les droites $\boxed{D(\rho, \theta)}$ passant par I vérifient : $\boxed{\rho = x_I\cos\theta + y_I\sin\theta}$ avec $\theta \in [0 \quad \pi]$. On trouve après linéarisation : $\boxed{\rho = \rho_I\cos(\theta - \theta_I)}$.

Ainsi, le point I de l'espace d'observation correspond à une sinusoïde dans l'espace de représentation. Des points d'une même droite dans l'espace d'observation correspondent à des sinusoïdes qui s'intersectent en un même point dans l'espace de Hough. Réciproquement, un point de l'espace des paramètres correspond à une droite dans l'espace d'observation. Des points d'une même sinusoïde dans l'espace des paramètres correspondent à des droites sécantes en une même point dans l'espace d'observation.

1.2 Accumulateur de Hough

Pour détecter les lignes dans une image, une détection de contours est opérée au préalable. On charge une image source supposée en niveaux de gris :

```
clear all, close all
Io=imread('Image.jpg'); % image source (niveaux de gris)
I=conv2( double(Io),ones(3)/9); % lissage
```

Détection des contours

```
H=[1 -1]; % opérateur de Robert
Gx=conv2(I, H,'same'); % gradient horizontal
Gy=conv2(I, H','same'); % gradient vertical
module=Gx.^2+Gy.^2;
module = module(3:end-3,3:end-3); % élimination des bords
contours=module>max(module(:))*.002;
imagesc(contours);colormap gray
```

L'image binaire des points de contour constitue l'espace d'observation. L'espace de Hough est matérialisé par un tableau **accumulateur** dont chaque case représente une droite. La Transformée de Hough Standard consiste à déterminer, pour chaque point de contour (x_i, y_i), toutes les droites (ρ, θ) passant par ce point. L'ensemble des points de contour est déterminé sous Matlab à l'aide l'instruction `[y,x]=find(contours)`; retournant deux vecteurs dans lequel chaque ligne correspond aux coordonnées d'un point `(x(i), y(i))` de contour, l'indice i allant de 1 à `length(x)` (nombre de points de contour). On parcourt l'ensemble des droites (ρ, θ) passant par ce point en faisant varier θ dans l'intervalle $[0 \quad \pi[$ et en calculant la valeur correspondante de ρ :

```
rho=x(i)*cos(theta/180*pi)+y(i)*sin(theta/180*pi);
```

En pratique, on travaille avec des tableaux indexés par des entiers : on fait donc varier θ dans l'intervalle $[0 \quad 179°]$ (en degrés).

Les points correspondant à ces droites dans l'espace de Hough incrémentent l'accumulateur `ACCU`. Comme le montre la figure VIII.1, ce tableau a pour axe des abscisses les valeurs de $\theta \in [0 \quad \pi]$, et en ordonnées ρ pouvant être négatif. Plus précisemment, $\rho \in [-\rho_{max} \quad \rho_{max}]$ où ρ_{max} correspond à la droite pour laquelle l'origine O se projette au point K égal au coin en bas à droite de l'image ou K égal au coin en haut à gauche. ρ_{max} est donc la longueur de la diagonale de l'image. Comme les lignes de `ACCU` sont indexées par un entier, ce tableau a $2 \times \rho_{max} + 1$ lignes en comptant la ligne $\rho = 0$.

L'indexation sous Matlab se fait à partir de (1, 1), on en tient compte lors de la construction de l'accumulateur. L'élément `ACCU(rho+Rmax,theta+1)` est ainsi le représentant de la droite `(rho, theta)` dans l'accumulateur : son contenu est le nombre de votes obtenus par cette droite.

Construction de l'accumulateur de Hough

```
[Ny,Nx]=size(contours);
Rmax=floor(sqrt(Nx^2+Ny^2));
ACCU=zeros(2*Rmax+1,180);
[y,x]=find(contours);
for i=1:length(x) % Pour chaque point de contour
   for theta=0:179 %
    rho=x(i)*cos(theta/180*pi)+y(i)*sin(theta/180*pi);
    rho=round(rho);
    ACCU(rho+Rmax,theta+1)=ACCU(rho+Rmax,theta+1)+1;
   end
end
ACCU=conv2(ACCU,ones(2),'same'); % mise en valeur des max
figure;imagesc(ACCU);grid on,colormap gray
```

1.3 Variantes de la Transformée de Hough Standard

Plusieurs variantes de cette transformation existent, telle que la Transformée de Hough Probabiliste, dans laquelle les contours votants sont sélectionnés de manière aléatoire, ou encore la Transformée de Hough Combinatoire, où chaque couple de points de contour vote pour la droite les joignant dans l'accumulateur. L'utilisation de la direction du gradient des contours [2,3] permet de réduire le nombre de votants.

2 Détection de droites et de segments

2.1 Correspondance entre accumulateur et espace d'observation

Pour terminer le programme Matlab précédent, on le dote d'une interface graphique :

Sélection manuelle des maxima de l'accumulateur

```
[theta,rho] = ginput(); % appuyer sur entrée pour arrêter la sélection
theta=(theta-1)/180*pi;
rho=rho-Rmax;
x=1:Nx; % vecteur de données équi-réparties dans [1 Nx]
figure, imagesc(contours);colormap gray
for i = 1:length(theta)
   % Equation cartésienne de la droite (rho, theta) numéro i :
   y=rho(i)/sin(theta(i)) - x*tan(pi/2-theta(i));
   hold on; plot(x,y,'-r'); %
end
```

Les valeurs de l'accumulateur les plus élevées correspondent aux droites de l'image contenant le plus de points de contour comme le montre la figure VIII.2. L'utilisateur

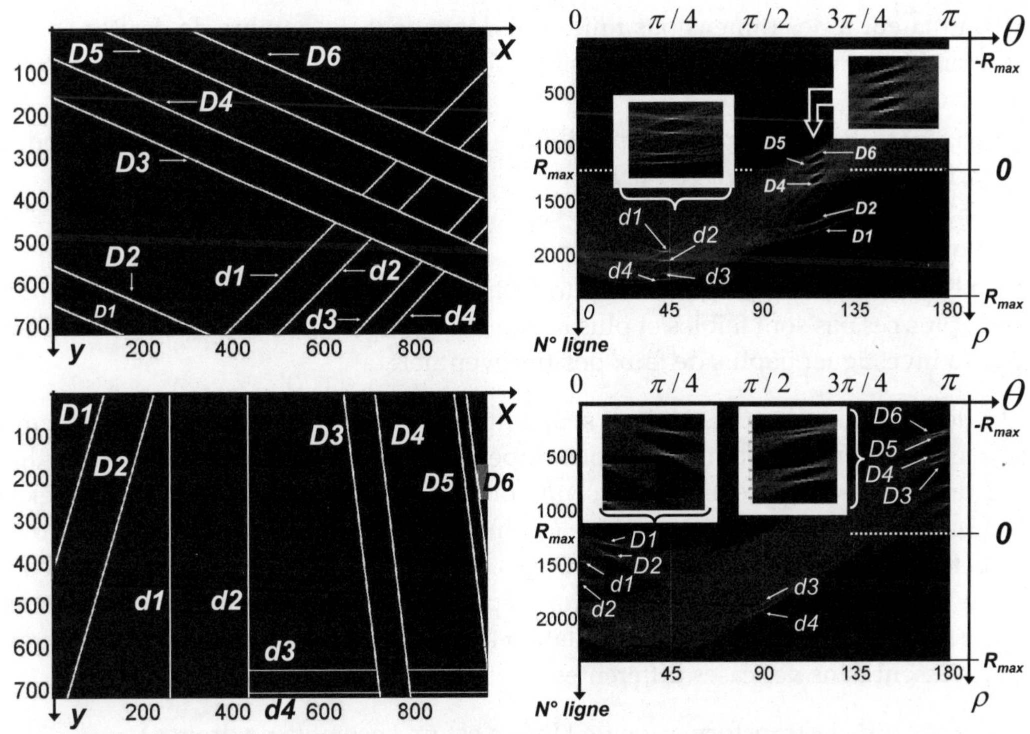

FIG. VIII.2 – **Images de contours et accumulateurs correspondants.** *A gauche : droites de l'image source. A droite : les maxima locaux correspondant dans l'accumulateur.*

peut sélectionner manuellement les pics de l'accumulateur à la souris via la fonction `ginput`. Sans argument, l'appel à cette fonction permet de choisir autant de points que l'on souhaite, jusqu'à ce que l'utilisateur enfonce la touche entrée. La fonction `plot` trace les données avec un axe des ordonnées orienté vers le haut contrairement au cas illustré en figure VIII.1, d'où le signe moins dans l'expression de la pente de la droite. L'instruction `hold on` permet de tracer plusieurs droites sans effacer l'affichage précédent.

2.2 Détection de droites avec OpenCV

On considère l'appel suivant à la fonction `cvHoughLines2` :

```
lines = cvHoughLines2( edges, storage, CV_HOUGH_STANDARD,
                       pas_rho, pas_angle, seuil);
```

Cette appel construit l'accumulateur de Hough, tableau d'entiers indexé par un couple de valeur (ρ, θ) : chaque élément de l'accumulateur correspond à une droite dans l'espace image.

- `edges` est l'image binaire des contours dont on cherche à détecter les lignes,
- `CV_HOUGH_STANDARD` indique que la transformée de Hough Standard est employée,

L'accumulateur a des dimensions finies qui dépendent du nombre de droites (ρ, θ) à inspecter. Les gammes de valeurs possibles de ρ et de *theta* sont codées avec une certaine résolution :

- `pas_rho` est inversement proportionnel au pas avec lequel est calculé le module ρ, il vaut au minimum 2ù =0.02,
- `pas_angle` est le pas avec lequel est calculé l'angle : il est égal à $\frac{\pi}{N}$ si N est le nombre d'orientations possibles.

C'est à l'utilisateur de configurer ces paramètres définissant la résolution de l'accumulateur : plus ces pas sont faibles et plus la détection est précise, mais aussi plus il y a de droites à investiguer et plus de faux positifs éventuels.

La détection des droites se fait en seuillant l'accumulateur : les points de l'accumulateur ayant obtenu un nombre de votes supérieur à `seuil` sont classifiés comme dual d'une droite dans l'espace image. Ce seuil doit être supérieur à 1. Plus ce seuil est élevé plus la confiance en la décision est sûre (moins de faux positifs) mais moins de droites sont détectées (plus de faux négatifs). C'est encore à l'utilisateur de faire le bon compromis. On note que le seuil de détection dépend de la résolution de l'accumulateur : lorsque le nombre de cases de l'accumulateur augmente, les votes des points de contour se répartissent dans des cases différentes.

Le résultat de la Transformation de Hough est un ensemble de droites :

- `line` est le résultat de la détection mis sous la forme d'une séquence de couples de nombres flottants (ρ, θ),
- `storage` sert à l'allocation dynamique de mémoire de la séquence `line`, nécessaire car le nombre de droites détectées (`line->total`) n'est pas connu au préalable.

On rappelle que ce dernier paramètre est à créer avant de le passer en argument de `cvHoughLines2`, et à désallouer après utilisation, surtout si on y fait appel plusieurs fois dans le programme. Les instructions essentielles à ces deux opérations sont données ci-dessous :

CALCUL DES CONTOURS DE L'IMAGE

```
...
   CvSeq* lines = 0;
   CvMemStorage* storage = cvCreateMemStorage(0);

   int N = 90;// nombre d'orientations possibles
   lines = cvHoughLines2( edges, storage, CV_HOUGH_STANDARD,
                          pas_rho, CV_PI/N, npos);
```

AFFICHAGE DES DROITES DETECTEES

```
...
   cvClearMemStorage( storage );
   cvReleaseMemStorage( &storage );
...
```

Les coordonnées polaires des droites détectées par la Transformée de Hough sont stockées dans la séquence `list`. L'origine O du repère cartésien (x,y) de l'image se projette orthogonalement sur une droite (ρ_0, θ_0) en $K = (x_K, y_K) = (\rho_0 \cos\theta_0, \rho_0 \sin\theta_0)$. Pour tracer la droite, il faut définir deux points appartenant à la droite. Un point P appartient à la droite (ρ_0, θ_0) si le vecteur $\vec{KP}$ est orthogonal à $\vec{OK}$:

$$\vec{KP} \cdot \vec{OK} = 0 \Rightarrow P = (x_K - \alpha_P \rho_0 \sin\theta_0, y_K + \alpha_P \rho_0 \cos\theta_0)$$

On obtient ainsi deux points de la droite en choisissant deux coefficients α_P différents. Comme on trace les droites avec la fonction `cvLine`, il faut choisir ces coefficients suffisamment grands pour définir les extrémités de la ligne à dessiner, afin qu'elle traverse l'image :

```
float* line = (float*)cvGetSeqElem(lines, n);
float rho0 = line[0];
float theta0 = line[1];

double a = cos(theta0), b = sin(theta0);
double xk = a*rho0, yk = b*rho0;

CvPoint pt1, pt2;
pt1.x = cvRound(xk + 1000*(-b)); pt1.y = cvRound(yk + 1000*(a));
pt2.x = cvRound(xk - 1000*(-b)); pt2.y = cvRound(yk - 1000*(a));

cvLine( result, pt1, pt2, CV_RGB(255,0,0), 3, 8 );
```

Le programme suivant implémente la Transformée de Hough avec les paramètres `pas_rho` et `pas_angle` réglés par l'utilisateur à l'aide de deux curseurs à glissière. Les images `src` et `edges` sont déclarées comme variables globales afin que les opérations de chargement de l'image et de détection de contours ne soit effectuées qu'une fois. La détection de contours peut se faire par l'algorithme de Canny ou par seuillage du module du gradient. Le résultat de la détection de ligne est représenté par des droites rouges tracées sur l'image source en niveau de gris : il s'agit de l'image `result`, qui pourrait être déclarée localement dans les callbacks associés aux curseurs.

Le premier curseur définit le seuil de détection de l'accumulateur : il est associé à la fonction `cb_SeuilAccu` qui réalise les opérations décrites précédemment, à l'exception de la détection de contours réalisée préalablement dans le `main`. La résolution `pas_angle` sur la direction des droites est fixée à $\frac{\pi}{90}$ radians : $N = 90$ directions sont inspectées pour chaque valeur de ρ. Le second curseur permet de régler la résolution du paramètre ρ. Il est associé au callback `cb_ResolutionRho` qui change la valeur de la variable contenant cette résolution puis fait appel à `cb_SeuilAccu` pour la détection de droites.

Le `main` charge l'image `pic5.png`, en estime les contours à l'aide du détecteur de Canny, appelle une première détection de lignes créant la fenêtre "Hough" à laquelle elle ajoute les deux curseurs. La figure VIII.3 illustre le résultat obtenu.

```
IplImage* edges=0, *result=0, *src=0;
int threshold_accu = 50;// seuil sur l'accumulateur de Hough
int pas_rho = 100;//
int N = 90;// nombre d'orientations possibles

void cb_SeuilAccu(int npos)
{
   npos=MAX(npos, 1);
   CvSeq* lines = 0;
   CvMemStorage* storage = cvCreateMemStorage(0);

   double resolution_rho = (double) pas_rho/100.;
   lines = cvHoughLines2( edges, storage, CV_HOUGH_STANDARD,
                          resolution_rho, CV_PI/N, npos);

   cvCvtColor( edges, result, CV_GRAY2BGR );
   cvCvtColor( src, result, CV_GRAY2BGR );

   for( int i = 0; i < lines->total; i++ )
   {
      float* line = (float*)cvGetSeqElem(lines,i);
      float rho0 = line[0];
      float theta0 = line[1];

      double a = cos(theta0), b = sin(theta0);
      double xk = a*rho0, yk = b*rho0;

      CvPoint pt1, pt2;
      pt1.x = cvRound(xk + 1000*(-b)); pt1.y = cvRound(yk + 1000*(a));
      pt2.x = cvRound(xk - 1000*(-b)); pt2.y = cvRound(yk - 1000*(a));

      cvLine( result, pt1, pt2, CV_RGB(255,0,0), 3, 8 );
   }

   cvNamedWindow( "Hough", 0 );
   cvShowImage( "Hough", result );
   cvClearMemStorage( storage );
   cvReleaseMemStorage( &storage );
}

void cb_ResolutionRho(int npos)
{
     pas_rho = MAX(pas_rho, 2);
     cb_SeuilAccu(threshold_accu);
}
```

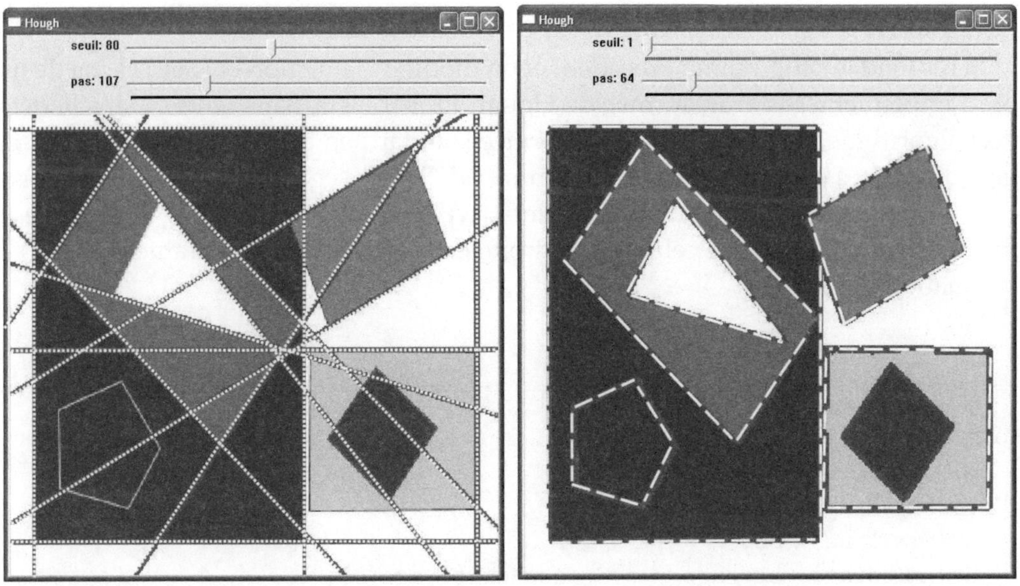

FIG. VIII.3 – Détection de droites et de segments *A gauche : la Transformée de Hough Standard détecte les droites. A droite : la Transformée de Hough Probabiliste retourne les segments.*

```
int main(int argc, char** argv)
{
   src =  cvLoadImage("pic5.png",0);

   edges = cvCreateImage( cvGetSize(src), 8, 1 );
   result = cvCreateImage( cvGetSize(src), 8, 3 );

   cvCanny( src, edges, 50, 200, 3 );

   cb_SeuilAccu(threshold_accu);

   cvCreateTrackbar("seuil", "Hough", &threshold_accu, 200, cb_SeuilAccu);
   cvCreateTrackbar("pas", "Hough", &pas_rho, 500, cb_ResolutionRho);

   cvWaitKey(0);
   cvReleaseImage(&src);
   cvReleaseImage(&edges);
   cvReleaseImage(&result);
}
```

2.3 Détection de segments : Transformée de Hough Probabiliste

On reprend le programme précédent et on modifie la fonction cb_SeuilAccu de manière à implémenter la Transformée de Hough Probabiliste. Sans rentrer dans le détail de cet algorithme, il diffère de la transformée standard en cela qu'il retourne des segments de droites comme le montre la figure VIII.3. Ces segments sont donnés sous la forme d'une séquence de couple de points (type CvPoint) extrémités des segments. Leur dessin est différent de celui d'une droite caractérisée par les paramètres (ρ, θ) de son équation normale :

```
void cb_SeuilAccu(int npos)
{
   npos=MAX(npos, 1);
   CvSeq* lines = 0;
   CvMemStorage* storage = cvCreateMemStorage(0);

   double resolution_rho = (double) pas_rho/100.;
   lines = cvHoughLines2( edges, storage, CV_HOUGH_PROBABILISTIC,
                          resolution_rho, CV_PI/N, npos);

   cvCvtColor( edges, result, CV_GRAY2BGR );
   cvCvtColor( src, result, CV_GRAY2BGR );

   for(int i = 0; i < lines->total; i++ )
   {
      CvPoint* line = (CvPoint*)cvGetSeqElem(lines,i);
      cvLine( result, line[0], line[1], CV_RGB(255,0,0), 3, 8 );
   }

   cvNamedWindow( "Hough", 0 );
   cvShowImage( "Hough", result );
   cvClearMemStorage( storage );
   cvReleaseMemStorage( &storage );
}
```

La figure VIII.4 illustre les résultats obtenus dans quelques cas de figure : le résultat est impressionnant à condition que l'image soit prétraitée correctement. La détection de droite est une opération globale qui s'appuie sur des opérateurs locaux (Canny, Sobel) : moins il y a de points de contour correctement définis et plus la détection de droite est compromise. De plus, la Transformée de Hough Probabiliste s'appuie sur moins de points de contour que la Transformée de Hough Standard, en choisissant l'ensemble des votants aléatoirement : elle est donc moins robuste mais plus rapide.

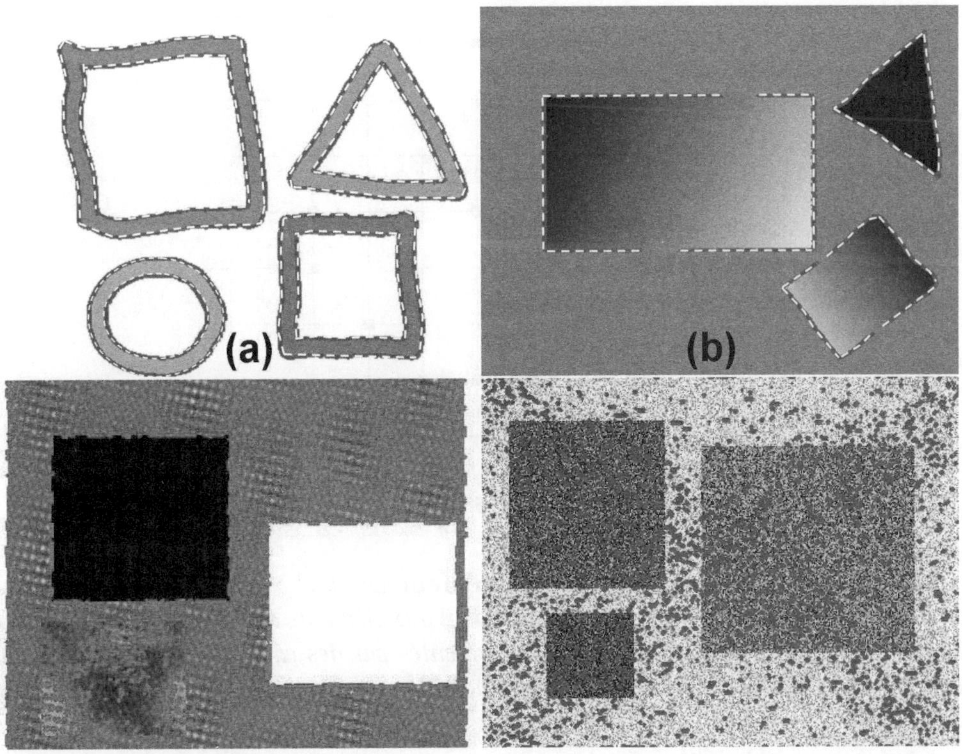

FIG. VIII.4 – Transformée de Hough Probabiliste *Lorsque l'image est bruitée, le gradient est mal défini sur l'image et la détection de contours incorrecte. Lorsque les contours sont contrastés la détection est excellente (cas a et b).*

3 Transformation de Hough Généralisée

3.1 Transformée de Hough pour les Cercles

L'approche cumulative de la Transformée de Hough peut s'appliquer à d'autres types de courbes paramétrées. Ainsi la détection d'un cercle nécessite de déterminer trois paramètres : la position du centre $\mathbf{a} = (a_x, a_y)$ et le rayon r du cercle. L'accumulateur est alors un tableau à 3 dimensions, $a_x \times a_y \times r$. Chaque section r de l'accumulateur correspond aux coordonnées des centres de cercles de rayon r, leur contenu est le nombre de votes c'est-à-dire le nombre de points de contour par lesquels ces cercles passent. Pour chaque points $\mathbf{x}$ de contour, les cercles $(\mathbf{a}, r)$ passant par $\mathbf{x}$ incrémentent la case correspondante de l'accumulateur. Un point de contours de l'image projeté dans l'espace des paramètres à trois dimensions correspond donc à un cône. Un seuillage de l'accumulateur permet alors de déterminer le centre et le rayon des cercles présents dans l'image. Le nombre de cercles de rayon r passant par un point de contour étant proportionnel à r, le seuil à appliquer à l'accumulateur est aussi proportionnel à r.

Kimme & al [2] emploient la direction du gradient pour déterminer les cercles passant par un point de contour. En effet, comme le montre la figure VIII.5, si un point de contour $\mathbf{x} = (x, y)$ appartient à un cercle $\mathcal{C}$ de rayon R dans l'image des contours, le

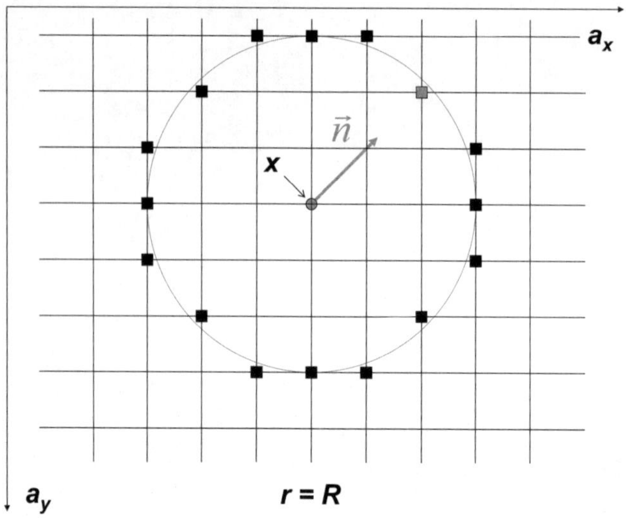

FIG. VIII.5 – **Section $r = R$ de l'accumulateur** *Le pixel* **x** *est un point de contour de l'image traitée, les noeuds de la grille correspondent aux éléments de l'accumulateur. Les centres des cercles de rayon R passant par* **x** *sont représentés par des carrés, le pixel dont le vote est incrémenté est le centre vers lequel pointe le gradient.*

gradient $\vec{n}$ des niveaux de gris de l'image en ce point est dirigé vers le centre de $\mathcal{C}$. La figure VIII.5 illustre la section $r = R$ de l'accumulateur : les carrés noirs correspondent aux cases pour lesquelles le point **x** vote si l'orientation du gradient n'est pas utilisée. Ce sont les centres des cercles de rayon R passant par **x**. Le carré grisé correspond à la case de l'accumulateur pour laquelle le point **x** vote en tenant compte de l'orientation de son gradient. Dans l'espace de Hough à 3 dimensions, la représentation d'un point de contour est alors réduite à une droite.

Le cas d'une ellipse nécessite d'établir une projection entre l'image et un espace de Hough à 5 dimensions : deux pour le centre de l'ellipse, deux pour la longueur du grand et du petit axe, et un paramètre d'orientation. Cette approche n'est pas utilisée car l'espace de paramètres est alors trop grand pour obtenir des accumulations significatives et statistiquement pertinentes. Le temps de calcul et la mémoire nécessaire à cette opération sont de plus prohibitifs. Le problème est généralement décomposé en identifiant d'abord les centres possibles d'ellipses, puis en déterminant les trois autres paramètres associés.

3.2 Détection de cercles dans une image

On considère l'instruction suivante :

```
circles = cvHoughCircles( src, storage, CV_HOUGH_GRADIENT,
                          pas_axay, min_dist, seuil_canny,
                          seuil_accu, min_radius, max_radius );
```

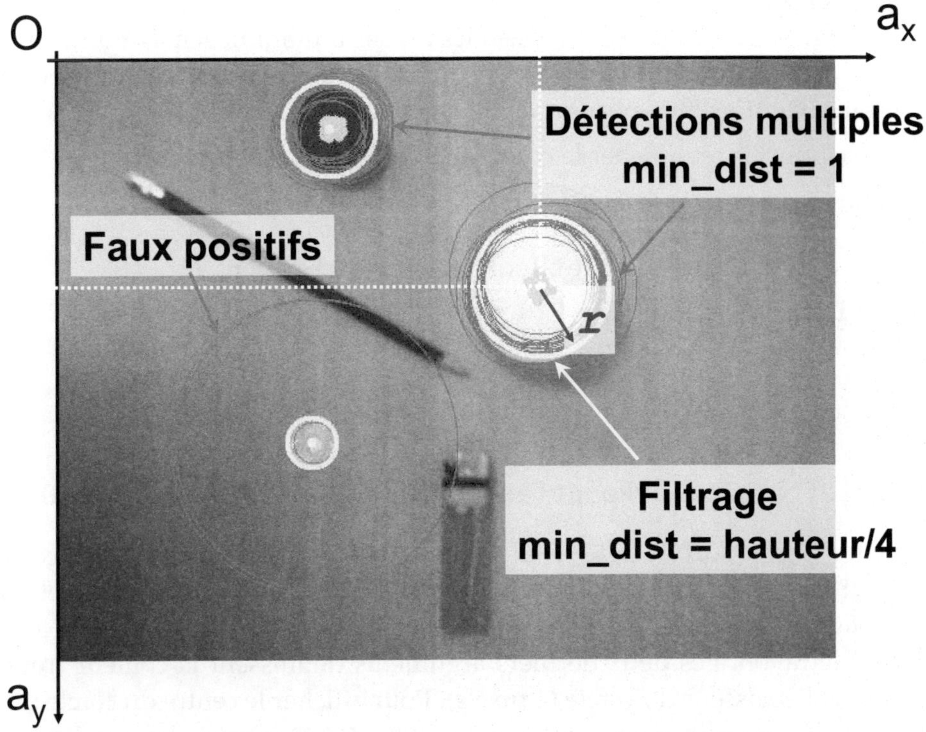

FIG. VIII.6 – **Transformée de Hough Cercle** *Les cercles en clair sont le résultat du filtrage des détections multiples (en sombre).*

A partir de l'image `src` de taille largeur × hauteur, cette appel construit l'accumulateur de Hough qui est un tableau de taille :

(largeur/`pas_axay`)×(hauteur/`pas_axay`)×(`max_radius` - `min_radius`))

Chaque élément de l'accumulateur correspond à un cercle dans l'espace image :

- `circles` est le résultat de l'algorithme : c'est une séquence de triplets de nombre flottants (a_x, a_y, r) représentant les coordonnées du centre et le rayon des cercles détectés,
- `storage` sert à l'allocation dynamique de mémoire de la séquence `circles`,
- `pas_axay` est la résolution de la position du centre : c'est le pas avec lequel les couples (a_x, a_y) sont calculés,
- `min_dist` est la distance minimale séparant les centres de deux détections, elle sert à éliminer les détections multiples d'un objet, comme le montre la Fig. VIII.6. Ce paramètre est utilisé dans la recherche des maxima locaux de l'accumulateur.

La fonction `cvHoughCircles` travaille sur une image `src` en niveau de gris codés sur 8 bits. Elle commence par effectuer une détection des contours de l'image, puis construit l'accumulateur de Hough.

- `seuil_canny` est le seuil haut du détecteur de Canny, le seuil bas utilisé pour joindre les points de contour étant alors `seuil_canny`/2,
- `seuil_accu` est le seuil de détection des cercles : les éléments (a_x, a_y, r) de l'accumulateur ayant obtenu un nombre de vote supérieur à ce seuil sont classifiés

comme cercle,

- min_radius et max_radius définissent les rayons minimum et maximum des cercles à considérer. Ces paramètres influent sur la taille de l'accumulateur et permettent d'éliminer certains faux positifs, comme le montre la figure VIII.6.

La syntaxe pour lire et afficher le contenu du $n^{\text{ième}}$ élément de la séquence circles est la suivante :

```
float* p = (float*)cvGetSeqElem( circles, n );
int radius = cvRound(p[2]);
int ax = cvRound(p[0]);
int ay = cvRound(p[1]);

cvCircle(result, cvPoint(ax,ay), radius,CV_RGB(255,0,0),4);
```

Le triplet (a_x, a_y, r)=(p[0], p[1], p[2]) définit alors un cercle dans l'espace image, que l'on peut dessiner avec la fonction cvCircle. Le premier argument de cette fonction est l'image sur laquelle le cercle est dessiné. Le second est le centre du cercle, le troisième est le rayon. Les deux derniers arguments définissent la couleur (rouge en l'occurrence) et l'épaisseur du cercle (4 pixels). Pour afficher le centre du cercle on peut dessiner un cercle de petit rayon, et d'épaisseur CV_FILLED (c'est-à-dire un disque).

```
IplImage *result=0, *src=0;
int threshold_accu = 40;
int min_radius=0, max_radius=100;
int pas_axay = 1;

void cb_SeuilAccu(int npos);

void cb_MaxRadius(int npos);

int main()
{
   src =  cvLoadImage("stuff.jpg",0);
   result = cvCreateImage( cvGetSize(src), 8, 3 );
   cb_SeuilAccu(threshold_accu);

   cvCreateTrackbar("seuil", "HoughCircle", &threshold_accu, 100,
                                                          cb_SeuilAccu);
   cvCreateTrackbar("max_radius", "HoughCircle", &max_radius, 150,
                                                          cb_MaxRadius);
   cvWaitKey(0);
   cvReleaseImage(&src);
   cvReleaseImage(&result);
}
```

Le programme proposé traite de l'image `stuff.jpg` de la figure VIII.6, disponible dans le répertoire `OpenCV\bin`. Deux curseurs sont implémentés et proposés à l'utilisateur : l'un règle le seuil du nombre de votes, l'autre fixe le rayon maximal des cercles éventuels. On modifie en conséquence le programme du précédent exercice.

```
void cb_SeuilAccu(int npos)
{
   npos=MAX(npos, 1);
   CvMemStorage* storage = cvCreateMemStorage(0);
   CvSeq* circles = cvHoughCircles( src, storage,
          CV_HOUGH_GRADIENT, pas_axay, src->height/4,
          200, npos, min_radius, max_radius);

   cvCvtColor( src, result, CV_GRAY2BGR );
   for( int i = 0; i < circles->total; i++ ) {
      float* p = (float*)cvGetSeqElem( circles, i );
      int radius = cvRound(p[2]);
      int ax = cvRound(p[0]);
      int ay = cvRound(p[1]);

      cvCircle( result, cvPoint(ax,ay), radius,
                          CV_RGB(255,0,0), 4);
      cvCircle( result, cvPoint(ax,ay), 4,
                          CV_RGB(0,255,0),CV_FILLED );
   }
   cvNamedWindow( "HoughCircle", 0 );
   cvShowImage( "HoughCircle", result );

   cvClearMemStorage( storage );
   cvReleaseMemStorage( &storage );
}

void cb_MaxRadius(int npos)
{
     max_radius = MAX(max_radius, 2);
     cb_SeuilAccu(threshold_accu);
}
```

Récapitulatif

CV	`cvHoughLines2` `cvHoughCircles`
CxCore	`cvCircle`

Tab. VIII.1 – Les fonctions d'OpenCV abordées selon leur bibliothèque d'appartenance

Chapitre IX

DÉTECTION DE MOUVEMENT

DÉTECTER le mouvement dans une séquence d'images est une tâche relativement aisée lorsque deux conditions de fonctionnement sont réunies : en environnement intérieur (conditions d'éclairement stable) et avec une caméra fixe. Dans ce cas, une image de fond est acquise à un temps $t = 0$ donné, et utilisée comme référence de scène immobile. En dehors de ce scénario, des stratégies existent et consistent à ré-estimer fréquemment voire constamment l'image de référence.

Dans ce chapitre, on présente la détection de mouvement par différence d'images : image de fond fixe, images consécutives, moyenne ou médiane mobile. La notion d'historique du mouvement dans le temps est étudiée et la mise à jour de son image est l'occasion d'un exercice pratique.

1 Détection du mouvement

1.1 Gradient temporel d'une séquence d'images

La détection du mouvement dans une séquence d'images $I(x,y,t)$, où t indexe le temps et (x,y) la position d'un pixel, s'appuie généralement sur une estimation du module du gradient temporel $\partial I/\partial t$. On peut poser en première approximation :

$$\frac{\partial I}{\partial t}(x,y,t) = I(x,y,t) - I(x,y,t-1), \quad \forall(x,y)$$

cela revient à faire la différence, pixel par pixel, entre deux images consécutives de la séquence. Les pixels où cette différence est suffisamment élevée (en valeur absolue) sont classifiés comme étant en mouvement, les autres sont immobiles : le résultat de la détection des pixels en mouvement est une image binaire. La figure IX.1 illustre cette approche : lorsqu'un sujet avec un pull sombre passe devant un tableau blanc entre les instants t-1 et t, l'intensité des pixels passe d'une valeur élevée à une valeur faible au niveau de la zone en mouvement.

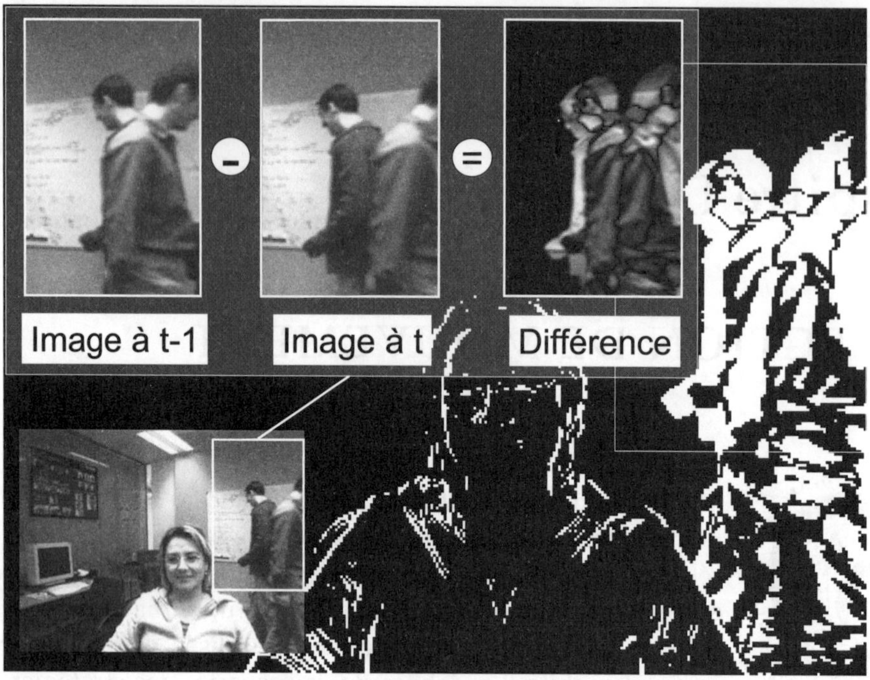

FIG. IX.1 – Détection de mouvement *par différence d'images successives*

1.2 Détection de mouvement par différence d'images

De manière plus générale, la détection des pixels en mouvement se fait à l'aide de la différence entre l'image courante, à l'instant t, et une image de référence I_{ref} :

$$\Delta I(x,y,t) = I(x,y,t) - I_{ref}(x,y,t), \forall (x,y)$$

l'image I_{ref} peut être celle du fond immobile dans le cas d'une caméra fixe, mais peut aussi être estimée par la moyenne ou la médiane des N images précédentes de la séquence.

Comme dans le cas de la détermination des points de contour d'une image, le seuillage se fait sur le module de la différence d'image :

$$D(x,y,t) = \|\Delta I(x,y,t)\| > seuil$$

$D(t)$ est une image binaire où les pixels en mouvement sont mis à 255, les autres à 0.

Dans le cas où l'image de référence est une image fixe du fond immobile, les pixels en mouvement sont aisément détectés pour peu que les conditions d'éclairement de la scène ne varient pas notablement :

$$I_{ref}(x,y,t) = I_{ref}(x,y,0), \quad \forall t$$

Si l'illumination de la scène varie brutalement, si la caméra est déplacée durant la séquence, ou si aucune image du fond n'est disponible, l'image de référence peut être construite à partir d'images précédentes de la scène : dans ce cas, c'est la silhouette des objets en mouvement qui est généralement détecté, et pas leur intérieur comme on peut le voir sur la figure IX.1.

$$I_{ref}(x,y,t) = I_{ref}(x,y,t-1), \quad \forall t$$

Prendre la moyenne des N images précédentes pour image de référence amène à une détection de mouvement plus robuste qu'une différence d'images consécutives :

$$I_{ref}(x,y,t) = \frac{1}{N}\sum_{i=1}^{N} I(x,y,t-i)$$

en effet, dans le cas d'une scène filmée par une caméra fixe, les objets immobiles sont mis en valeur au détriment de ceux en mouvement qui sont atténués par l'opération de moyennnage, et semblent effacés comme le montre la figure IX.2.

1.3 Différence d'images consécutives dans une séquence

La détection de mouvement peut se faire par seuillage de la différence entre l'image courante (instant t) et l'image précédente (à $t-1$) de la séquence. Dans le programme suivant, on propose d'implémenter un curseur à glissière fixant le seuil à appliquer. La détection de mouvement est définie dans la fonction `MotionDetection` qui retourne l'image `dst` des pixels en mouvement colorés en bleu. L'image `silh` est l'image binaire du mouvement, codée sur 8 bits et composée d'un seul canal.

```
#include "cv.h"
#include "highgui.h"

int seuil_diff = 30;
IplImage *prev_img = 0, *curr_img = 0;

void  MotionDetection(IplImage* img, IplImage* dst, int diff_threshold)
{
   cvCvtColor( img, curr_img, CV_BGR2GRAY );

   IplImage* silh = cvCreateImage( cvGetSize(img), IPL_DEPTH_8U, 1 );
   cvAbsDiff( prev_img, curr_img, silh );
   cvThreshold( silh, silh, diff_threshold, 255, CV_THRESH_BINARY );
   cvCopy(curr_img, prev_img );

   cvMerge(  silh,  0, 0, 0, dst);
   cvReleaseImage(&silh);
}
```

La fonction cvAbsDiff calcule la différence entre deux images en valeur absolue pour chaque pixel. L'image précédente curr_img est ensuite actualisée avant le traitement de l'image suivante de la séquence : on lui affecte le contenu de l'image courante prev_img à l'aide de la fonction cvCopy (on peut aussi utiliser la fonction CV_SWAP qui permute deux pointeurs).

```
int main()
{
   CvCapture* capture = 0;
   IplImage *frame = 0;
   capture = cvCreateFileCapture("Ilkay.avi");
   IplImage *video_image = 0, * motion=0;

   for(;;)
   {
      frame = cvQueryFrame( capture );
      if( êframe )    break;

                 Création initiale des tableaux utiles

                 Origine de l'image = coin haut gauche

                 Détection de mouvement

        MotionDetection( video_image, motion, seuil_diff );

                 Affichage des résultats

        ...
   }

                 Sortie du programme

   cvReleaseCapture( &capture );
   cvReleaseImage(&video_image);
   cvReleaseImage(&motion);
   cvReleaseImage(&prev_img);    cvReleaseImage(&curr_img);

   return 0;
}
```

Le programme principal déclare les images couleur video_image et motion servant à la lecture de la trame vidéo et à l'affichage de la détection de mouvement. Ces images ainsi que l'image courante et précédente (deux images monochromes) doivent être créées une fois la première trame de la vidéo lue. Après cette initialisation, le flux vidéo est traité par l'appel au sous-programme MotionDetection.

```
int main()
{
   CvCapture* capture = 0;
   IplImage *frame = 0;
   capture = cvCreateFileCapture("Ilkay.avi");
   IplImage *video_image = 0, * motion=0;

   for(;;)
   {
      frame = cvQueryFrame( capture );
      if( !frame )  break;
```

Création initiale des tableaux utiles

```
      if(!video_image)
      {
         video_image = cvCreateImage(cvGetSize(frame), 8, 3);
         motion = cvCreateImage( cvGetSize(video_image), 8, 3 );
         prev_img = cvCreateImage( cvGetSize(frame), IPL_DEPTH_8U, 1 );
         curr_img = cvCreateImage( cvGetSize(frame), IPL_DEPTH_8U, 1 );
         cvZero(prev_img);
      }
```

Origine de l'image = coin haut gauche

```
      if( frame->origin == 1 )
         cvFlip( frame, video_image, -1 );
      else
         cvCopy( frame, video_image, 0 );
```

Détection de mouvement

```
       MotionDetection( video_image, motion, seuil_diff );
```

Affichage des résultats

```
       cvNamedWindow( "frame", 0 );
       cvShowImage( "frame", curr_img );

       cvNamedWindow( "motion", 0 );
       cvShowImage( "motion", motion );
       cvCreateTrackbar("seuil_diff", "motion", &seuil_diff, 60, 0);

      int delay = 300;
      if( cvWaitKey( delay ) >= 0 )
         break;
   }
```

Sortie du programme

```
   ...
   return 0;
}
```

2 Image de fond : médiane et moyenne mobile

2.1 Médiane d'un ensemble d'images

On dispose d'une séquence de N images stockées au format JPG dans le répertoire `C:\imagesJPG` par exemple, nommées dans un ordre lexicographique suivant le temps. Ces images sont des prises de vues d'une vidéo comportant des objets mobiles sur un fond fixe. Le but est de segmenter les objets mobiles dans ces images.

On propose le programme réalisant les tâches suivantes :

- créer une image de luminance du fond (partie immobile de la scène), en calculant pour chaque pixel, la médiane des valeurs qu'il prend durant la séquence,
- la retrancher à chaque image de la séquence pour éliminer les zones immobiles,

Pour ce faire, on propose de charger l'ensemble des images de la séquence dans une matrice B, qui a alors trois dimensions (largeur $\times$ hauteur $\times$ nombre d'images), puis d'en calculer la médiane selon la troisième dimension. B est initialement vide `B=[ ];`, et chaque image chargée lui est concaténée selon la troisième dimension : l'image numéro k de la séquence est ainsi la composante `uint8(B(:,:,k))` de la matrice B. La conversion en type double est nécessaire pour mettre en oeuvre la fonction `median` et les opérateurs de valeur absolue et soustraction. Une fois l'image de fond `mediane` calculée, on peut afficher la différence d'images en valeur absolue en exploitant B à nouveau :

```
clear all, close all
pathim='C:\imagesJPG\';

list=dir(fullfile(pathim,'*.jpg')); [NImages, rien]=size(list);

B=[ ]; % B initialement vide (size(B) = 0 x 0)
for i=1:NImages
    I=imread([pathim list(i).name]); % image en intensité
    B=cat(3,B, double(I));    % concaténation de I à B
end                           % selon la troisième dimension

mediane = median(B,3); % médiane de B selon la troisième dimension
subplot(221),imagesc(mediane), title('Image du fond par la médiane')

for i=1:NImages
    subplot(223),imagesc(B(:,:,i)), title('Image courante')
    diff = abs(B(:,:,i)-mediane);
    subplot(122),imagesc(diff),colormap 'gray'
    title('Différence d''image')
    pause(1);
end
```

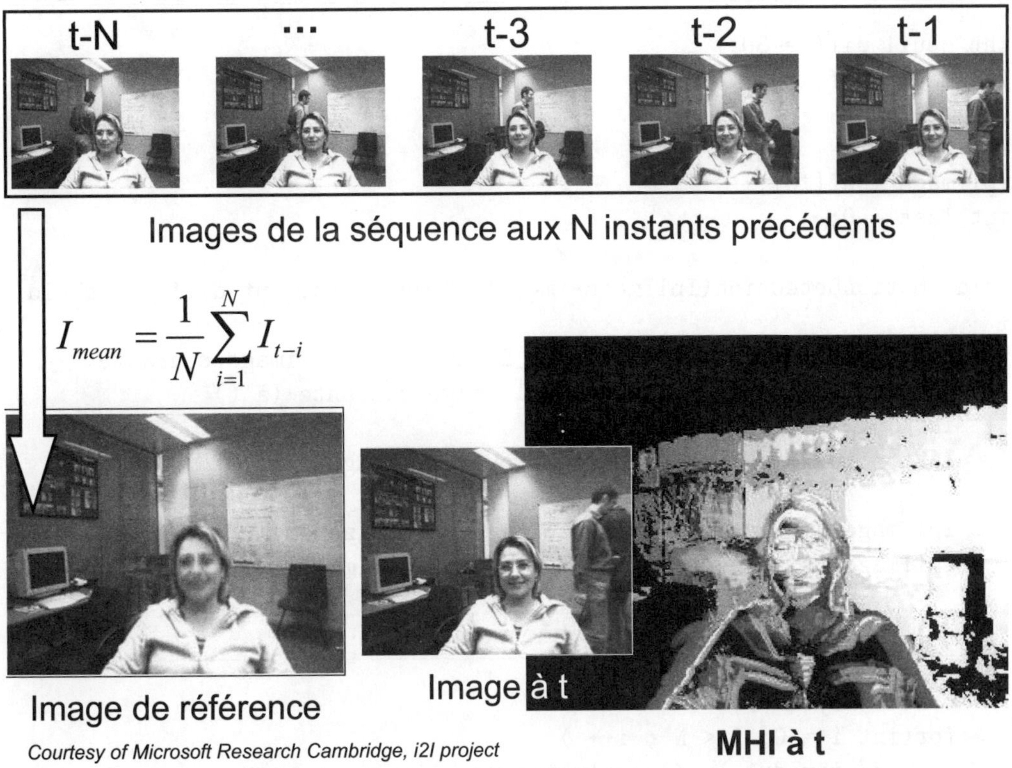

FIG. IX.2 – Détection de mouvement par moyenne glissante *le sujet se déplaçant en arrière plan est effacé de l'image de référence, contrastant nettement avec l'image courante : son déplaçement à travers la scène est illustré par l'historique du mouvement MHI.*

2.2 Estimation d'une moyenne mobile

L'image de référence peut être la moyenne des N images précédentes de la séquence (disponible publiquement [1]). Pour calculer cette image, on crée un tableau d'images `buf` dans lequel on copie ces N images. Ce tableau a une taille fixe, il contient N images monochromes et la $i^{\text{ème}}$ image `buf[i]` se manipule comme n'importe quelle image.

Pour accéder en lecture ou en écriture à ces images, on déclare un entier `last` indexant l'instant t : `buf[last]` est ainsi l'image courante. Une fois enregistrées les N premières images du tableau `buf`, (`buf[i]` pour i allant de 0 à N-1), la $N+1^{\text{ième}}$ image de la séquence doit être stockée en début de tableau écrasant l'ancienne valeur de `buf[0]`, l'image suivante à t=N+2 écrase `buf[1]` etc . . . L'image suivante de la séquence est donc à stocker à la position $last + 1$ modulo N du buffer `buf`. On calcule la moyenne mobile en deux étapes, la somme des N images `cvAcc` est calculée en premier, ce qui nécessite une image codée sur 32 bits pour stocker ce résultat intermédiaire Épuis la division de cette image par l'entier N est réalisée en même temps que sa conversion en image codée sur 8 bits.

[1] Microsoft Research Cambridge. research.microsoft.comï visionï cambridgeï i2iï dsweb.htm. *i2i : 3D Visual Communication.*

```
int seuil_diff = 30;
IplImage* ref_img = 0;

int N = 10;
IplImage *buf[10];
int last = 0;

void  MotionDetection(IplImage*img, IplImage* dst, int diff_threshold)
{
    cvCvtColor( img, buf[last], CV_BGR2GRAY ); // image courante
    int idx1 = last; // indice de l'image courante (à t)
    int idx2 = (last + 1) % N;
    last = idx2; // indice de la prochaine image (à t+1)

    IplImage* moyenne  = cvCreateImage(cvGetSize(img), 32, 1);
    IplImage* silh = cvCreateImage(cvGetSize(img), 8, 1);
```

Moyenne mobile

```
    cvZero(moyenne);
    for(int i = 0; i < N ; i++ )
        if( iê=idx1 )  // exclusion de l'image courante
            cvAcc( buf[i], moyenne);// somme des N-1 images précédentes
    cvConvertScale( moyenne, ref_img, 1./(N-1),0);
    cvReleaseImage(&moyenne);

    cvAbsDiff( buf[idx1], ref_img, silh );
    cvThreshold( silh, silh, diff_threshold, 255, CV_THRESH_BINARY );
    cvMerge(  0,  silh, , 0, dst); // mouvement en vert
    cvReleaseImage(&silh);
}
```

Dans le programme proposé, le saut conditionnel `if( iê=idx1 )` assure que l'image courante ne contribue pas à la moyenne mobile. On calcule donc en pratique la somme des $N-1$ images précédentes de la séquence, que l'on divise alors par $N-1$ pour en obtenir la moyenne arithmétique :

Le programme principal est pratiquement le même que dans la section précédente, il suffit d'effacer les variables `curr_img` et `prev_img` qui ne sont plus utilisées ici et d'ajouter l'initialisation du buffer `buf` et de l'image de référence `ref_img`.

Le sous-programme `MotionDetection` est modifié de manière à inclure le calcul de la moyenne mobile. La sortie du programme est aussi à modifier en conséquence, chacune des images du tableau `buf` devant libérer sa mémoire, une boucle `for` est mise à profit.

Création initiale des tableaux utiles

```
if(êvideo_image)
{
   video_image = cvCreateImage(cvGetSize(frame), 8, 3);
   motion = cvCreateImage( cvGetSize(video_image), 8, 3 );
   ref_img = cvCreateImage( cvGetSize(frame), IPL_DEPTH_8U, 1);

   for(int i = 0; i < N; i++ )
   {
      buf[i] = cvCreateImage( cvGetSize(frame), IPL_DEPTH_8U, 1);
      cvZero( buf[i] );
   }
}
```

Affichage des résultats

```
cvNamedWindow( "Ifond", 0 );
cvShowImage( "Ifond", ref_img );

cvNamedWindow( "Icourante", 0 );
cvShowImage( "Icourante", buf[last-1] );

cvNamedWindow( "motion", 0 );
cvShowImage( "motion", motion );
cvCreateTrackbar("seuil_diff", "motion", &seuil_diff, 60, 0);
```

Sortie du programme

```
cvReleaseCapture( &capture );
cvReleaseImage(&video_image);
cvReleaseImage(&motion);

for(int i = 0; i < N; i++ )
    cvReleaseImage(&buf[i]);

return 0;
```

3 Historique du mouvement

3.1 Image de l'historique du mouvement

La détection de mouvement permet de mettre en valeur les zones en mouvement à un instant donné. L'intégration de cette information sur des temps suffisamment longs permet à un observateur de se figurer les événements ayant lieu dans la scène. Ainsi, une représentation des actions humaines a été proposée [2] pour la reconnaissance de gestes tels que s'asseoir, s'accroupir, ou se lever. Il s'agit de l'image de l'historique du mouvement, notée *MHI* (Motion History Image), dans laquelle l'intensité d'un pixel est fonction de la récence de son mouvement. Dans cette image, les pixels qui ont été détectés en mouvement il y a plus d'un certain temps τ sont mis à zéro. Un pixel ayant récemment été détecté en mouvement est au contraire affecté d'une intensité élevée, inversement proportionnelle au temps qui s'est écoulé depuis son dernier mouvement :

$$MHI(x,y,t) = \begin{cases} t & \text{si } D(x,y,t) \neq 0 \\ MHI(x,y,t-1) & \text{si } D(x,y,t) = 0 \text{ et } MHI(x,y,t-1) \geq t-\tau \\ 0 & \text{sinon ((x,y) immobile depuis plus de } \tau \text{ secondes)} \end{cases}$$

en résumé, chaque élément de l'image MHI est l'instant du dernier mouvement détecté d'un pixel ou 0 si ce mouvement a eu lieu il y a plus de τ secondes (Fig. IX.3). Cette image est codée sur 32 bits afin de pouvoir analyser le mouvement sur des temps t très longs. Son affichage nécessite une conversion en image 8 bits, par un étirement linéairement de sa dynamique un petit peu particulier :

$$MHI8(x,y,t) = \begin{cases} \frac{255}{\tau}(MHI(x,y,t) - (t-\tau)) & \text{si } MHI(x,y,t) \neq 0 \\ 0 & \text{sinon} \end{cases}$$

De cette manière, l'image $MHI8$ codée sur 8 bits a une intensité maximale de 255, puisque le maximum de $MHI(t)$ est égale à t. La plus petite valeur non nulle de l'image $MHI(t)$ est égal à $t-\tau$: ainsi l'intensité minimum de $MHI8$ est égale à 0.

3.2 Mise à jour de la *Motion History Image*

On reprend le code de détection de mouvement par différence d'images successives, et on y ajoute l'image `mhi` de l'historique du mouvement (codée sur 32 bits) ainsi que l'image `mhi8` servant à son affichage. On ajoute un curseur `duree` réglant la constante de temps τ définissant le temps pendant lequel un mouvement est enregistré. Le temps t est représenté par la variable `timestamp` incrémentée de 1 seconde à chaque appel au sous-programme `MotionDetection`, mais ce compteur peut aussi être remplacé par un appel à une fonction donnant l'heure courante de la machine. Cette fois le résultat `dst` du sous-programme est l'image $MHI(t)$ colorée en rouge.

[2] A. Bobick and J. Davis. Motion detection, labeling, data association and tracking in real-time on risc computer. In *Proceedings of the 3rd Workshop on Applications of Computer Vision*, pages 39–42, 1996.

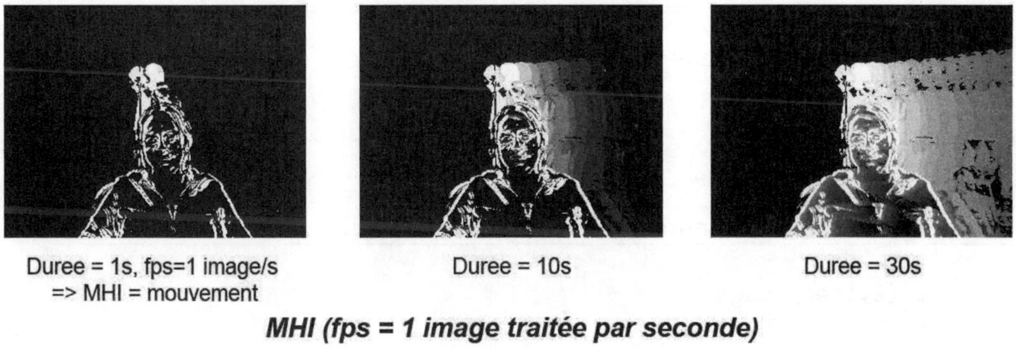

FIG. IX.3 – **Image MHI** *Si la durée d'analyse du mouvement est égale au temps de traitement des images, la MHI est identique à la détection de mouvement. Plus cette durée est longue plus les pixels en mouvement sont rémanents dans la MHI.*

```
int seuil_diff = 30;
IplImage *prev_img = 0; // Image de référence
IplImage *curr_img = 0; // Image courante

IplImage *mhi = 0; // MHI codée sur 32 bits
IplImage *mhi8 = 0; // Image codée sur 8 bits (1 seul canal)
int MHI_DURATION = 10;
int timestamp = 0;

void  MotionDetection(IplImage*img, IplImage* dst, int diff_threshold)
{
   timestamp = timestamp +1;
   cvCvtColor( img, curr_img, CV_BGR2GRAY );

   IplImage* silh = cvCreateImage( cvGetSize(img), IPL_DEPTH_8U, 1 );
   cvAbsDiff( prev_img, curr_img, silh );
   cvThreshold( silh, silh, diff_threshold, 255, CV_THRESH_BINARY );
   cvCopy(curr_img, prev_img );

   cvUpdateMotionHistory( silh, mhi, timestamp, MHI_DURATION );

   cvCvtScale( mhi, mhi8, 255./MHI_DURATION,
               (MHI_DURATION - timestamp)*255./MHI_DURATION );

   cvMerge(  0,    0, mhi8, 0, dst);
   cvReleaseImage(&silh);
}
```

Le programme principal est modifié de manière à créer les images mhi et mhi8, et un curseur est ajouté à la fenêtre affichant l'historique du mouvement, stocké dans la variable motion.

```
int main( int argc, char** argv )
{
...
   ...
```

Création initiale des tableaux utiles

```
      if(êvideo_image)
      {
         video_image = cvCreateImage(cvGetSize(frame), 8, 3);
         motion = cvCreateImage( cvGetSize(video_image), 8, 3 );
         prev_img = cvCreateImage( cvGetSize(frame), IPL_DEPTH_8U, 1 );
         curr_img = cvCreateImage( cvGetSize(frame), IPL_DEPTH_8U, 1 );
         cvZero(prev_img);

         mhi = cvCreateImage( cvGetSize(frame), IPL_DEPTH_32F, 1 );
         cvZero( mhi );
         mhi8 = cvCreateImage( cvGetSize(frame), IPL_DEPTH_8U, 1 );
      }
   ...
```

Détection de mouvement et actualisation de la MHI

```
      MotionDetection( video_image, motion, seuil_diff );
```

Affichage des résultats

```
      cvNamedWindow( "MHI", 0 );
      cvShowImage( "MHI", motion );
      cvCreateTrackbar("duree", "MHI", &MHI_DURATION, 60, 0);
   ...
...
```

3.3 Représentation graphique du mouvement

On souhaite ajouter une représentation graphique du nombre de pixels en mouvement, du type de celle rencontrée dans les appareils de *monitoring* de la fréquence cardiaque. Un graphe est traçé sur l'image `motion`, ce graphe représentant un nombre proportionnel au nombre de pixels non nul dans l'image `MHI` en fonction du temps (Fig. IX.4). Lorsque le traçé atteint la droite de l'image, on le fait défiler dans le temps de manière à ce que les valeurs, calculées aux instants précédents, soient présentes à l'écran. Cette fonction est utile pour réaliser une surveillance du mouvement respiratoire par exemple. Dans le cas d'une acquisition caméra, on ne sait pas à l'avance le nombre de points à stocker : on utilise alors un tableau dynamique de type `CvSeq`.

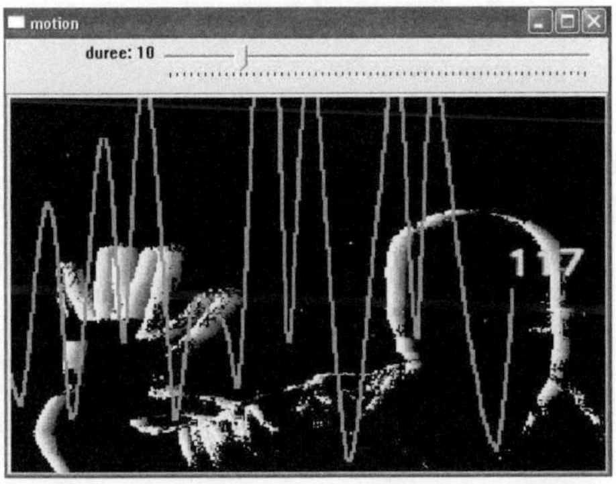

FIG. IX.4 – Représentation graphique des pixels en mouvement.

On reprend le programme précédent, et on ajoute dans l'en-tête deux fonctions : le stockage des échantillons est assuré par `StoreMotionNumber`, l'incrustation de l'affichage par `DrawGraphOnMotion`. La fonction `cvSeqPush` ajoute un élément à la séquence en fin de liste, `cvGetSeqElem` permet de lire les éléments de cette liste. Cette séquence et sa mémoire sont déclarées et allouées au tout début du programme principal. L'appel aux deux fonctions est opéré après le calcul de la MHI.

```
void  StoreMotionNumber( IplImage* mouv, CvSeq* samples )
{
   // Facteur de normalisation à choisir
   // d'autant plus élevé qu'il y a de mouvement
   int ntotal = 10*mouv->width;

   // Nbre de pixels en mouvement dans l'image :
   cvSetImageCOI(mouv, 3); // canal rouge
   int npix = cvCountNonZero(mouv);
   double perc = (double) npix/ntotal;
   cvSetImageCOI(mouv,0); // remise à zéro de la COI
   // Stockage du résultat :
   int number = (int) 100*perc;
   cvSeqPush( samples, &number);
}
```

Récapitulatif

Matlab	`median` `abs`
CV	`cvAcc` `cvUpdateMotionHistory`
CxCore	`cvAbsDiff` `cvSeqPush`

TAB. IX.1 – Fonctions abordées dans ce chapitre.

```
void DrawGraphOnMotion(CvSeq* samples, IplImage* mouv)
{
   int nbsamples =(samples?samples->total:0);

   int perc100 = 0;//dernier point
   int w=mouv->width;
   int io = MAX(0, nbsamples-w+50);

   for(int i=0; i<nbsamples; i++)
   {
      int iprec = MAX( 0, (i - 1));

      int numb0 = *(int*)cvGetSeqElem( samples, i );
      int numb1 = *(int*)cvGetSeqElem( samples, iprec );

      cvRectangle( mouv,
         cvPoint( i-io, cvRound(mouv->height -   numb0) ),
            cvPoint(i+1-io, cvRound(  mouv->height - numb1 )   ),
               CV_RGB(0,0,255), 1);
      perc100 = numb0;
   }
   // Affichage Numérique :
   char finnom[250];
   sprintf(finnom, "%d", perc100);
   CvPoint pt1 = cvPoint(MAX(10, nbsamples-4-io),
                        MAX(20,mouv->height - perc100 -10));
   CvFont font;
   cvInitFont( &font, CV_FONT_HERSHEY_SIMPLEX, .7, .7, 0.0, 2, CV_AA );
   cvPutText( mouv, finnom, pt1, &font, CV_RGB(255,255,0));
}
```

```
int main( )
{
   CvMemStorage* storage= cvCreateMemStorage(0);
   CvSeq* quantites_seq = cvCreateSeq( CV_8UC1, sizeof(CvSeq),
            sizeof(int), storage ); // séquence de nombre entiers
   ...
   cvZero(motion);
       MotionDetection( video_image, motion, seuil_diff );
       StoreMotionNumber( motion, quantites_seq);
       DrawGraphOnMotion( quantites_seq, motion);
   ...
}
```

Chapitre X

Détection de visages

L'APPROCHE holistique (ou globale) de la détection de visages est fondée sur l'apprentissage d'un modèle de visage à partir d'une base d'exemples. Elle emploie des méthodes communes à d'autres problèmes de reconnaissance de formes. Ces méthodes consistent à estimer une densité de probabilité conditionnelle (on parle alors de méthode *générative*), la densité de probabilité pouvant être remplacée par une fonction reflétant le degré d'appartenance à la classe modélisée, comme par exemple l'erreur sortie-entrée d'un réseau Diabolo[1]) ou une fonction discriminante (méthode *discriminante*) dans un sous espace, de dimension réduite par rapport à l'espace image, afin de déterminer un hyperplan séparateur des classes *visage* et *non visage*.

L'état de l'art dans ce domaine distingue plusieurs catégories d'algorithmes :
- méthodes s'appuyant sur la détermination d'un sous espace,
- approches exploitant une représentation fréquentielle de l'image,
- les approches connexionnistes (réseaux de neurones à convolutions),
- approches fondées sur une sélection automatique de filtres spatiaux.

Une approche globale repose géneralement sur un codage rétinien de l'image : une fenêtre, ou rétine, de taille fixée parcourt l'image avec un certains pas et la réponse du modèle est calculée sur la vignette correspondante. L'application à des visages de tailles différentes est réalisée en ré-itérant ce procédé en réduisant l'image d'un facteur f_q à chaque itération. Une approche alternative est d'agrandir la rétine et de l'appliquer sur l'image originale.

Dans ce chapitre, cette dernière méthode est mise en oeuvre par un détecteur, dont l'apprentissage s'appuye sur une sélection automatique de filtres spatiaux. Issu de l'état de l'art, il permet une détection des visages en temps réel dont les performances sont quantifiées en termes de détection et de cadence de traitement.

[1] R. Belaroussi, L. Prevost, and M. Milgram. Combining model-based classifiers for face localization. In *Proceedings of the Ninth IAPR Conference on Machine Vision Applications*, pages 290–293, 2005.

1 Le détecteur de Viola et Jones

1.1 Filtres spatiaux dits de Haar

Le détecteur de visages distribué avec OpenCV est une cascade de classifieurs boostés, qui exploitent une représentation de l'image définie par des filtres spatiaux.

Il est basé sur des filtres rectangulaires dits de *Haar*, et illustrés par la figure X.1. Un ensemble de plus de 180.000 filtres [2], pour une rétine de taille mxn=24x24 pixels, est constitué à partir de ces prototypes en multipliant indépendamment la hauteur et la largeur des rectangles par un nombre entier, et en comptant les différentes positions de l'image où ces filtres peuvent être centrés dans la rétine. Le nombre de filtres définissables varie comme m^4 où $m = 24$, c'est-à-dire le nombre de positions possibles multiplié par le nombre de tailles. Un classifieur statistique est appris sur une base d'images monochromes de visages et de non-visages de taille fixe 24x24 (ou 20x20), par une procédure de *boosting* adaptative. La sélection des filtres rectangulaires mis en oeuvre par chacun des classifieurs boostés a été réalisée automatiquement durant l'apprentissage de la *cascade*. Le schéma de la figure X.5 montre que ce classifieur est composé d'une cascade attentionnelle composée de classifieurs *boostés*.

La détection de visages se fait par une approche fondée sur un codage rétinien : une fenêtre glissante de taille 24x24 scanne l'image et chaque sous-image est classifiée visage ou non-visage par la cascade. La fenêtre est ensuite agrandie d'un facteur f_q, et scanne à nouveau l'image à plus grande échelle, l'image gardant sa résolution initiale : moins de vignettes sont alors visées par le classifieur.

La figure X.2 donne un exemple de vignette sur laquelle est appliqué un filtre de Haar. Chaque filtre est défini par :

- un ou deux rectangles gris inclus dans un rectangle blanc comme le montre la figure X.1.
- ses dimensions, largeur l_0 et hauteur h_0 à la première échelle, où l_0 et h_0 sont des multiples entiers des dimensions des filtres rectangulaires de base illustrés par la figure X.1. La taille lxh du filtre à l'échelle n est alors : $l = \overline{f_q^{n-1} l_0}$ et $h = \overline{f_q^{n-1} h_0}$ (la barre indiquant l'arrondi entier le plus proche).
- sa position dans la rétine : si elle est définie en (x_0, y_0) à l'échelle un, elle devient $(\overline{f_q^{n-1} x_0}, \overline{f_q^{n-1} y_0})$ à l'échelle n.

Les filtres sont constitués de deux à trois rectangles : les filtres *contours* et les filtres *lignes* en ont deux, les filtres *diagonales* trois. A chaque filtre est associé un classifieur *faible* ayant pour entrée une imagette et pour sortie la classe, visage ou non-visage, de l'entrée Ésa fonction discriminante est définie par l'équation (X.2) . Un classifieur faible seul est insuffisant pour détecter un visage avec un taux de réussite acceptable. Le boosting permet de combiner des classifieurs faibles pour obtenir un classifieur *fort* dit boosté.

[2] P. Viola and M. Jones. Rapid object detection using a boosted cascade of simple features. In *Proceedings of the IEEE Conference on Computer Vision and Pattern Recognition*, volume 1, pages 511–518, 2001.

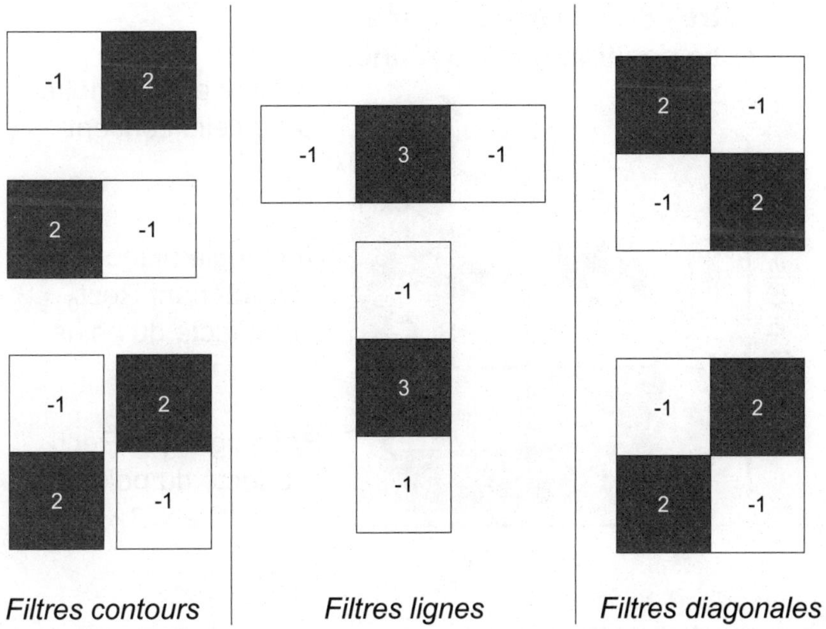

FIG. X.1 – Filtres rectangulaires dits *de Haar* *Ils sont mis en oeuvre par la cascade avec les poids ω associés aux rectangles blancs entiers et aux rectangles gris qu'ils incluent.*

Un classifieur boosté est une somme pondérée de classifieurs faibles, somme construite de manière itérative par une procédure d'*Adaboost* sélectionnant à chaque itération le meilleur classifieur faible à ajouter, ainsi que le poids qui lui est associé. Plusieurs classifieurs boostés, de complexité croissante, sont mis en cascade (voir figure X.5) afin d'obtenir un classifieur efficace, tant en terme de vitesse que de performances. Cette procédure d'apprentissage n'est pas détaillée dans le présent ouvrage : on met en oeuvre une cascade déjà construite disponible dans le répertoire `OpenCV\data\haarcascades`.

1.2 Classifieur faible

Pour chaque filtre, un opérateur différentiel est appliqué entre la portion d'image située sous le rectangle entier et l'image sous le rectangle grisé est calculé. La valeur s_j issue du filtre j est ainsi la somme pondérée de deux termes : la somme des pixels situés dans le rectangle entier (blanc+noir), indexé par 1 dans la formule (X.1), et la somme des pixels inscrits dans le rectangle gris (indexé par 0).

$$s_j = \omega_{j,1} \sum_{(x,y) \in Rect_1} I(x,y) + \omega_{j,0} \sum_{(x,y) \in Rect_0} I(x,y) \qquad \text{(X.1)}$$

Le rectangle gris se voit affecté un poids inversement proportionnel à l'aire qu'il occupe dans le rectangle entier. La figure X.2 illustre le cas d'un filtre constitué d'un rectangle gris inscrit dans un rectangle blanc d'aire trois fois plus élevée. L'équation (X.1) retourne ainsi la différence entre la somme des niveaux de gris situés sous le rectangle

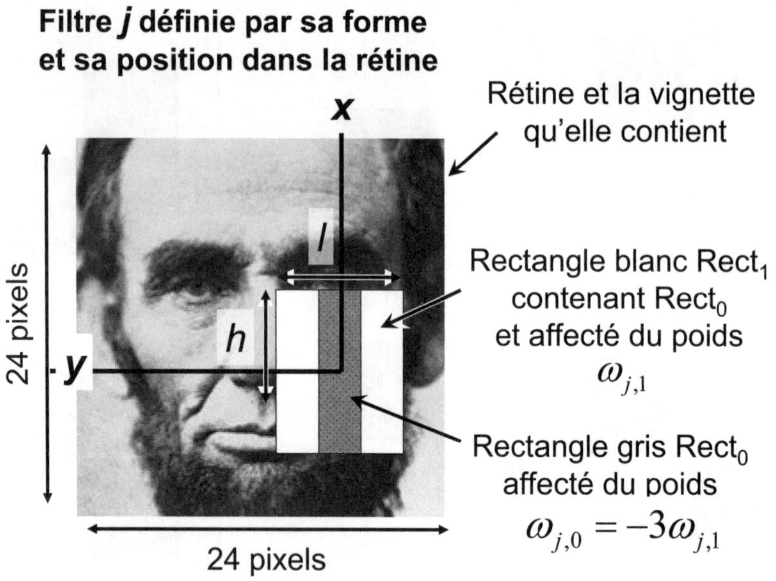

FIG. X.2 – **Filtre spatial et rétine** *Un filtre rectangulaire est défini par sa forme, sa taille et sa position dans la rétine de recherche.*

gris et la somme des niveaux de gris des deux rectangles blancs qui lui sont adjacents, en affectant un même poids moyen à chaque rectangle.

Un classifieur f_j est associé au filtre j. Appelé *classifieur faible*, il est défini par un seuil sur la valeur s_j. Il s'agit d'un arbre de décision à deux noeuds terminaux :

$$f_j = \begin{cases} 1 & si \quad s_j \geq \tau_j \quad (visage) \\ 0 & si \quad s_j < \tau_j \quad (non-visage) \end{cases} \tag{X.2}$$

Un nombre important de classifieurs faibles sont à combiner, et l'évaluation de l'équation (X.1) pour chaque filtre et à chaque échelle est consommatrice en temps de calcul.

1.3 Image Intégrale

Viola & Jones utilisent une représentation intermédiaire de l'image, l'*image intégrale* II qui permet de calculer ces valeurs de manière rapide sur l'image monochrome I, en une seule passe.

$$II(x,y) = \sum_{\substack{x' \leq x \\ y' \leq y}} I(x',y') \tag{X.3}$$

L'image intégrale peut être calculée en une passe sur l'image I par récurrence, en parcourant chaque ligne de l'image selon les x croissants et en changeant de ligne selon les y croissants.

La somme des niveaux de gris des pixels inclus dans un rectangle $Rect = (x_0, y_0, w, h)$

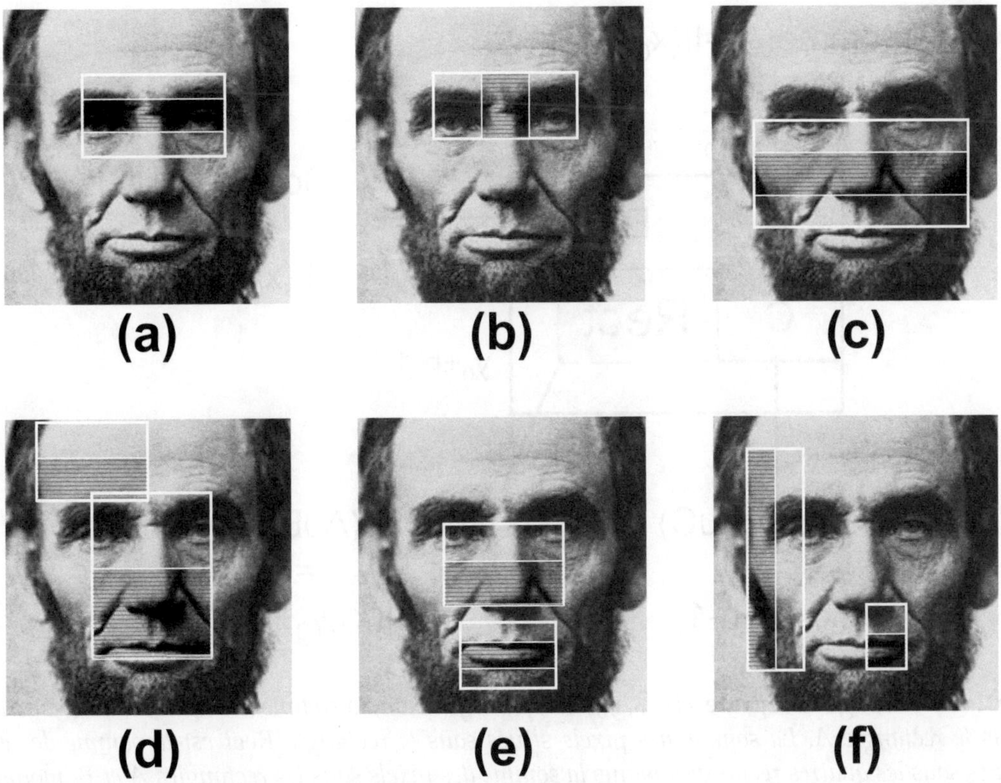

FIG. X.3 – Premier étage de la cascade *Les neuf filtres de Haar du premier classifieur fort F_0 de la cascade. Lorsque la somme des sorties des filtres spatiaux est supérieur au seuil de F_0, la vignette est passé à l'étage suivant de la cascade, sinon elle est classifiée comme non-visage.*

de dimensions wxh et dont le coin haut gauche est à la position (x, y) est calculée par quatre opérations de lecture de l'image intégrale :

$$\begin{aligned}\textstyle\sum_{(x,y)\in \mathrm{Rect}} I(x,y) = & \; II(x_0+w-1, y_0+h-1) - II(x_0+w-1, y_0) \\ & + II(x_0, y_0+h-1) - II(x_0, y_0)\end{aligned}$$

La figure X.4 montre les surfaces associées à ces quatres termes, obtenues par lecture de l'image intégrale.

1.4 Classifieur boosté

Un classifieur plus complexe F_k, dit *classifieur boosté* ou *fort*, agrège n classifieurs faibles :

$$F_k = sign\left(\sum_{i=1}^{n} c_i f_i - seuil\right) \tag{X.4}$$

La somme pondérée (X.4) des classifieurs faibles est obtenue itérativement par une procédure d'apprentissage. A chaque itération, le seuil de décision τ_i d'un classifieur faible f_i est appris et un poids c_i lui est assigné en fonction de son taux d'erreur sur la

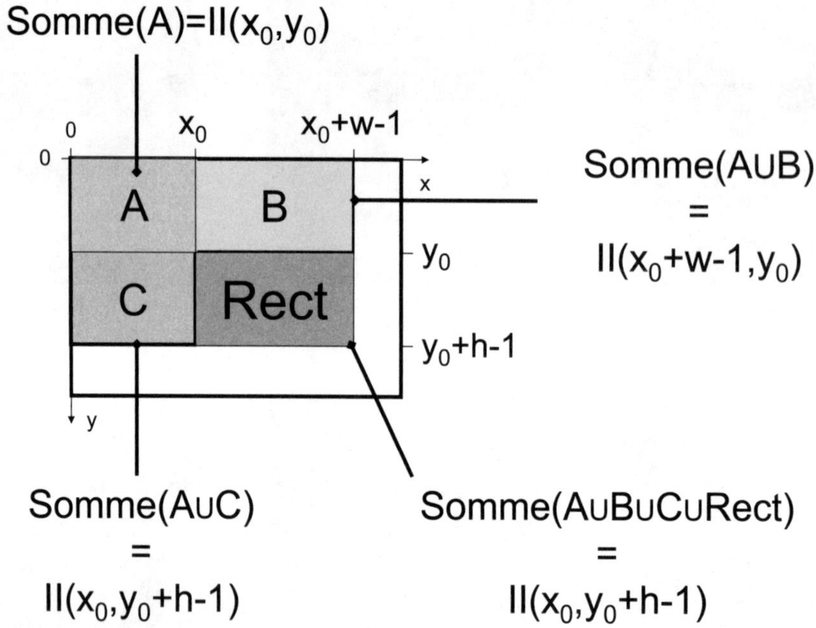

FIG. X.4 – **Image Intégrale** *$II(x_0, y_0)$ est, par définition, la somme des niveaux de gris situés sous le rectangle A. La somme des pixels situés sous le rectangle Rect est la somme de ceux situés sous les quatres rectangles moins la somme des pixels sous les rectangles A et B, moins la somme des pixels sous les rectangles A et C, plus la somme des pixels sous le rectangle A.*

base d'apprentissage : plus l'erreur de f_i est petite et plus c_i est élevé. La sélection du classifieur f_i est faite par la procédure d'*Adaboost* (*Adaptive boosting* [3]) : tous les classifieurs f_k sont en pratique appris, et le classifieur faible retenu f_i est celui qui produit la plus petite erreur sur la base d'apprentissage. Le classifieur ainsi appris est ajouté à la somme (X.4), et le poids de chaque exemple d'apprentissage est mis à jour de manière à mettre en valeur les exemples mal-classés par la nouvelle somme F_k lors de l'apprentissage du classifieur faible suivant.

1.5 Cascade de classifieurs boostés

Le classifieur le plus simple est le premier auquel les vignettes sont mises en entrée et sert à rejeter les régions les plus simples à discriminer, avant d'appeler les classifieurs suivants, plus complexes, et utilisant des filtres différents. Ainsi, 60 à 80ù des candidats sont rejetés par les deux premiers classifieurs boostés de la cascade, utilisant les filtres les plus simples (contours et lignes).

La cascade employée ici est constituée de 25 classifieurs boostés contenant chacun entre 9 et 211 classifieurs faibles. Le premier étage de la cascade en contient neuf, leurs filtres spatiaux sont illustrés par la figure X.3.

[3] Y. Freund and R. E. Schapire. Experiments with a new boosting algorithm. In *International Conference on Machine Learning*, pages 148–156, 1996.

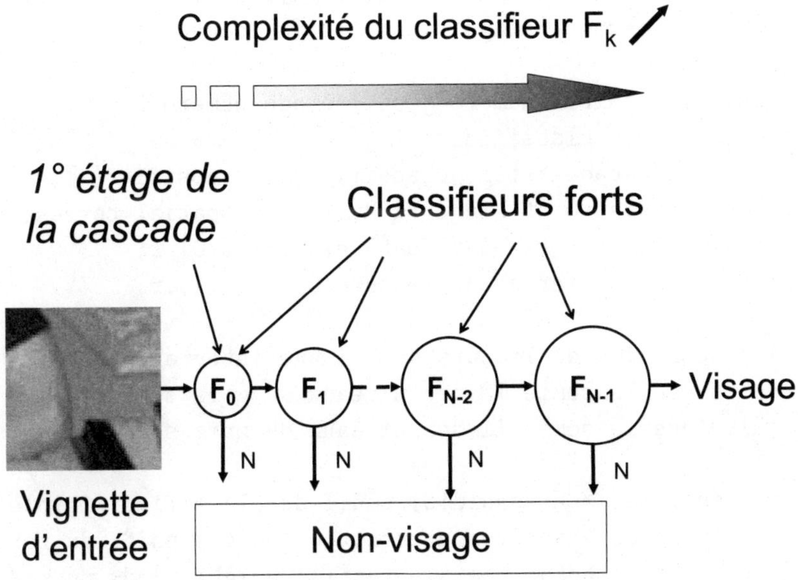

FIG. X.5 – Cascade de classifieurs boostés *Les classifieurs les plus simples et les plus rapides rejettent un maximum de fausses alarmes, les classifieurs plus complexes se concentrent alors sur les zones de l'image les plus proches de l'apparence d'un visage.*

Ces filtres sont interprétables physiquement. Par exemple, le premier (X.3 a) mesure la différence entre la luminosité d'une région contenant les yeux et celle des régions contenant les sourcils et le nez. Le filtre suivant (X.3 b) analyse la différence entre la luminance de la cloison nasale et celle des yeux, tandis que le troisième compare le nez avec les yeux et le haut de la bouche.

Traitement d'une vignette

Les types `CvHaarClassifierCascade`, `CvHaarStageClassifier`, `CvHaarClassifier`, sont associés respectivement aux cascades, classifieurs forts et classifieurs faibles. Le pseudo-code du traitement d'une vignette par une cascade constituée de filtres à deux rectangles est ainsi le suivant :

```
CvHaarClassifierCascade* cascade = cvLoad( cascade_name);
// Nombre de classifieurs forts
N = cascade->count;

// Pour chaque classifieur boosté
// (cascade->stage_classifier[k] = étage k de la cascade)
for( k = 0; k < N; ++k )
{
   // Fk=stage_sum : somme des sorties des classifieurs faibles
   double stage_sum = 0;
```

```
    // L'étage k a cascade->stage_classifier[k].count classifieurs faibles
    for( j = 0; j < cascade->stage_classifier[k].count; ++j )
    {
       // Classifieur faible numéro j de l'étage numéro k
       CvHaarClassifier* classifier =
                   &cascade->stage_classifier[k].classifier[j];
       // Rectangle gris r0 et blanc r1 du filtre spatial correspondant
       CvRect r0 = classifier->haar_feature[0].rect[0].r;
       CvRect r1 = classifier->haar_feature[0].rect[1].r;

       // Ici : opération de lecture de l'image intégrale pour :
       // - calcul de la somme I0 des niveaux de gris sous r0
       // - calcul de la somme I1 des niveaux de gris sour r1

       // t = classifier->threshold[0] seuil du classifieur faible
       // w0= classifier->haar_feature.rect[0].weight poids du rectangle r0
       // w1= classifier->haar_feature.rect[1].weight poids du rectangle r1

       sum = I0*w0 + I1*w1;

       // a = classifier->alpha[0] sortie fj du classifieur faible si sum<t
       // b = classifier->alpha[1] sortie fj si sum>t

       // Fk = somme sur des sorties fj :
       stage_sum += sum < t ? a : b;
    }
    // cascade->stage_classifier[i].threshold = seuil du classifieur boosté
    // si Fk > seuil passage de la vignette à l'étage supérieur
    // sinon rejet de la vignette (non visage)
    if( stage_sum < cascade->stage_classifier[i].threshold )
       EXIT;
}
```

Le calcul des sommes $\sum_{(x,y)\in Rect} I(x,y)$ est réalisé à l'aide de la cascade cachée `cascade->hid_cascade` qui est allouée lors du calcul de la somme intégrale. Ces opérations sont transparentes pour l'utilisateur et ne sont pas détaillé dans cet ouvrage.

2 Détection de visages dans une image fixe

2.1 Parcours de l'image par une rétine

Le pas avec lequel l'image est parcourue, horizontalement et verticalement, dépend en particulier de la complexité de l'image : sans entrer dans le détail, la fonction

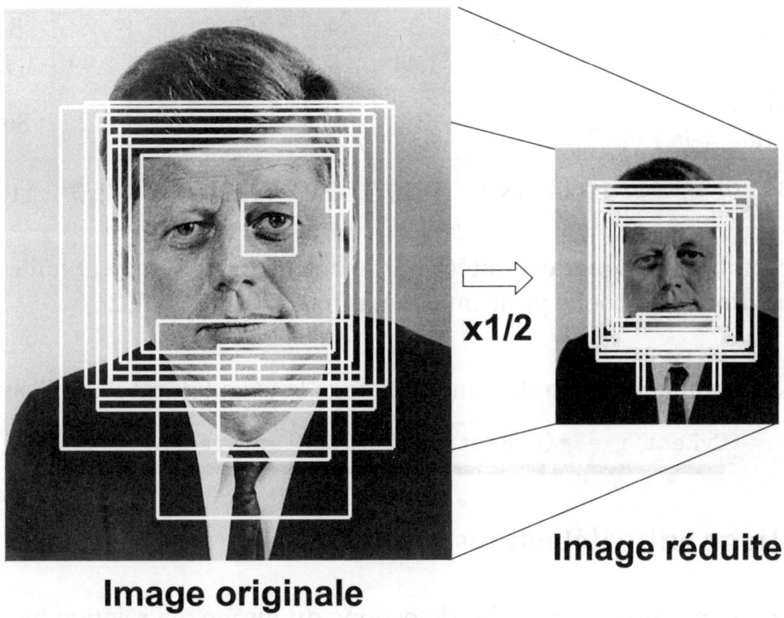

FIG. X.6 – Détection de visages *Résultats sur l'image source et l'image réduite deux fois.*

`cvHaarDetectObjects` réalise des sauts de position lorsqu'un visage passe les deux premiers étages de la cascade. L'image d'un fond blanc, par exemple, sera parcourue à plus de positions qu'une image contenant un visage, mais sera traitée beaucoup plus rapidement comme ayant peu de chance de passer le premier étage de la cascade. Le nombre total de vignettes appliquées en entrée du détecteur dépend donc de la complexité de l'image, mais aussi du nombre et de la taille des visages éventuellement présents dans la scène.

Le tableau X.1 donne la taille et le nombre de vignettes par échelle avec un facteur $f_q = 1.2$ classique en détection de visages, pour une image dimensions 160x120 pixels. Le nombre d'échelles à parcourir par la rétine d'entrée du détecteur est alors de neuf.

La syntaxe de la fonction `cvHaarDetectObjects` est la suivante :

```
CvSeq*faces = cvHaarDetectObjects( src, cascade, storage, fq, nvoisins);
```

Elle retourne la liste `faces` de rectangles détectés par la cascade dans l'image `src`. `storage` est la mémoire associée à cette liste chaînée. Le quatrième argument est le facteur de qualité f_q utilisé pour agrandir la rétine et parcourir l'image à différentes échelles. Plus ce nombre est grand (strictement supérieur à 1) moins le nombre de vrais positifs est grand mais plus le temps de traitement est diminué. Le dernier argument est le nombre de voisins qu'une détection multiple doit avoir pour être retenue comme candidat. Plus ce nombre est grand plus la confiance en la détection est élevée.

La séquence de rectangles `faces` est une variable de type `CvSeq` parce qu'on ne connaît pas *a priori* le nombre de visages à détecter. Si aucun objet n'est détecté, le pointeur retourné est nul, sinon le nombre total d'éléments de la liste est faces-âtotal. Cela s'écrit simplement : le nombre de visage détectés est de `(faces ? faces->total : 0)`.

Echelle n	1	2	3	4	5	6	7	8	9
facteur f_Q^{n-1}	1	1,2	1,44	1,73	2,07	2,49	2,99	3,58	4,3
taille de la rétine ($w_n = h_n$)	24	29	35	41	50	60	72	86	103
Nombre de vignettes	1900	1800	1510	1480	1100	575	273	110	29

TAB. X.1 – Nombre de vignettes traitées par le détecteur de visage et taille de la rétine (carré) en fonction de l'échelle pour une image 160x120 et $f_q = 1,2$

On accède en lecture au rectangle numéro k de la liste en faisant l'appel suivant :

```
CvRect r = *(CvRect*)cvGetSeqElem( faces, k );
```

2.2 Arbitrage entre détections multiples

La figure X.6 montre de multiples détections du visage : la relative insensibilité au cadrage de la cascade fait que le visage est détecté plusieurs fois, à des positions et à des échelles voisines les unes des autres. Leur nombre est donc un indice de confiance dans la détection : à l'inverse un faux positif est souvent détecté seul.

La figure X.7 donne l'exemple de faux positifs détectés à des positions et à des échelles différentes : ces faux positifs sont isolés. A l'inverse, les vrais positifs sont nombreux et ont lieu autour de visages : ces détections multiples sont intégrées pour ne retourner qu'une position moyenne.

Pour ce faire, l'ensemble des détections est partitionné en sous-ensembles constitués des rectangles se recouvrant. Pour chaque sous-ensemble un rectangle, moyenne de tous les rectangles du sous ensemble, est calculé. Le cardinal de chaque sous-ensemble est noté $n_{voisins}$. Finalement, les petits rectangles approximativement à l'intérieur d'un plus grand rectangle sont éliminés. Plus précisément ce processus de filtrage exclut un rectangle r_1, de coin haut gauche (x_0^1, y_0^1) et de coin bas droit (x_1^1, y_1^1), si il existe un rectangle moyen r_2 de largeur w_2 et de coins (x_0^2, y_0^2) et (x_1^2, y_1^2) tel que :

$$\begin{aligned} \text{Coins haut gauche :} \quad & x_0^1 \geq x_0^2 + 0.2w_2 \quad \text{et} \quad y_0^1 \geq y_0^2 + 0.2w_2 \\ \text{Coins bas droit :} \quad & x_1^1 \leq x_1^2 + 0.2w_2 \quad \text{et} \quad y_1^1 \leq y_1^2 + 0.2w_2 \end{aligned}$$

Un filtrage des faux positifs résultants peut alors être réalisé en fixant un seuil de confiance sur le nombre $n_{voisins}$ de détections voisines. Un seuil élevé permet de filtrer tous les faux positifs, mais réduit considérablement le taux de détection de visages. Un bon compromis correspond à filtrer les détections moyennant plus de deux rectangles voisins : $n_{voisins} \geq 2 \Rightarrow visage.$

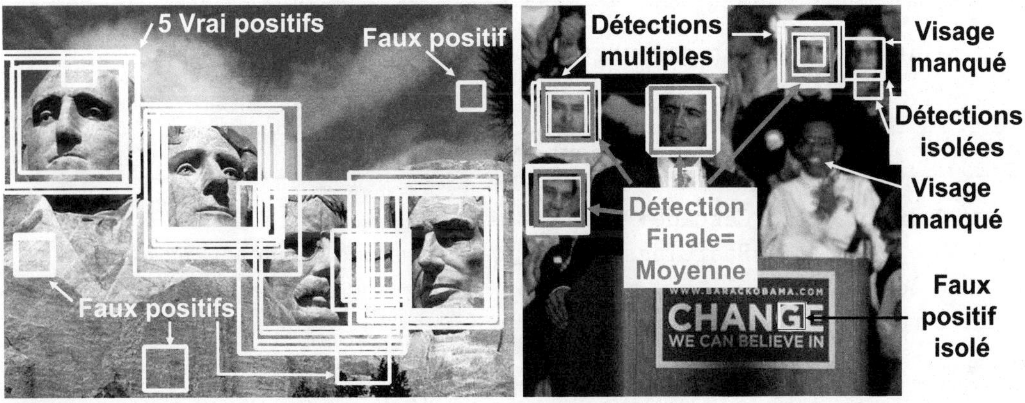

FIG. X.7 – Détections multiples d'un candidat *Les faux positifs isolés sont éliminés. Plusieurs vrais positifs détectés dans un même voisinage de l'image constituent un candidat : le rectangle finalement retenu est la moyenne de ces détections.*

2.3 Traitement d'une image

On considère que le fichier xml constituant la cascade est stocké dans le dossier `haarcascades\` créé au niveau du répertoire contenant l'exécutable. L'image à traiter est une image couleur ou en niveau de gris stockée au même niveau que l'exécutable. L'en-tête du programme principal traitant cette image est ainsi le suivant :

```
#include "cv.h"
#include "highgui.h"

char* cascade_name =
    "haarcascades/haarcascade_frontalface_default.xml";
```

La cascade sélectionnée peut alors être chargée en début de programme :

```
int main( int argc, char** argv )
{

            Chargement de la cascade

   CvHaarClassifierCascade* cascade =
                (CvHaarClassifierCascade*)cvLoad( cascade_name );
...
```

Le programme principal charge l'image à traiter et crée la mémoire dynamique associée à la liste des détections avant de procéder à la détection de visages :

```
int main( int argc, char** argv )
{
```

Chargement de la cascade

```
   CvHaarClassifierCascade* cascade =
               (CvHaarClassifierCascade*)cvLoad( cascade_name );
   if( êcascade )
      return -1;
```

Chargement de l'image

```
   IplImage *src = cvLoadImage("lena.jpg");
```

Allocation mémoire associée à la liste

```
   CvMemStorage* storage = cvCreateMemStorage(0);
```

Allocation mémoire associée à la liste

```
   CvSeq* faces = cvHaarDetectObjects( src, cascade, storage, 1.2, 0 );
```

Dessin des détections

```
   for(int i = 0; i < (faces ? faces->total : 0); i++ )
   {
      CvRect r = *(CvRect*)cvGetSeqElem( faces, i );
      cvRectangle( src,
         cvPoint(r.x,r.y),
            cvPoint( r.x+r.width-1, r.y+r.height-1 ),
               CV_RGB(255,255,255), 1);
   }

   cvNamedWindow( "Detection", 0 );
   cvShowImage( "Detection", src );
   cvWaitKey();
```

Sortie du programme

```
   cvClearMemStorage( storage );
   cvReleaseMemStorage( &storage );
   cvReleaseImage(& src);
   return 0;
}
```

3 Détection de visage dans une vidéo

3.1 Contrainte temps réel

On extrapole souvent les temps de calcul d'une machine donnée à une autre, en les supposant proportionnels à la fréquence d'horloge du processeur employé. Cette approximation est grossière, car le temps de calcul ne dépend pas que de la fréquence d'horloge du processeur. Avec les nouvelles architectures il faut se méfier de généraliser trop vite, mais globalement le temps de traitement dépend de :

- l'horloge du CPU, et le temps d'accès à la mémoire RAM principal,
- la taille de la mémoire cache : cache instruction et cache données,
- le type d'opération et la taille des mots : virgule fixe ou flottante, 16ï 32ï 64 bits...
- l'optimisation du code : certaines librairies spécialisées utilisent mieux tel ou tel processeur,
- l'utilisation d'un co-processeur, celui de la carte vidéo par exemple,
- l'utilisation de tables pré-calculées qui réduit les temps de calcul,
- la taille de la RAM, pour éviter pagination et swap disque, et y faire tenir de grandes tables pré-calculées.

De plus, certains paramètres influent directement sur le temps de calcul et sur la qualité de la détection. Ces paramètres sont la taille de la rétine scannant l'image (et donc la taille de visage minimale pouvant être détecté), le pas de glissement de la rétine, le facteur d'agrandissement de la rétine ou de sous-échantillonnage de l'image originale. Un bon compromis temps de calculï efficacité de la détection peut être obtenu en réduisant la taille de l'image à traiter. Le tableau X.2 indique les performances obtenues par un même détecteur avec un processeur PIV@1.2GHz.

3.2 Réduction de l'image

Afin de traiter une séquence d'images 320×240 en temps réel, chaque image est préalablement réduite d'un facteur 2 et l'image traitée par le détecteur est de taille 160×120. Cette réduction se fait par un filtrage passe-bas de l'image, suivi par un sous-échantillonnage. L'image est convoluée par un filtre Gaussien de taille 5x5 et d'écart-type 1.25 dans les deux directions : le filtre avec lequel l'image est convoluée horizontalement puis verticalement est défini comme suit :

$$G = 1ï\,16 \begin{bmatrix} 1 & 4 & 6 & 4 & 1 \end{bmatrix}$$

Les lignes et les colonnes paires sont ensuite éliminées. Ces opérations sont réalisées par la fonction `cvPyrDown`. La figure X.6 donne un exemple de résultat de la réduction.

Cette opération a plusieurs conséquences :

- pour une rétine d'entrée 24x24, dans une image 160x120 le nombre de vignettes scannées par le détecteur est de l'ordre de 8800 alors que le détecteur parcourt de l'ordre de 45.000 vignettes pour une image 320x240. Le temps de calcul en

Taille de l'image traitée	Performances en détection	Temps de traitement moyen par image
160x120	103 vrais positifs, 0 faux positif	60 ms
320x240	128 vrais positifs, 14 faux positifs	214 ms

TAB. X.2 – Performances de la cascade 24x24 sur une séquence de 200 images, contenant un visage par image, en fonction de la taille de l'image traitée.

```
#include "cv.h"
#include "highgui.h"

const char* cascade_name =
    "Data/haarcascades/haarcascade_frontalface_default.xml";

CvHaarClassifierCascade* cascade = 0;
CvMemStorage* storage = 0;
int scale=2;

CvSeq* DetectFaces( IplImage* img)
{
   CvSize img_size = cvGetSize( img );
   IplImage* temp = 0;

   temp=cvCreateImage(
         cvSize(img_size.width/scale,img_size.height/scale), 8, 3 );
   cvPyrDown( img, temp );

   cvClearMemStorage( storage );
   CvSeq* _faces = cvHaarDetectObjects( temp, cascade, storage,
                                       1.2, 2, 1 );

   cvReleaseImage( &temp );
   return _faces;

}
```

est considérablement diminué comme le montre le tableau X.2, de même que le nombre faux positifs mais le taux de détection est moins élevé.

- le sous-échantillonnage de l'image lissée multiplie par deux la taille minimale de visage détectable : un classifieur 24x24 appliqué à l'image réduite 160x120 ne détecte pas les visages de taille inférieure à 48x48 dans l'image originale 320x240. Sans l'opération de sous-échantillonnage, des visages de taille inférieure à 50x50 pixels sont recherchés à 4 échelles supplémentaires, pour un facteur d'agrandissement des filtres $f_Q = 1.2$, et peuvent être détectés jusqu'à une taille de 24x24 pixels.

Le dessin des rectangles détectés doit prendre en compte le facteur de réduction, afin de les mettre à l'échelle de l'image originale :

```
void DrawFaces(IplImage* src, CvSeq* rfaces)
{
   for(int i = 0; i < (rfaces ? rfaces->total : 0); i++ )
   {
      CvRect r = *(CvRect*)cvGetSeqElem( rfaces, i );
      cvRectangle( src,
         cvPoint(r.x*scale,r.y*scale),
            cvPoint((r.x+r.width-1)*scale,(r.y+r.height-1)*scale),
               CV_RGB(0,0,255), 3 );
   }
}
```

On traite ici du cas particulier d'une réduction de l'image d'un facteur 1ï 2 : on peut alors utiliser la fonction `cvPyrDown`. On peut aussi traiter le cas d'un facteur quelconque, ou même d'un facteur horizontal et vertical différents à l'aide de la fonction `cvResize`. Par exemple, on souhaite redimensionner une image 320×240 `src` à la taille 32×48. On crée alors l'image `dst` avec une taille 32×48 et le même nombre de canaux que `src`, puis on fait l'appel suivant :

```
cvResize( src, dst, CV_INTER_NN );
```

3.3 Traitement d'une séquence d'image

On exploite les deux sous programmes précédemment définis dans un programme principal qui reprend le code proposé au chapitre I.4 pour l'affichage des images d'une séquence. On traite la séquence vidéo `Ilkay.avi`, fichier vidéo stocké sur le disque à un endroit idoine, par exemple à l'emplacement contenant l'exécutable. On peut aussi bien traiter tout autre fichier vidéo ou le flux d'une caméra.

Récapitulatif

CV	`CvHaarClassifierCascade` (cascade de classifieurs boostés)
	`CvHaarStageClassifier` (classifieur boosté)
	`CvHaarClassifier` (classifieur faible)
	`cvHaarDetectObjects`
	`cvPyrDown, cvResize`

TAB. X.3 – Les fonctions et types d'OpenCV abordés dans ce chapitre

```
int main( int argc, char** argv )
{
   CvCapture* capture = 0;
   IplImage *frame = 0;
   IplImage *video_image = 0;
   capture = cvCreateFileCapture("Ilkay.avi");

   cascade = (CvHaarClassifierCascade*)cvLoad( cascade_name, 0, 0, 0 );
   if( êcascade )
       return -1;
   storage = cvCreateMemStorage(0);
   for(;;)
   {
      frame = cvQueryFrame( capture );
      if(êvideo_image)
         video_image = cvCreateImage(cvGetSize(frame), 8, 3);
      if( êframe )
         break;
```

Origine de l'image = coin haut gauche

```
      if( frame->origin == 1 )
         cvFlip( frame, video_image, -1 );
      else
         cvCopy( frame, video_image, 0 );
```

Détection de visages

```
      CvSeq *faces=0;
      faces = DetectFaces( video_image );
```

Affichage des résultats

```
      DrawFaces(video_image, faces);

      cvNamedWindow( "frame", 0 );
      cvShowImage( "frame", video_image );
      if( cvWaitKey( 10 ) >= 0 )
         break;
   }

   cvReleaseCapture( &capture );
   cvReleaseMemStorage( &storage );
   cvReleaseImage(& video_image);
   return 0;
}
```

Chapitre XI

Poursuite d'un objet de couleur

POURSUIVRE une cible dans une vidéo consiste à déterminer sa position dans l'image courante connaissant sa trajectoire aux instants précédents. Les difficultés auxquelles font face les approches existantes sont le manque de robustesse dû aux changements des conditions d'éclairage de la scène, aux changements d'échelle de la cible, aux occlusions partielles, ou encore à un déplacement de la caméra. On illustre ce sujet en prenant le visage pour cible.

Les approches globales ou structurelles de la détection de visages peuvent s'appliquer image par image pour poursuivre les visages dans une séquence. Mais soit la complexité calculatoire des approches globales, soit le manque de robustesse des approches structurelles, font qu'ils ne servent généralement que pour initialiser la position d'une cible (le visage) à suivre.

Dans ce chapitre, le suivi de visage est opéré de manière déterministe (la dynamique du déplacement du visage n'est pas modélisée) et les notions suivantes sont abordées :

- modélisation colorimétrique de la couleur du visage,
- suivi par segmentation en composante connexe,
- ajustement d'une ellipse à un ensemble de points par la méthode des moindres carrés[1],
- algorithmes du mean-shift et du Camshift,
- suivi par Camshift couplé.

Le suivi par segmentation en composantes connexes est en particulier comparé à l'approche plus robuste du Camshift. Des séquences vidéos sont disponibles publiquement sur le web et peuvent être téléchargées gratuitement [2].

---

[1] A. W. Fitzgibbon, M. Pilu, and R. B. Fisher. Direct least-squares fitting of ellipses. *IEEE Transactions on Pattern Analysis and Machine Intelligence*, 21(5) :476–480, May 1999.

[2] Microsoft Research Cambridge. research.microsoft.comï visionï cambridgeï i2iï dsweb.htm. *i2i : 3D Visual Communication*.

1 Suivi de visage dans une vidéo

Lorsque la position initiale du visage est connue, il peut être poursuivi tout au long d'une séquence d'image suivant deux grandes approches : l'une est basée sur la détection de mouvement, l'autre sur des modèles.

1.1 Approche basée mouvement ou modèle

Il existe une vaste littérature sur le sujet de la détection de mouvement, elle n'est pas développée dans ce manuel. La segmentation des zones en mouvement consiste en une détection de pixels potentiellement en mouvement dans l'image, par différence d'images consécutives ou avec une image de référence par exemple, et à filtrer temporellement, en utilisant l'historique du mouvement dans les images précédentes et un modèle dynamique, les pixels les plus probablement en mouvement. Les approches basées mouvement sont généralement rapides mais ne vérifient pas que les zones poursuivies correspondent à un visage. Elles sont souvent utilisées en combinaison avec une approche basée modèle ou pour filtrer des zones de recherche de visages.

Les approches basées sur un modèle sont les plus courantes en poursuite de visages. Elles utilisent une information de plus haut niveau que celle du mouvement, et sont donc plus robustes, mais peuvent être gourmandes en temps de calcul, en particulier les approches convoluant l'image avec un modèle d'apparence du visage. Le modèle peut être un modèle d'apparence du visage : la répartition spatiale des niveaux de gris, des contours ou des couleurs du visage.

Parmi ces méthodes, le modèle le plus employé est celui de la couleur peau, pour la rapidité de traitement qui en découle, et pour la robustesse de cet attribut du visage aux occlusions partielles, aux orientations du visage et son invariance d'échelle. Ce modèle peut être employé au niveau du pixel, en estimant la probabilité que sa couleur soit de teinte chair par rétro-projection d'un histogramme modèle par exemple, ou à un niveau global par comparaison de l'histogramme de la cible avec celui d'une cible candidat.

1.2 Suivi déterministe de la couleur

Quelque soit le modèle, une étape de segmentation du visage est nécessaire, afin d'en déterminer la position. Cette étape peut se faire de manière **déterministe**, une segmentation spatiale étant alors opérée à partir de la dernière position connue de la cible, par seuillage etï ou regroupement des pixels en une région d'intérêt dans le cas d'un modèle pixellique, une recherche de maximum exhaustive ou par descente de gradient dans le cas d'un modèle global. Elle peut aussi faire appel à un modèle (non déterministe) de la dynamique de la cible, intégrant une *prédiction* de la nouvelle position de la cible, dans ce cas une segmentation spatio-temporelle, tenant compte de l'historique des positions de la cible, est effectuée.

Enfin, plusieurs modalités (mouvement, couleur, apparence, contours) [3] peuvent être intégrées dans un système de poursuite du visage, afin d'en augmenter la robustesse. On propose ainsi de combiner une détection de visages à un algorithme particulièrement utilisé en poursuite d'objets : le *CamShift*.

1.3 Problématiques du suivi de visage

La poursuite d'un objet dans une séquences d'images soulève plusieurs questions :

- l'initialisation de la poursuite : elle peut utiliser un détecteur de visages, une localisation dans le cas où le nombre de personne à suivre est connu, ou encore demander l'assistance de l'utilisateur.
- le choix de la nature du modèle poursuivi qui peut être de couleur ou d'apparence.
- la méthode de localisation à partir du modèle : seuillage, recherche exhaustive, descente ou montée de gradient.
- la fréquence et la manière dont le modèle est actualisé.
- dans le cas où plusieurs modèles sont employés, la méthode de fusion.
- l'apparition ou la disparition d'un sujet doit aussi être traitée.
- les temps de calcul des différentes phases de la poursuite.

On présente dans ce chapitre une approche de la poursuite de visage dans des séquences d'images, répondant à ces différents points. L'objet de cette étude est le développement d'un système de suivi du visage suffisamment rapide pour pouvoir le faire suivre par un autre processus, tel que la détection des traits du visage ou la reconnaissance de personnes, en un temps proche du temps-réel ($\geq$ 15 imagesï s). Le suivi doit de plus être autonome, c'est-à-dire détecter puis suivre une cible à suivre lorsqu'un visage entre dans le champ de caméra, et abandonner la cible lorsque le sujet quitte la scène. Enfin il doit être robuste, ce qui implique un compromis avec la contrainte de temps réel. On se limite au cas de la poursuite d'un visage au plus.

La poursuite est initialisée par une détection de visages, activée lorsque aucun objet n'est suivi (`track_object=0`). Le modèle poursuivi est un modèle non-paramétrique de la teinte chair : pour des raisons de simplicité, de rapidité, mais aussi d'efficacité dans de nombreuses conditions. La poursuite se fait par une recherche déterministe, pour chaque visage détecté, de la région de l'image $\mathbf{P_{peau}}$, répartition spatiale de la probabilité de la couleur peau, contenant le plus probablement la cible. Le visage est représenté par une ellipse, dont la position, la taille et l'orientation sont déterminées à partir de P_{peau}. On compare la segmentation du visage par binarisation de P_{peau} et par montée du gradient de $Ppeau$ via une procédure de *mean shift*.

La méthode employée permet de détecter des visages de plus de 48x48 pixels, et de les suivre jusqu'à une taille de l'ordre de 10x10 définissant leur disparition, en un temps moyen de l'ordre de 9 ms sur un PIV cadencé à 2.8 GHz. L'initialisation d'une poursuite nécessite donc que le sujet soit suffisamment proche de la caméra, de l'ordre de 50 cm à 1.5 m pour une détection optimum.

[3] R. Belaroussi and M. Milgram. A real time fingers detection by symmetry transform using a two cameras system. In *Proceedings of International Symposium on Visual Computing*, 2008.

2 Suivi par segmentation en composantes connexes

On reprend et modifie le programme de détection de visage dans une vidéo décrit à la section X.3.2. On y ajoute plusieurs fonctions dans l'en-tête du programme principal, associées à des variables globales qu'on place dans l'ordre récapitulé ci-après. Les nouvelles étapes sont décrites plus en détails par la suite.

```
#include "cv.h"
#include "highgui.h"

const char* cascade_name =
    "Data/haarcascades/haarcascade_frontalface_default.xml";

CvSeq* DetectFaces( IplImage* img);
void DrawFaces(IplImage* src, CvSeq* rfaces);
```

Calcul de l'histogramme 2D modélisant la teinte chair

```
CvHistogram* skin_hs_histo = 0;
void Compute2DHist_Ellipse(IplImage* img, CvSize szEllTrn );
```

(Ré)Initialisation du modèle de teinte chair

```
CvRect previousroi = {0,0,0,0};
int track_object = 0;
void UpdateHistogram(IplImage* src, CvSeq* VJfaces);
```

Rétroprojection de l'histogramme dans l'image source

```
IplImage* HS_BackProjection(IplImage* src, CvHistogram* hist);
```

Calcul de la région de recherche puis rétroprojection

```
CvRect ror;
IplImage *Ppeau = 0;
IplImage* SkinProbabilityMap( IplImage* src);
```

Définition de la méthode de poursuite

```
IplImage * Pconncomp=0;
CvBox2D boxell;
void TargetTracking( IplImage* SPM );
```

Programme principal

```
int main( int argc, char** argv );
```

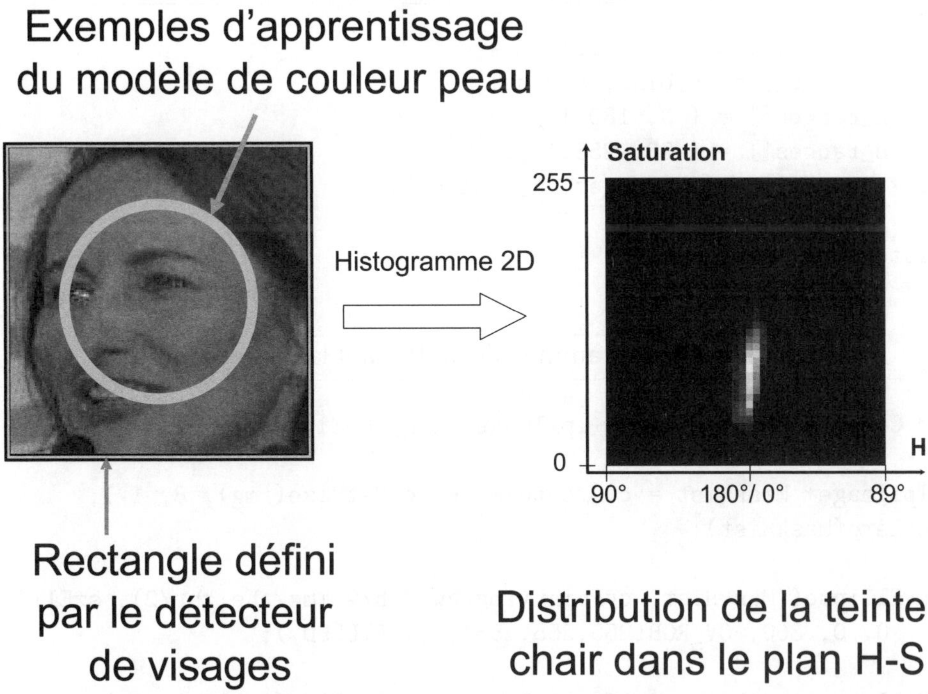

FIG. XI.1 – Modélisation non paramétrique de la couleur de la cible *Les exemples de couleur peau sont extraits d'une ellipse centrée sur le visage détecté, et leur distribution dans le plan H-S est enregistré dans l'histogramme modèle.*

2.1 Modélisation et suivi déterministe de la teinte chair

Le modèle de couleur peau est un histogramme `skin_hs_histo` 64x32 dans le plan H-S dans le programme suivant modifiant le code précédent. Les exemples d'apprentissage sont extraits du rectangle englobant le visage défini par le détecteur de visage. Ce rectangle pouvant aussi englober une partie du fond de l'image, les exemples appris par le modèle sont ceux inclus dans une ellipse centrée sur le rectangle, et dont le grand axe et le petit axe ont pour longueur la moitié de la hauteur et de la largeur du rectangle, comme le montre la figure XI.1.

Le rectangle englobant le visage à l'instant $t-1$ est représenté par `previousroi`. L'entier `track_object` sert de drapeau : il est égal à 1 lorsqu'un objet est poursuivi, et à 0 lorsque l'objet est perdu ou n'a pas encore été détecté. La fonction `UpdateHistogram` définit le modèle de teinte chair en choisissant la première détection comme cible.

La probabilité de couleur peau est calculée pour tous les pixels dans une région de recherche définie par la position de l'ellipse précédemment ajustée, voir figure XI.2. Cette ellipse est définie à partir de la carte des probabilités des pixels d'avoir la couleur de la peau, comme on va le décrire. La région de recherche `ror` est un rectangle centré sur le rectangle englobant le visage dans l'image précédente, dans laquelle est inscrite l'ellipse ajustée, avec une largeur et une hauteur augmentée de 40ù , voir figure XI.2.

```
int h_bins = 64, s_bins = 32;
int hist_size[] = {h_bins, s_bins};
float h_ranges[] = { 0, 180.1 };
float s_ranges[] = { 20, 255.1 };
float* ranges[] = { h_ranges, s_ranges };

CvHistogram* skin_hs_histo = 0;
```

Calcul de l'histogramme 2D modélisant la teinte chair

```
void Compute2DHist_Ellipse(IplImage* img, CvSize szEllTrn )
{
   IplImage* MaskHist = cvCreateImage( cvGetSize(img), 8, 1 );
   cvZero(MaskHist);

   cvEllipse( MaskHist, cvPoint(img->width/2,img->height/2), szEllTrn,
      0, 0, 360, CV_RGB(255,255,255), CV_FILLED );

   IplImage* h_plane = cvCreateImage(  cvGetSize(img), 8, 1 );
   IplImage* s_plane = cvCreateImage(  cvGetSize(img), 8, 1 );
   IplImage* v_plane = cvCreateImage(  cvGetSize(img), 8, 1 );

   IplImage* plane[] = { h_plane, s_plane };
   IplImage* hsv = cvCreateImage(  cvGetSize(img), 8, 3 );

   cvCvtColor( img, hsv, CV_BGR2HSV );

   cvSplit( hsv, h_plane, s_plane, v_plane, 0 );
   cvCalcHist( plane, skin_hs_histo, 0, MaskHist );

   float max_val=0;
   cvGetMinMaxHistValue( skin_hs_histo, 0, &max_val, 0, 0 );
   cvConvertScale( skin_hs_histo->bins, skin_hs_histo->bins,
                       max_val ? 255. / max_val : 0., 0 );

   cvReleaseImage( &hsv );
   cvReleaseImage( &h_plane );
   cvReleaseImage( &s_plane );
   cvReleaseImage( &v_plane );
   cvReleaseImage( &MaskHist );
};
```

Cela permet de poursuivre un visage se déplaçant rapidement, jusqu'à $\pm$ 20ù de la taille du visage par image horizontalement et verticalement. Pour des fréquences de traitement supérieures à 15 imagesï s, cela correspond à des déplacements très rapides

```
CvRect previousroi = {0,0,0,0};
int track_object = 0;
```

(Ré)Initialisation du modèle de teinte chair

```
void UpdateHistogram(IplImage* src, CvSeq* VJfaces)
{
   int Nfaces = (VJfaces ? VJfaces->total : 0);

   if(êNfaces)
      return;
   if(êtrack_object)
   {
      skin_hs_histo = cvCreateHist( 2, hist_size,
                                    CV_HIST_ARRAY, ranges, 1);
      track_object = 1;
   }

   CvRect rns =  *(CvRect*)cvGetSeqElem( VJfaces, 0 );
// r est le rectangle-visage detecté dans l'image originale
   CvRect r = {rns.x*scale, rns.y*scale,
                        rns.width*scale, rns.height*scale};
   previousroi = r;

   IplImage* trainingImg = cvCreateImage(cvSize(r.width, r.height),8,3);
   cvSetImageROI(src, r);
   cvCopy(src, trainingImg);
   cvResetImageROI(src);

   CvSize szEllipseTrn=cvSize( r.width/2*5/9, r.height/2*5/9-2 );
   Compute2DHist_Ellipse(trainingImg, szEllipseTrn);
   cvReleaseImage(&trainingImg);
}
```

d'un sujet proche de la caméra Élorsque le sujet est éloigné de la caméra, des déplacements même très rapides se traduisent dans l'image par des vitesses inférieures et la région de recherche est d'autant plus petite.

L'intérêt de définir une région de recherche du visage est double. D'abord, il est raisonnable de limiter les possibilités de la localisation du visage à une zone où on peut s'attendre à le trouver : cela diminue les fausses pistes que pourraient créer des objets du fond de la scène de couleur proche de celle de la peau. Ensuite, cela diminue le temps de traitement d'une image, l'opération de conversion de *RGB* à *HSV* et la rétro-projection du modèle de teinte chair n'étant alors réalisée que sur les pixels de la zone de recherche. La probabilité de couleur peau des pixels de cette région est calculée en rétro-projetant l'histogramme modélisant la teinte chair.

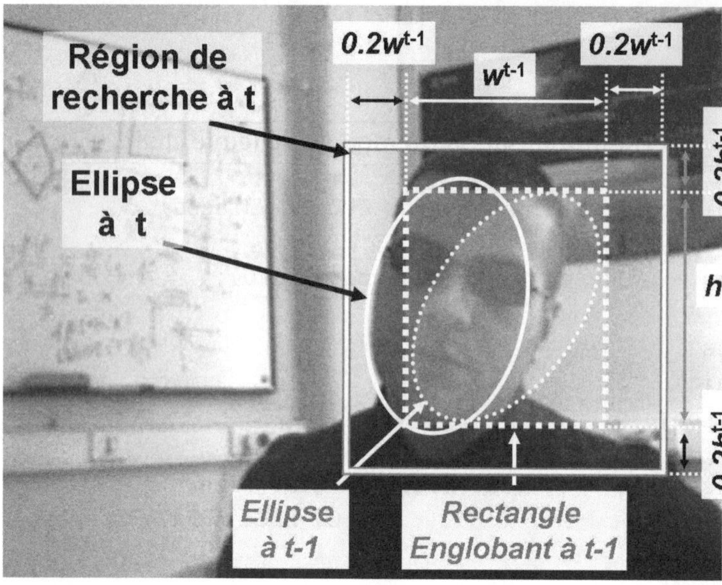

FIG. XI.2 – Poursuite déterministe d'une cible *Le visage est modélisé par une ellipse recherchée dans une région centrée sur sa position précédente et d'étendue proportionnelle au rectangle l'englobant à* $t-1$.

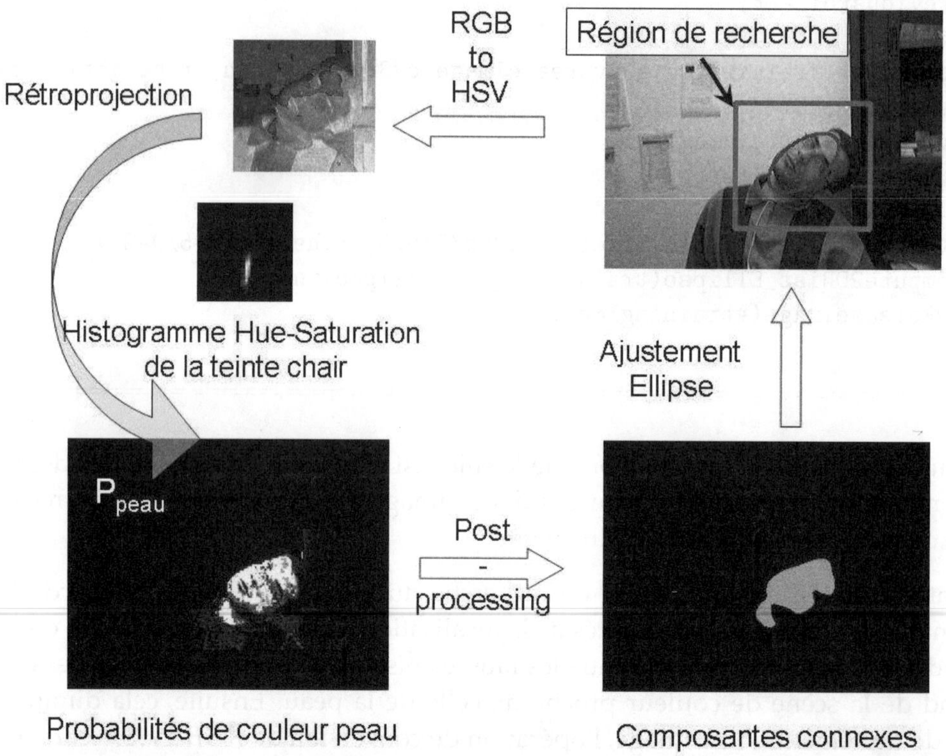

FIG. XI.3 – Suivi de la teinte chair par segmentation en composantes connexes

Rétroprojection de l'histogramme dans l'image source

```
IplImage* HS_BackProjection(IplImage* src, CvHistogram* hist)
{
   IplImage* dest = cvCreateImage(cvGetSize(src),8,1);

   IplImage* h_plane = cvCreateImage(  cvGetSize(src), 8, 1 );
   IplImage* s_plane = cvCreateImage(  cvGetSize(src), 8, 1 );
   IplImage* v_plane = cvCreateImage(  cvGetSize(src), 8, 1 );
   IplImage* planes[] = { h_plane, s_plane };
   IplImage* hsv = cvCreateImage(  cvGetSize(src), 8, 3 );
   cvCvtColor( src, hsv, CV_BGR2HSV );
   cvSplit( hsv, h_plane, s_plane, v_plane, 0 );

   cvCalcBackProject( planes, dest, hist);

   cvReleaseImage(&h_plane);   cvReleaseImage(&s_plane);
   cvReleaseImage(&v_plane);   cvReleaseImage(&hsv);
   return dest;
}
```

Calcul de la région de recherche puis rétroprojection

```
CvRect ror;
IplImage *Ppeau = 0;

IplImage* SkinProbabilityMap( IplImage* src)
{
   int spidix=(int) previousroi.width*0.4;
   int spidy = (int) previousroi.height*0.4;
   ror = cvRect( MAX(0,previousroi.x-cvRound(spidix/2)),
                 MAX(0,previousroi.y-cvRound(spidy/2)),
                 MIN(src->width, previousroi.width+spidix ),
                 MIN( src->height, previousroi.height+spidy ) );
   cvSetImageROI(src, ror );

   IplImage* SPM = HS_BackProjection(src, skin_hs_histo);

   cvResetImageROI(src);
   cvZero(Ppeau);
   cvSetImageROI(Ppeau, ror );
   cvCopy( SPM, Ppeau);
   cvResetImageROI(Ppeau);
   return SPM;
 }
```

2.2 Segmentation de la cible

Les étapes nécessaires au suivi de la teinte chair sont illustrées par les figures XI.3 et XI.4. La première étape consiste à calculer l'image $\mathbf{P_{peau}}$ des probabilités de teinte chair. L'image de la région de recherche est convertie de l'espace BGR à l'espace HSV. La rétroprojection de l'histogramme modèle sur l'image en HSV résulte en P_{peau}. P_{peau} est ensuite traitée afin d'en segmenter les composantes connexes. La composante connexe de plus grande surface définit les pixels du visage : une ellipse est ajustée au contour de cette composante. `Pconncomp` est l'image des composantes connexes étiquetées, `boxell` est la variable contenant l'état de l'ellipse (position, dimensions, orientation). La fonction `TargetTracking` opère la segmentation du visage à partir de l'image de la région de recherche `ror` de P_{peau}.

```
IplImage * Pconncomp=0;
CvBox2D boxell;// ellipse

void TargetTracking( IplImage* SPM )
{
```

Dilatation et lissage de Ppeau
Copie du résultat pour affichage
Binarisation de Ppeau lissée
Etiquetage des composantes connexes
Ecriture des étiquettes et détermination de la plus grande composante connexe
Ajustement d'ellipse et translation dans le repère original ou abandon de la cible

```
}
```

L'image des probabilités de couleur peau des pixels est dilatée puis lissée. L'élément structurant utilisé pour la dilatation est un carré de 3 pixels de côté. Cette opération de dilatation est nécessaire à cause de la faible qualité des images acquises par une webcam : sans elle, le seuillage qui est réalisé par la suite produirait souvent deux composantes connexes sur le visage, celle du front et celle de la moitié basse du visage.

Le lissage est opéré en convoluant l'image par un filtre Gaussien de taille $w_G x h_G$ et d'écart-type dépendants de la taille du visage dans l'image précédente. En pratique la Gaussienne 2D est séparée en deux filtres indépendants ($w_G = \overline{w ï 3}$, $\sigma_x = 0.3(w_G ï 2 - 1) + 0.8$) et ($h_G = \overline{h ï 3}$, $\sigma_y = 0.3(h_G ï 2 - 1) + 0.8$), où w et h sont respectivement la largeur et la hauteur du rectangle englobant l'ellipse à l'image précédente, et la barre correspond à l'arrondi vers l'entier impair le plus proche. Les colonnes sont convoluées en premier, puis les lignes.

L'opération de lissage est nécessaire pour harmoniser la texture du résultat de la

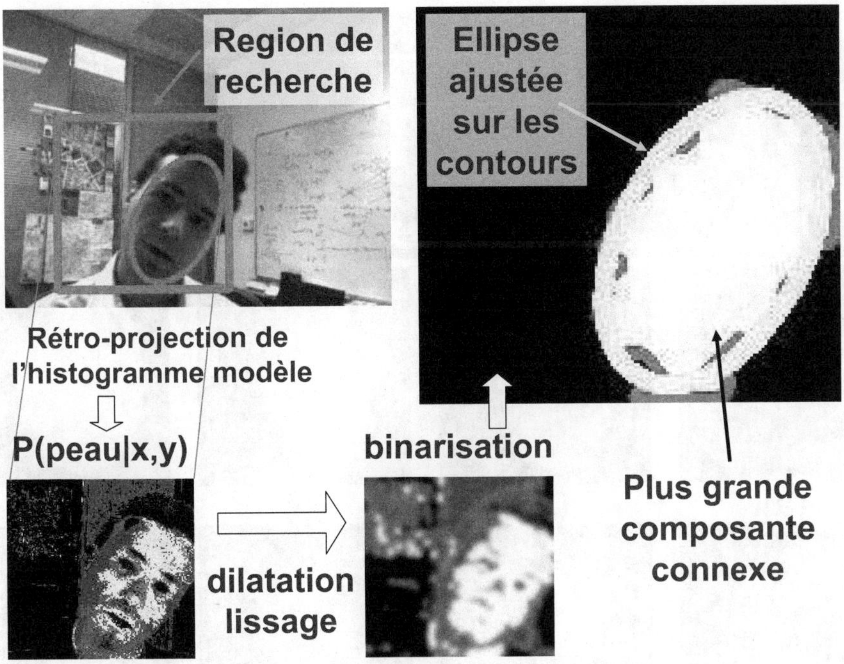

FIG. XI.4 – Segmentation du visage *Post-traitements et ajustement d'ellipse.*

Dilatation et lissage de Ppeau

```
cvDilate( SPM, SPM,0, 2);

int param1 = MIN(10, cvRound(previousroi.width/3));
if ( param1 %2==0 )
   param1 = param1 +1;
int param2 = MIN(10, cvRound(previousroi.height/3));
if ( param2 %2==0 )
   param2 = param2 +1;
cvSmooth( SPM, SPM, CV_GAUSSIAN, param1, param2);
```

Copie du résultat pour affichage

```
cvSetImageROI(Ppeau, ror );
cvCopy( SPM, Ppeau);
cvResetImageROI(Ppeau);
```

Binarisation de Ppeau lissée

```
double maxsmooth=0;
cvMinMaxLoc( SPM, 0, &maxsmooth,0, 0,0 );
cvThreshold( SPM, SPM, 0.5*maxsmooth, 255, CV_THRESH_BINARY );
```

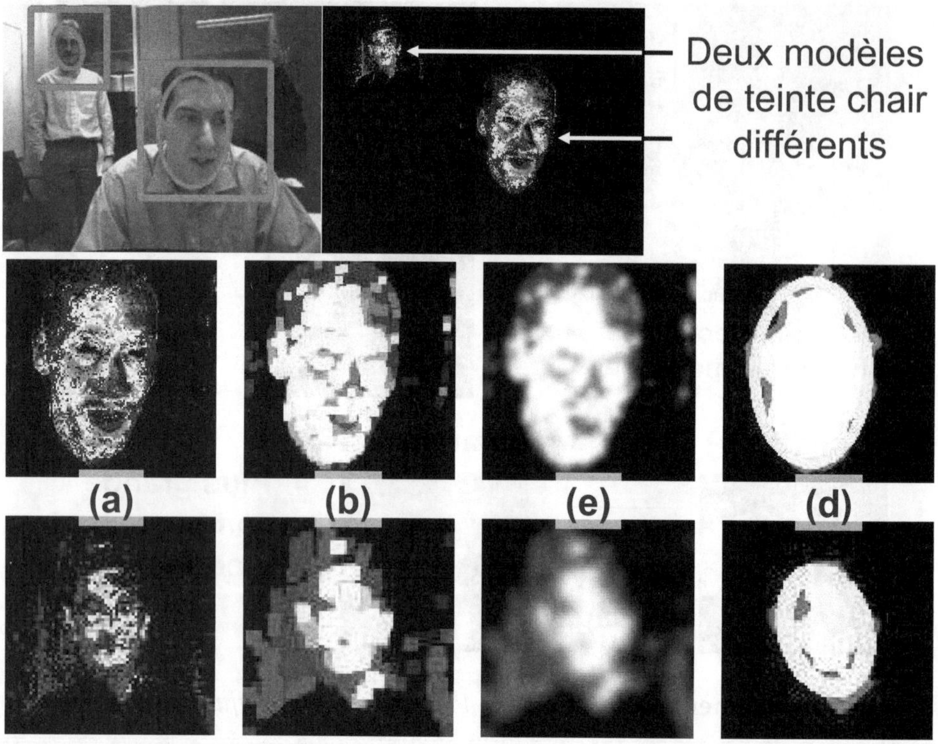

FIG. XI.5 – Opérations de post-traitement sur deux régions de recherche 77x77 et 132x132. *(a) Image de la probabilité de teinte chair. (b) Dilatation. (c) Lissage Gaussien. (d) La composante connexe de plus grande surface est choisie, et une ellipse est ajustée à ces contours (en gris). Image source : Microsoft Research Cambridge, i2i project* [2].

dilatation, et pour reconnecter des composantes du visage, préparant l'opération de seuillage qui suit. L'avantage du filtre Gaussien est ici que les zones homogènes sont correctement régularisées et conservées. Un lissage par moyenne est trop fort ici, et altère les contours du visage : l'ellipse ajustée après binarisation n'englobe dans ce cas qu'une partie intérieure au visage. Le filtre Gaussien dépend de la taille attendue du visage afin de pouvoir traiter des visages de tailles différentes, voir Fig. XI.5.

Etiquetage des composantes connexes

```
CvMemStorage* contourstorage = cvCreateMemStorage(0);
CvSeq* contours = 0;
cvFindContours( SPM, contourstorage, &contours, sizeof(CvContour),
                CV_RETR_CCOMP, CV_CHAIN_APPROX_SIMPLE );
```

L'image lissée est ensuite binarisée à un seuil, empiriquement trouvé, égal à **50%** de la valeur maximale de l'image lissée. On procède alors à une recherche de composantes connexes et celle ayant la surface la plus élevée est retenue comme celle correspondant au visage comme le montre la figure XI.4.

Une ellipse est alors ajustée, par la méthode des moindres carrés, aux contours de la composante connexe sélectionnée : cette ellipse englobe alors le visage. L'ajustement de l'ellipse aux contours de cette composante connexe se fait par la méthode des moindres carrés décrite par Fitzgibbon & al [1] et résumée ici.

2.3 Ajustement d'une ellipse à un ensemble de point par la méthode des moindres carrés

La formulation la méthode des moindres carrés dans le cas d'une conique est particulière car il s'agit d'une forme paramétrée et non d'une fonction. Une conique peut être représentée par l'équation suivante :

$$F(\vec{a},\vec{x}) = \vec{a}.\vec{x} = ax^2 + bxy + cy^2 + dx + ey + f = 0$$

où $\vec{a}$ est le vecteur des paramètres, et $\vec{x}$ représente le point (x, y) du plan cartésien :

$$\vec{a} = \begin{pmatrix} a & b & c & d & e & f \end{pmatrix}^T \quad \text{et} \quad \vec{x} = \begin{pmatrix} x^2 & xy & y^2 & x & y & 1 \end{pmatrix}^T$$

$F(\vec{a},\vec{x}_i)$ est la *distance algébrique* du point (x_i, y_i) à la conique $F(\vec{a},\vec{x}) = 0$. L'ajustement d'une conique à un ensemble de N points $\vec{x}_i$ peut se faire en minimisant la somme du carré des distances algébriques de la courbe à ces points :

$$J(\vec{a}) = \sum_{i=1}^{N} F(\vec{a},\vec{x}_i)^2$$

La contrainte $b^2 - 4ac < 0$ sur $\vec{a}$ force la conique à être une ellipse. Comme tout multiple d'une solution $\vec{a}_{mc}$ représente la même conique, cette contrainte peut se ré-écrire $4ac - b^2 = 1$ [1]. C'est une contrainte quadratique, de la forme $\vec{a}^T\mathbf{C}\vec{a} = 1$, où $\mathbf{C}$ est une matrice 6x6, et dans ce cas la minimisation de la fonction de coût J peut se faire en résolvant le système aux valeurs propres généralisées, à rang déficient suivant :

$$\mathbf{D}^T\mathbf{D}\vec{a} = \lambda\mathbf{C}\vec{a}$$

où la *matrice de l'expérience* $\mathbf{D}$ est définie par les N points de contour de la composante connexe sélectionnée, et $\mathbf{C}$ est la *matrice de contrainte* :

$$\mathbf{D} = \begin{pmatrix} x_1^2 & x_1y_1 & y_1^2 & x_1 & y_1 & 1 \\ x_2^2 & x_2y_2 & y_2^2 & x_2 & y_2 & 1 \\ \vdots & \vdots & \vdots & \vdots & \vdots & \vdots \\ x_N^2 & x_Ny_N & y_N^2 & x_N & y_N & 1 \end{pmatrix} \quad \mathbf{C} = \begin{pmatrix} 0 & 0 & 2 & 0 & 0 & 0 \\ 0 & -1 & 0 & 0 & 0 & 0 \\ 2 & 0 & 0 & 0 & 0 & 0 \\ 0 & 0 & 0 & 0 & 0 & 0 \\ 0 & 0 & 0 & 0 & 0 & 0 \\ 0 & 0 & 0 & 0 & 0 & 0 \end{pmatrix}$$

Définissant la *matrice de diffusion* $\mathbf{S} = \mathbf{D}^T\mathbf{D}$, il existe une et une seule solution du problème aux valeurs propres généralisées $\mathbf{S}\vec{a} = \lambda\mathbf{C}\vec{a}$ satisfaisant à la contrainte $4ac - b^2 =$

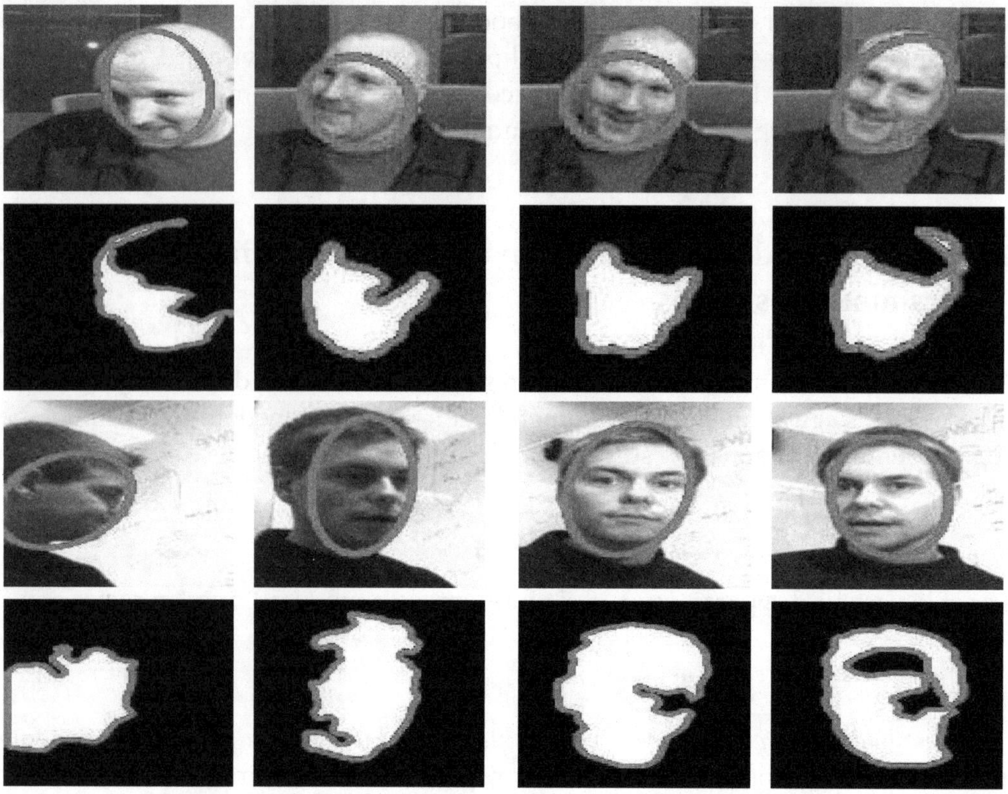

FIG. XI.6 – Ajustement d'ellipses à des contours *La composante connexe a une forme irrégulière du fait de la luminosité : ces contours sont surlignés, et le résultat de l'ajustement d'ellipse par les moindres carrés est dessiné sur le visage poursuivi. Image source : Microsoft Research Cambridge, i2i project* [2].

1. Soit $\vec{u}_i$ un vecteur propre associé à la seule valeur propre généralisée strictement positive [1] , alors le vecteur de paramètres $\vec{a}_{mc}$ minimisant $J(\vec{a}) = \|\mathbf{D}\vec{a}\|^2$ avec la contrainte $\vec{a}^T\mathbf{C}\vec{a} = 1$ est le vecteur propre

$$\vec{a}_{mc} = \frac{\vec{u}_i}{\sqrt{\vec{u}_i\mathbf{C}\vec{u}_i}}$$

La figure XI.6 donne plusieurs exemples d'ajustement d'ellipse : cette méthode est robuste aux difformités de la composante connexe dues aux zones de surbrillance, à la compression et à la faible résolution des images de la webcam employée.

Programme principal L'affichage de l'ellipse `boxell` retournée par `cvFitEllipse2` se fait à l'aide de la fonction `cvEllipse`, en inversant l'angle proposé. On affiche la région de recherche sur l'image source, ainsi que le rectangle englobant le visage sur l'image `Ppeau`. Le résultat de la détection de visage est dessiné à l'aide de la fonction `DrawFaces` précédemment définie.

[1]Il est démontré dans [1] que les valeurs propres généralisées du système $\mathbf{S}\vec{a} = \lambda\mathbf{C}\vec{a}$, pour $\mathbf{S}$ définie positive et $\mathbf{C}$ symétrique, sont de même signe que les valeurs propres de $\mathbf{C}$. Et le spectre de la matrice de contrainte $\mathbf{C}$ est { -2, -1, 2, 0, 0, 0} ne contient qu'une valeur strictement positive.

Ecriture des étiquettes et détermination de la plus grande composante connexe

```
cvSetImageROI(Pconncomp, ror );
CvSeq* contourDisplay = contours;

int facearea = 0;
for( ; contourDisplay ê= 0; contourDisplay = contourDisplay->h_next )
{

   CvScalar color = CV_RGB( rand()&255, rand()&255, rand()&255 );
   cvDrawContours( Pconncomp, contourDisplay,
                          color, color, -1, CV_FILLED, 8 );

   CvRect rectEnglo = cvBoundingRect( contourDisplay, 0 );
   int area = rectEnglo.width*rectEnglo.height;

   if(area>facearea)
   {
      facearea = area;
      contours = contourDisplay;
      previousroi = rectEnglo;
   }
}
cvDrawContours( Pconncomp, contours,
                CV_RGB(255,255,255), CV_RGB(255,255,255), -1, 2, 8 );
cvResetImageROI(Pconncomp);
```

Ajustement d'ellipse et translation dans le repère original ou abandon de la cible

```
int maxarea=1000;
if(facearea>maxarea)
{
   boxell = cvFitEllipse2( contours  );

   previousroi.x = previousroi.x+ror.x;
   previousroi.y = previousroi.y+ror.y;

   boxell.center.x = boxell.center.x+ror.x;
   boxell.center.y = boxell.center.y+ror.y;
}
else
{
   track_object=0;
   cvReleaseHist(&skin_hs_histo);
}
cvReleaseMemStorage( &contourstorage );
```

```
int main( int argc, char** argv )
{
...

   for(;;)
   {
   ...
      if(êvideo_image)
      {
         video_image = cvCreateImage(cvGetSize(frame), 8, 3);
         Ppeau = cvCreateImage(cvGetSize(frame), 8, 1);
         Pconncomp= cvCreateImage(cvGetSize(frame), 8, 3);
      }
```

Origine de l'image = coin haut gauche

Détection de visages si aucune cible n'est suivie

```
      CvSeq *faces=0;
      if(êtrack_object)
         faces = DetectFaces( video_image );
```

Mis à jour du modèle de la cible

```
      UpdateHistogram(video_image, faces);
```

Détermination de l'ellipse englobant le visage

```
      cvZero(Ppeau);
      cvZero(Pconncomp);
      if(track_object)
      {
         IplImage* SPM = SkinProbabilityMap(video_image);
         TargetTracking(  SPM );
         cvReleaseImage(&SPM);
      }
```

Affichage des résultats

```
   ...
...
}
```

Affichage des résultats

```
    DrawFaces(video_image, faces);

    if(track_object)
    {
       cvEllipse( video_image,
         cvPoint( (int) boxell.center.x,(int) boxell.center.y ) ,
           cvSize( (int)boxell.size.width/2,(int)boxell.size.height/2),
               -boxell.angle,  0, 360, CV_RGB(255,0,0), 2 );

       cvRectangle( Ppeau, cvPoint( previousroi.x, previousroi.y),
          cvPoint( previousroi.x + previousroi.width-1,
             previousroi.y + previousroi.height-1),
                CV_RGB(255,255,255), 3 );

       cvRectangle( video_image, cvPoint( ror.x, ror.y),
          cvPoint( ror.x + ror.width-1, ror.y + ror.height-1),
             CV_RGB(255,255, 0), 3 );
    }

    cvNamedWindow( "frame", 0 );
    cvShowImage( "frame", video_image );

    cvNamedWindow( "Ppeau", 0 );
    cvShowImage( "Ppeau", Ppeau );

    cvNamedWindow( "Connected Components", 0 );
    cvShowImage( "Connected Components", Pconncomp );

    int delay = 100;
    if( cvWaitKey( delay ) >= 0 )
       break;
}
```

3 Poursuite par *Camshift* couplé

Plusieurs problèmes peuvent jaillir de l'approche précédente, notamment lorsque des zones de surbrillance apparaissent sur le front ou une moitié du visage, ou quand une ombre est portée sur les orbites par le haut de la tête. Dans ces cas, l'étape de binarisation peut sur-segmenter le visage en deux moitiés : il en résulte deux composantes connexes, et seule l'une d'elles est ajustée par une ellipse. La conséquence est qu'une partie seulement du visage est suivie, et il peut passer un certain nombre d'images avant que tout le visage ne soit récupéré. Pire encore, la cible suivie peut se déplacer vers une zone du fond de l'image ou des habits de couleur trop proche de la teinte chair. Le lissage peut aussi être problématique, dans le cas où des distracteurs, des pixels de non peau de couleur similaire à la teinte chair, sont trop proches du visage : dans ce cas, la discontinuité entre une région du fond et celle du visage est compromise. Le visage poursuivi est alors confondu avec une zone du fond ou des habits du sujet.

3.1 Algorithme du mean-shift

Le mean-shift est une approche non-paramétrique permettant de détecter les modes d'une distribution de probabilité par une procédure récursive convergeant vers le point de stationnarité le plus proche. Cette approche tend à ignorer l'effet des "outliers", compensant l'effet des distracteurs et des bruits de l'image.

Les modes à trouver sont les maxima locaux de la distribution spatiale $f(\vec{x}) = p(peau|x,y)$ de la probabilité de teinte chair dans l'image. L'approche du Mean-Shift [4] est une procédure itérative consistant à déplacer sur la distribution f une fenêtre $\mathbf{W}$, de taille fixe, de sa position $\vec{x}$ à la position $m(\vec{x})$ moyenne des points de f inclus dans $\mathbf{W}$ pondérés par leur valeur de probabilité.

A l'itération k, $\mathbf{W}$ est centrée sur le point $\vec{x}_W^k$, avec $f(\vec{x}_W^k) = p^k$. Le barycentre des pixels situés sous la fenêtre est calculé :

$$\vec{x}_W^{k+1} = \frac{\sum_{\vec{x}\in W} \vec{x} f(\vec{x})}{\sum_{\vec{x}\in W} f(\vec{x})}$$

Le mean shift estime le gradient de la distribution f par le vecteur de déplacement suivant, appelé *vecteur de mean shift* ou plus simplement *mean shift* :

$$\frac{\vec{\nabla} f(\vec{x}_W^k)}{2f(\vec{x}_W^k)} = \vec{x}_W^{k+1} - \vec{x}_W^k$$

La fenêtre $\mathbf{W}$ est alors centrée sur ce barycentre, et la procédure ré-itérée jusqu'à convergence autour d'un point fixe $\vec{\nabla} f(\vec{x}_W) \simeq 0$.

Le mean shift est un algorithme robuste pour trouver les maxima d'une distribu-

[4] K. Fukunaga and L.D. Hostetler. The estimation of the gradient of a density function. *IEEE Transactions on Information Theory*, 21 :32–40, 1975.

Soit I l'image de la probabilité de la couleur peau $p(peau|\vec{x})$, obtenue par rétro-projection du modèle de la teinte chair.

- Initialiser la fenêtre W : position et taille.

- Tant que W est déplacée de plus d'un certain seuil, et que le nombre maximum d'iterations n'est pas atteint :

  1. Calculer le barycentre des pixels (x,y) inclus dans la fenêtre, ainsi que leur somme (moment d'ordre zéro) :

$$\left.\begin{array}{l} M_{00} = \sum_{x,y} I(x,y) \\ M_{10} = \sum_{x,y} xI(x,y) \\ M_{01} = \sum_{x,y} yI(x,y) \end{array}\right\} \Rightarrow \quad x_c = \frac{M_{10}}{M_{00}}, \quad y_c = \frac{M_{01}}{M_{00}}$$

  2. Centrer W sur le barycentre (x_c, y_c).

TAB. XI.1 – L'algorithme du mean-shift

tion de probabilité, où plus exactement le maxima le plus proche de sa position initiale. Toutefois, il nécessite de connaître la taille de l'objet recherché, qui est définie par l'utilisateur à l'initialisation du mean shift.

3.2 Le Camshift : Continuously Adaptive Mean Shift

L'algorithme du CamShift, *Continuously Adaptive Mean Shift*[5], encapsule celui du Mean-Shift dans une boucle faisant varier la taille de la fenêtre jusqu'à convergence. A chaque itération, le mean shift est appliqué avec une fenêtre de taille donnée. Après convergence du mean shift, la procédure est réitérée avec une nouvelle fenêtre, centrée sur la position trouvée par le mean shift, mais de taille fonction du moment d'ordre zéro de la distribution spatiale de la probabilité de teinte chair précédemment calculée par le mean shift. Le Camshift est ainsi un algorithme de segmentation en temps réel[6], nécessitant toutefois une initialisation.

Le *Camshift couplé* adapte le Camshift au suivi d'objet : le mean shift est appliqué à l'image, avec une taille de fenêtre fixe et jusqu'à convergence, puis la taille de W est modifiée pour l'image suivante. Les nouvelles dimensions de W sont définies à partir de l'ellipse déduite des moments centraux du second ordre de la distribution spatiale de la teinte chair, calculés sur la fenêtre produite par le mean shift augmentée de $\pm$ 5 pixels verticalement et horizontalement.

[5] G.R. Bradski. Computer vision face tracking for use in a perceptual user interface. *Intel Technology Journal*, Q2 :15, 1998.

[6] R. Belaroussi and J.-P. Tarel. A real-time road sign detection using chinese transform and camshift. In *Proceedings of International Symposium on Visual Computing*, 2009.

- Calculer la distribution de probabilité sur une région de recherche plus grande que la fenêtre initiale du mean shift.
- Initialiser la fenêtre **W** du mean shift.

- Appliquer le mean shift jusqu'à convergence : soit W_f le rectangle obtenue.
- Augmenter la taille de W_f de $\pm$ 5 pixels. Evaluer l'ellipse à partir des moments du second ordre de la distribution de probabilité située sous W_f.
- Calculer le rectangle initiale du mean shift pour l'image suivante, et l'agrandir de $\pm$ 20ù pour définir la region de recherche.
- Ré-iterer les étapes précédentes pour l'image suivante.

TAB. XI.2 – L'algorithme du Camshift couplé

3.3 Ellipse à partir des moments du second ordre de P_{peau}

Le moment central d'ordre i pour x et j pour y d'une distribution I est défini par :

$$\mu_{i,j} = \sum_{x,y}(x - x_c)^i(y - y_c)^j I(x, y)$$

la sommation ayant lieu sur la fenêtre agrandie. L'orientation θ de l'ellipse est donnée par :

$$\theta = arctan2(\, 2\mu_{11}, \, \mu_{20} - \mu_{02} + \sqrt{4\mu_{11}^2 + (\mu_{20} - \mu_{02})^2}\,)$$

où la fonction *arctan2* est la tangente inverse à quatre quadrants illustrée par la figure VII.1, p.141. On évalue alors les moments d'inertie principaux de l'ellipse, définis par :

$$I_{max} = \sum_{x,y} \left((x - x_c)I(x, y)\cos\theta + (y - y_c)I(x, y)\sin\theta\right)^2$$
$$I_{min} = \sum_{x,y} \left((x - x_c)I(x, y)\sin\theta - (y - y_c)I(x, y)\cos\theta\right)^2$$

soit :

$$I_{max} = \mu_{20}\cos^2\theta + 2\mu_{11}\cos\theta\sin\theta + \mu_{02}\sin^2\theta$$
$$I_{min} = \mu_{20}\sin^2\theta - 2\mu_{11}\cos\theta\sin\theta + \mu_{02}\cos^2\theta$$

d'où l'on déduit les dimensions du grand axe *a* et du petit axe *b* de l'ellipse :

$$a = 4\sqrt{I_{max}\text{ï } M_{00}} \qquad b = 4\sqrt{I_{min}\text{ï } M_{00}}$$

Si $a < b$, ce qui a lieu lorsque l'ellipse fait un angle supérieur à 45°avec l'horizontale, ces longueurs sont permutées, et l'angle θ est pris égal à πï $2 - \theta$. Le facteur 4 correspond à l'ellipse contenant la distribution spatiale de la teinte chair, modélisée par une Gaussienne, avec une confiance de 99ù .

La hauteur et la largeur de la fenêtre initiale du mean shift pour la prochaine image sont alors déduites par projection des sommets de l'ellipse sur les axes x et y :

$$w = \max(a\cos\theta, b\sin\theta) \qquad h = \max(a\sin\theta, b\cos\theta)$$

Cette fenêtre sert à initialiser la recherche du maximum de la probabilité de la couleur peau, mais le Camshift couplé précise aussi que cette probabilité doit être calculée sur un voisinage plus étendu de cette fenêtre : on calcule donc $p(peau|\vec{x})$ sur la fenêtre agrandie de ± 20ù comme pour l'approche composante connexe.

Le programme principal est à peu près le même qu'à la section précédente, on peut se dispenser de la variable `Pconncomp` et on doit modifier le dessin des résultats. En effet, l'ellipse `boxell` retournée par `cvCamshift` doit être dessinée à l'aide de la fonction `cvEllipseBox`.

Affichage des résultats

```
DrawFaces(video_image, faces);
if(track_object)
{
   cvEllipseBox( video_image, boxell, CV_RGB(255,0,0), 3, CV_AA, 0);
   cvRectangle( Ppeau, cvPoint( previousroi.x, previousroi.y),
      cvPoint( previousroi.x + previousroi.width-1,
               previousroi.y + previousroi.height-1),
         CV_RGB(255,255,255), 3 );

   cvRectangle( video_image, cvPoint( ror.x, ror.y),
      cvPoint( ror.x + ror.width-1, ror.y + ror.height-1),
         CV_RGB(255,255, 0), 3 );
}

cvNamedWindow( "frame", 0 );
cvShowImage( "frame", video_image );

cvNamedWindow( "Ppeau", 0 );
cvShowImage( "Ppeau", Ppeau );
```

L'image `SPM` est la rétroprojection du modèle de teinte chair sur la région d'intérêt `ror` de l'image source. Pour initialiser la fenêtre W_f du Camshift au niveau du rectangle `previousroi` englobant le visage à l'image précédente, il faut préalablement définir le rectangle initial dans le repère de l'image `SPM` (celui de la `ror`) : on note `track_window_camshift` cette fenêtre. L'objet `comp_camshift` contient notamment le rectangle `comp_camshift.rect` englobant l'ellipse déduite de P_{peau} et qui définit la fenêtre de convergence du Camshift, qui initialise W_f dans l'image suivante de la séquence. Dans le programme précédent, on modifie la fonction `TargetTracking` comme suit.

Définition de la méthode de poursuite

```
CvConnectedComp comp_camshift;
CvRect track_window_camshift;
CvBox2D boxell;

void TargetTracking( IplImage* SPM )
{
   CvRect rr = { MAX(0,previousroi.x-ror.x), MAX(0,previousroi.y-ror.y),
      MIN(Ppeau->width, previousroi.width),
         MIN( Ppeau->height, previousroi.height) };

   track_window_camshift= rr;

   int numb = cvCamShift(  SPM, track_window_camshift,
      cvTermCriteria( CV_TERMCRIT_EPS | CV_TERMCRIT_ITER, 10, 1 ),
         &comp_camshift, &boxell);
```

Translation dans le repère original ou abandon de la cible

```
   int maxarea=1000;
   int facearea = comp_camshift.rect.width*comp_camshift.rect.height;
   if(facearea>maxarea)
   {
      previousroi = comp_camshift.rect;

      previousroi.x = previousroi.x+ror.x;
      previousroi.y = previousroi.y+ror.y;

      boxell.center.x = boxell.center.x+ror.x;
      boxell.center.y = boxell.center.y+ror.y;
   }
   else
   {
      track_object=0;
      cvReleaseHist(&skin_hs_histo);
   }
}
```

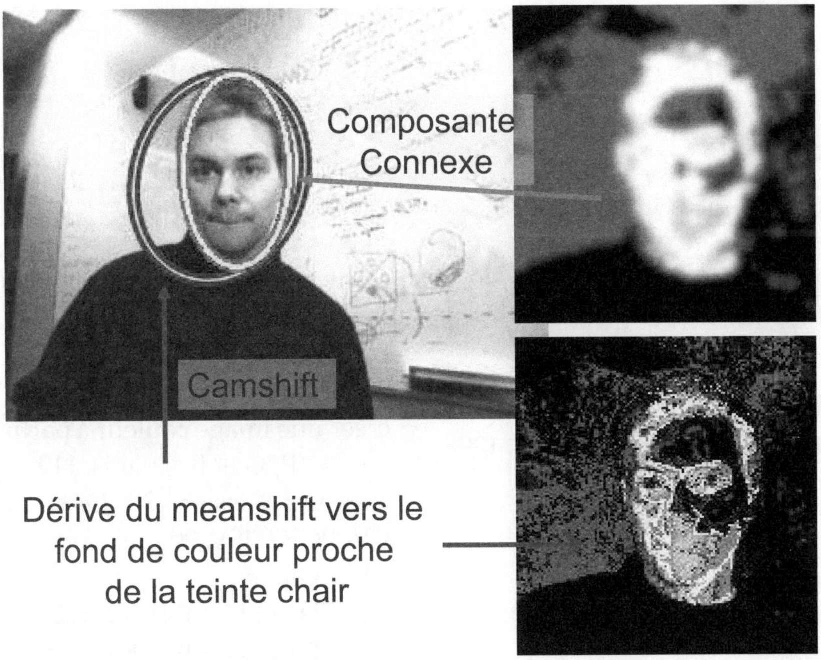

FIG. XI.7 – Exemple de dérive du mean shift vers une zone de distraction *Le camshift ne fait toutefois pas s'étendre l'ellipse dans les images suivantes de la séquence.*

La figure XI.7 donne un exemple où l'ellipse ajustée au contours de la composante connexe filtrée localise plus précisément le visage que l'ellipse résultant du Camshift : une région homogène de P_{peau} attire le rectangle du mean shift. Mais cette dérive ne s'étend pas dans les images suivantes de la séquence, bien que le Camshift impose l'exploration de régions grandissantes : dans ce cas, le critère de convergence du mean shift est vérifié dès la première itération, la fenêtre du mean shift étant "retenue" par les pixels de vraisemblance élevée située sur le visage. Cette imprécision constitue un petit désavantage du Camshift par rapport à l'approche composante connexe, et elle est due au modèle de teinte chair. Cet inconvénient est négligeable comparé au gain en temps de calcul et à la robustesse aux conditions d'illumination apportés par le Camshift.

Récapitulatif

CV	`CvConnectedComp`
	`cvCamShift`
	`cvFitEllipse2`
	`cvDilate`
	`cvBoundingRect`

CxCore	`cvEllipse, cvEllipseBox`

TAB. XI.3 – Les fonctions et types d'OpenCV abordés

Index

Dans la COLLECTION TECHNOSUP :

Niveau **A : Approche** Niveau **B : Bases** Niveau **C : Compléments**

calcul scientifique :
- Faire des maths avec *Mathematica*. Initiation, thèmes d'étude 160 p. (B) N. VERDIER
- Eléments d'analyse. Calcul différentiel et intégral 240 p. (A) B. RADI, A. EL HAMI
- Mathématiques des sciences appliquées 216 p. (B) Ph. GOLDNER
- Suites et séries. Cours et exercices corrigés 192 p. (B) A-J. RIQUET
- Analyse harmonique. Cours et exercices 192 p. (B) B. ROSSETTO
- Calcul scientifique avec *Matlab* 288 p. (C) J. KOKO
- Modélisation et analyse des systèmes linéaires 224 p. (C) J.F. MASSIEU, Ph. DORLÉANS
- Tenseurs, variations et milieux continus 288 p. (C) J.-F. GANGHOFFER

mesure :
- Mesure physique et instrumentation 192 p. (A) D. BARCHIESI
- Capteurs électrochimiques. Fonctionnement, utilisation, conception 288 p. (C) C. GONDRAN, P. FABRY
- Traitement des mesures. Interprétation, modélisation 384 p. (B) R. JOURNEAUX
- Traitement statistique du signal 216 p. (C) M. BARRET
- Analyse spectrale Cours Supélec 192 p. (C) G. FLEURY

probabilités :
- Probabilités pour modéliser et décider 256 p. (A) N. SAVY
- Calcul des probabilités 224 p. (B) J-P. BOULAY
- Modélisation probabiliste pour l'ingénieur 312 p. (C) A. SMOLARZ

statistiques :
- Statistique sans mathématique 224 p. (A) J. BADIA, R. BASTIDA, J.R. HAÏT
- Assimiler et utiliser les statistiques 288 p. (A) L. PIBOULEAU
- Statistiques et expérimentation en biologie 192 p. (A) J-Cl. LABERCHE

mécanique quantique ::
- La mécanique quantique et ses applications Cours Supélec 224 p. (C) A. et M.-F. CHARLIER

ondes, corpuscules :
- Ondes et matière 352 p. (C) D. BARCHIESI, M. LAMY DE LA CHAPELLE
- Physique pour l'électronique. Corpuscule, onde, état quantique, structures 320 p. ((B) A. et D. DEVILLE
- Éléments de propagation électromagnétique 160 p. (B) Ph. ROSNET
- Techniques micro-ondes. Dispositifs passifs et tubes micro-ondes Cours Supélec 320 p. (C) M. HÉLIER
- Optoélectronique. Composants photoniques et fibres optiques Cours Supélec 320 p. (C) Z. TOFFANO
- Le radar. Théorie et pratique Cours Supélec 160 p. (C) J.-M. COLIN

optique :
- Optique physique. Interférences, diffraction, holographie. Cours et exercices 192 p. (A) Fl. WEIL
- Optique moderne. Polarisation, lasers, fibres optiques. Cours et exercices 224 p. (B) Fl. WEIL
- Exercices corrigés d'optique. Optique instrumentale. Optique de Fourier 192 p. (B) J. SURREL

acoustique :
- Biophysique de l'environnement sonore 192 p. (B) C. GELIS
- Acoustique générale 352 p. (C) C. POTEL, M. BRUNEAU

géophysique :
- Murmures ionosphériques. Techniques de réception sous le seuil de 100 kHz 216 p. (C) J-J. DELCOURT

environnement :
- Les traitements de l'eau. Cours et problèmes résolus 256 p. (B) Cl. CARDOT
- Techniques appliquées au traitement de l'eau 256 p. (B) (coord.) Cl. CARDOT
- Pollution atmosphérique. Causes, conséquences, solutions, perspectives 224 p. (B) P. MASCLET
- La lutte biologique. Application aux arthropodes et adventices. 320 p. (B) B. PINTUREAU
- Biodégradation des matériaux. (288 p. (C) A. CORNET, F. FEEUGEAS, B. TRIBOULET
- Gestion des déchets. Réglementation, organisation, mise en œuvre 224 p. (A) Th. ROGAUME
- Traitement des déchets. Valorisation, élimination. 288 p. (A) A. ADDOU

chimie :
- Révisions et autoévaluation en chimie structurale. 240 p. (A) C. WATERLOT
- Comprendre la chimie organique 224 p. (A) A. LASSALLE, D. ROBERT
- Assimiler la chimie organique 192 p. (A) A. LASSALLE, D. ROBERT
- La chimie en IUT et BTS. Cours et exercices résolus 224 p. (A) F. VAISSIAUX
- Chimie des solutions. Résumés de cours et exercices corrigés 224 p. (B) P.-L. FABRE

génie chimique :
- Thermodynamique et cinétique chimique. Résumés de cours et exercices 224 p. (B) P.-L. FABRE
- Cinétique et catalyse hétérogènes 320 p. (C) B. GILOT, R. GUIRAUD
- Réactions et réacteurs chimiques 288 p. (B) M. GUISNET, S. LAFORGE, D. COUTON
- Génie chimique. Les opérations unitaires 312 p. (C) D. MORVAN

Analyse physico-chimique :
- Les techniques de laboratoire 160 p. (A) E. BOURGUET, C. AUGÉ
- Spectrométrie de masse 320 p. (C) G. DUGUAY
- Séparation et analyse des biomolécules. Méthodes physico-chimiques 256 p. (B) J.-P. SINE

mécanique,:
- Mécanique générale. Cours, exercices et problèmes corrigés 288 p. (B) Cl. CHÈZE, H. LANGE
- Mécanique des milieux déformables 288 p. (B) M. FOURAR, Cl. CHÈZE
- Les écoulements de fluides newtoniens 384 p. (C) J.-N. GENCE

génie mécanique
- Actions mécaniques, Statique, Inertie. De la théorie aux applications 224 p. (A) Cl. CHÈZE, F. BRONSARD
- Conception et construction des moteurs alternatifs 288 p. (C) Ph. ARQUÈS
- Transmissions mécaniques de puissance. Boites de vitesses automatiques 288 p. (C) Ph. ARQUÈS
- Ingénierie des turbomachines. Cours et exercices résolus 288 p. (C) M. PLUVIOSE

structures :
- Dimensionnement des structures. Résistance des matériaux 224 p. (B) D. CHÈZE
- Mécanique des structures. Du calcul analytique au calcul matriciel 288 p. (B) J.-Ch. CRAVEUR, Cl. CHÈZE
- Vibrations des structures 224 p. (B) G. VENIZELOS
- Vibrations des structures pour l'ingénieur et le technicien 264 p. (C) B. COMBES

- Comprendre les éléments finis. Structures 288 p. (C) — A. CHATEAUNEUF

thermodynamique :

- Thermodynamique générale et appliquée 512 p. (B) — J.-L. BRETONNET
- Réactions thermiques en phase gazeuse. Modélisation 288 p. (C) — G.-M. CÔME
- La méthode modale en thermique 320 p. (C) — G. LEFEBVRE
- Transferts thermiques, application à l'habitat. Méthode nodale 224 p. (C) — H. CORTES, J. BLOT
- Combustion. Inflammation, combustion, pollution, applications 320 p. (C) — Ph. ARQUÈS

énergétique :

- Moteurs alternatifs à combustion interne. De la théorie à la compétition 288 p. (B) — Ph. ARQUÈS
- Machines à fluides. Principes et fonctionnement 288 p. (C) — M. PLUVIOSE
- Conversion d'énergie par turbomachines 288 p. (C) — M. PLUVIOSE
- Propulseurs aéronautiques et spatiaux 288 p. (C) — P. BAUER
- Piles à combustible. Principes, modélisation, applications 192 p. (B) — B. BLUNIER, A. MIRAOUI
- Énergie solaire. Calculs et optimisation 320 p. (B) — J. BERNARD
- Énergie nucléaire 1. De la théorie aux applications 256 p. (B) — J. BERNARD
- Énergie nucléaire 2. Les réacteurs nucléaires électrogènes 288 p. (B) — J. BERNARD

science des matériaux :

- Introduction à la cristallochimie. Solides cristallisés et empilements compacts 160 p. (A) — D. RIOU
- Propriétés et comportements des matériaux 320 p. (B) — A. CORNET, F. HLAWKA
- Métallurgie mécanique 320 p. (B) — A. CORNET, F. HLAWKA
- Fatigue des structures. Endurance, rupture, critères, contrôle, durabilité 320 p. (C) — G. HENAFF, F. MOREL
- Endommagement interfacial des métaux 256 p. (C) — G. SAINDRENAN, R. LE GALL, F. CHRISTIEN
- Cycle de vie des surfaces industrielles (312 p. (C) — F. HLAWKA, A. CORNET

génie civil :

- Béton armé. Application de l'eurocode 2 224 p. (B) — R. NICOT
- Analyse et dimensionnement sismiques 224 p. (B) — P. LESTUZZI

productique :

- Méthodes, productique et qualité 224 p. (B) — J.-M. CHATELET
- Maintenance industrielle 288p. (B) — J.M. AUBERVILLE
- Analyse et maintenance des automatismes industriels 192 p. (B) — A. REILLER
- TGAO La technologie de groupe 288 p. (C) — A. NADIF

génie industriel :

- Maîtriser la conduite de projet 192 p. (A) — P. ALONSO
- Management de projet technique 192 p. (B) — C. CAZAUBON, G. GRAMACIA, G. MASSARD
- Organisation et génie de production 224 p. (B) — F. LAMBERSEND
- Méthode d'aide à la décision. Approche théorique et études de cas 192 p. (B) — R. LABBÉ
- Développement des Grafcets 192 p. (B) — B. REEB

électricité générale :

- Circuits électriques, Régimes continu, sinusoïdal et impulsionnel 192 p. (A) — J.-P. BANCAREL
- Annales d'électrotechnique BTS Maintenance 256 p. (A) — D. VINCENT, N. ORTEGA
- Annales d'électrotechnique BTS Maintenance 1997/2008 224 p. (A) — D. VINCENT
- T.P. d'électrotechnique par simulation avec PSIMDEMO 224 p. (A) — F. LEPLUS

machines électriques :

- Moteurs à courant alternatif 288 p. (A) — D. JACOB
- Le moteur asynchrone. Régimes statique et dynamique 160 p. (C) — L. MUTREL
- Machines à courant alternatif 240 p. (B) — D. NAMANE
- Modélisation et commande des moteurs triphasés 256 p. (C) — G. STURTZER, E. SMIGIEL
- Électrotechnique. Machines et réseaux Cours Supélec 256 p. (C) — J.-P. FANTON
- Machines électriques. Théorie et Mise en oeuvre Cours Supélec 256 p. (C) — Ph. BARRET
- Machines électriques tournantes 384 p. (C) — B. LAPORTE

électronique de puissance :

- Electronique de puissance, Principes, fonctionnement, dimensionnement 256 p. (A) — D. JACOB
- Les redresseurs, Redresseurs à diodes, à thyristors et mixtes 336 p. (B) — J. MIGNARD, C. PIN

électronique :

- Les fondamentaux en électronique 224 p. (A) — P. ROCHETTE
- Des clés pour l'électronique. Travaux dirigés illustrés par simulation 160 p. (A) — B. GIRAULT
- Les oscillateurs en électronique. Cours et exercices corrigés 160 p. (B) — G. COUTURIER
- L'outil graphique en électronique et automatique 224 p. (B) — J. BAILLOU, G. CHAUVAT, C.PEJOT
- Modulation d'amplitude, Cours et exercices 352 p. (C) — F. BIQUARD
- Amplificateurs fondamentaux et opérationnels. Cours et exercices corrigés 352 p. (B) — A. LANTZ
- Electronique radiofréquence Cours Supélec 256 p. (C) — A. PACAUD
- Electronique analogique rapide 216 p. (C) — A. FABRE
- Circuits spécialisés de l'électronique actuelle 320 p. (C) — A. et D. DEVILLE

semi-conducteurs :

- Composants à semiconducteurs Cours Supélec 256 p. (C) — O. BONNAUD, A. PACAUD
- Technologie mirco-électronique. Du silicium aux circuits intégrés 160 p. (B) — O. BONNAUD
- Détecteurs à semi-conducteurs, Principes et matériaux 224 p. (C) — J-P. PONPON
- Les semiconducteurs de puissance Cours Supélec 256 p. (C) — P. ALOÏSI

électronique numérique :

- Électronique numérique. Fonctionnement, modélisation, circuits intégrés 320 p. (B) — A. et D. DEVILLE
- Circuits intégrés numériques. Du transistor au microprocesseur 224 p. (A) — A.-Riadh BABA-ALI

traitement du signal :

- Signaux et systèmes continus et échantillonnés 192 p. (B) — M. VILLAIN
- Signaux et systèmes linéaires Cours Supélec 192 p. (B) — A. PACAUD
- Traitement du signal analogique. Cours 224 p. (A) — T. NEFFATI
- Traitement du signal analogique. Exercices et problèmes résolus 224 p. (B) — T. NEFFATI
- Ingénierie du signal. Théorie et pratique 224 p. (B) — Ph. COURMONTAGNE
- Analyse et traitement du signal. Approches pour l'ingénieur 320 p. (B) — Ph. GAILLARD, R. LENGELLE
- Théorie et pratique du signal déterministe et aléatoire, continu et discret 384 p. (B) — J.-P. TANGUY

filtrage numérique :

- Débuter en traitement numérique du signal 224 p. (A) — J.-N. MARTIN